新质生产力视角下
乡村区域旅游规划及景观设计策略

殷 洁 顾宗倪 等著

中国建筑工业出版社

图书在版编目（CIP）数据

新质生产力视角下乡村区域旅游规划及景观设计策略 /
殷洁等著. -- 北京 : 中国建筑工业出版社, 2024. 8.
ISBN 978-7-112-30100-3

Ⅰ. F592.3

中国国家版本馆CIP数据核字第2024QF7689号

本书共5章，包括：乡村旅游规划与景观设计概况、理论视角、乡村区域旅游规划及景观设计策略、案例分析：
安徽省马鞍山市博望区乡村区域旅游规划与景观设计、结论等内容。本书梳理了当前乡村旅游规划与景观设计发
展的概况，从加快发展乡村新质生产力、推动乡村高质量发展的角度，提出了乡村区域旅游规划及景观设计策略，
并以安徽省马鞍山市博望区为例，进行了乡村区域旅游规划和乡村景观设计的案例研究。

本书可供从事城乡规划、景观规划、旅游管理等专业的从业人员、管理人员使用，也可供大专院校的师生
使用。

责任编辑：胡明安
责任校对：赵　力

新质生产力视角下乡村区域旅游规划及景观设计策略

殷　洁　顾宗倪　等著

*

中国建筑工业出版社出版、发行（北京海淀三里河路9号）

各地新华书店、建筑书店经销

北京点击世代文化传媒有限公司制版

建工社（河北）印刷有限公司印刷

*

开本：787毫米×1092毫米　1/16　印张：16¼　字数：335千字

2024年7月第一版　2024年7月第一次印刷

定价：**65.00**元

ISBN　978-7-112-30100-3

（43171）

本书出版得到以下项目资助：
江苏高校优势学科建设工程：风景园林学
江苏高校品牌专业建设工程：城乡规划（特色专业）

前言

　　在生态文明建设的国家战略背景下，在"绿水青山就是金山银山"的科学理念指引下，乡村旅游依托乡村丰富的自然资源、独特的生态环境、深厚的文化底蕴以及传统农业生产活动，吸引游客前来观光、体验、休闲，从而带动乡村经济的发展，成为乡村振兴的重要路径。从乡村自身的资源禀赋出发，因地制宜地进行乡村旅游规划与景观设计，是发展乡村旅游产业的前提。

　　乡村旅游的蓬勃发展催生了对乡村空间与景观的重新审视与重构。目前乡村旅游产业发展中仍存在区域旅游资源有待整合、城乡要素融合有待加强、乡村物质空间有待优化、乡村生态效益有待提升等问题。从促进乡村新质生产力发展角度来看，应在乡村旅游产业发展之初就进行顶层设计，从区域旅游的理念出发进行乡村区域旅游规划和景观设计，在区域内有效统筹自然资源利用和生产要素协同发展。因此，乡村旅游规划不应再仅仅局限于单一的村落或景点建设，而要从区域整体出发，综合考虑乡村的自然环境、社会发展等多方面要素，构建乡村区域旅游规划体系。同时，乡村景观设计应注重与乡村区域旅游规划的统筹和衔接，形成丰富而多元的乡村旅游资源，塑造既美观又实用的乡村景观。

　　本书理论部分梳理了当前乡村旅游规划与景观设计发展的概况，从加快发展乡村新质生产力、推动乡村高质量发展的角度，提出了乡村区域旅游规划及景观设计策略。本书案例部分以安徽省马鞍山市博望区为例，探索了乡村区域旅游规划和景观设计的工作内容、设计原则与方法。通过理论与实证相结合的分析，力求为乡村旅游产业发展提供一些理论依据和可资借鉴的实际资料。本书可供从事城乡规划、风景园林、旅游管理等专业的从业人员、管理人员使用，也可供大专院校的师生使用。

　　本书的撰写框架、主要观点以及最终定稿由殷洁完成。本书的编写分工如下：第1章由殷洁、赵俐丽、陈湘黔、李静撰写。第2章由殷洁、马雨菁、姜慧撰写。第3章由殷洁、赵俐丽、谭雯颖撰写。第4章由顾宗倪、刘晓曼、李承乾、王勇芳、汤芪、秦文琦、杨凌凡、李杰、高尚民、杨宝清、杨宁宁、鲍紫藤、李静等撰写。第5章由殷洁撰写。本书第4章中的图件，源于《博望区一号风景路概念性总体规划》《博望区 2021 年田园精品村庄建设规划方案设计》《博望区精品民宿群及周边地区概念规划》《博望野风港湿地公园片区景观规划》《博望"520 美丽公路"一期工程景观节点建设方案设计》等规划设计项目，经作者改绘而成。感谢仇思远、束天媛、马梦沅、闻仕城等同学对本书中图件制作的贡献！感谢马鞍山市博望区农业农村水利局对本书的支持和指导！感谢中国建筑工业出版社胡明安老师在本书出版过程中付出的大量辛勤劳动！

　　最后，需要指出的是，乡村旅游产业的发展方兴未艾，乡村旅游规划与景观设计也处于不断发展过程中。笔者以本书抛砖引玉，以期后续有更多更深入的研究，从而为乡村振兴出谋划策，促进我国生态文明建设。由于笔者水平和时间所限，本书肯定存在不足之处，敬请读者批评指正。

作者

目录

乡村旅游规划与景观设计概况

乡村旅游，作为旅游行业的新兴力量，正以其独特的乡村风情和自然魅力吸引越来越多的游客。乡村不仅是人们逃离城市喧嚣、寻求心灵慰藉的绝佳去处，也是推动乡村发展的重要引擎。近年来，乡村旅游的形式日趋多样，从农家乐到乡村民宿，从田园观光到农耕体验，不断满足游客对于乡村生活的向往与探索。不仅让游客感受到乡村的宁静与美好，也让乡村文化、传统手工艺等得以传承和发扬。然而，乡村旅游发展也面临诸多挑战。如何在开发中保持乡村原生态和特色，避免过度商业化和同质化；如何提升服务质量，满足游客的多元化需求；如何实现可持续发展，确保乡村旅游的长远利益，这些都是我们亟待解决的问题。

1.1 乡村旅游发展与景观重构

1.1.1 乡村旅游发展

1. 乡村旅游的概念

乡村旅游发端于1856年的意大利，意大利"农业与旅游协会"的正式成立标志着乡村旅游的出现。自此，乡村旅游在欧洲各地迅速发展，通过发展乡村旅游，这些地区的旅游业、农业、餐饮业等相关产业也得到了快速的发展，经济效益明显提升。我国乡村旅游发展相较国外较晚，20世纪80年代农业改革和经济开放为乡村旅游的萌芽和发展创造了条件，各地开始举办观光农业项目，乡村旅游就此兴起。

目前学界对于"乡村旅游"尚未形成统一的概念定义，杜江等（1999）认为乡村旅游是以乡野农村的风光和活动为吸引物、以都市居民为目标市场、以满足旅游者娱乐、求知和回归自然等方面需求为目的的一种旅游方式[①]。何景明等（2002）认为乡村旅游是指发生在乡村地区，以具有乡村性的自然和人文客体为旅游吸引物的旅游活动[②]。刘

---

① 杜江，向萍. 关于乡村旅游可持续发展的思考 [J]. 旅游学刊，1999（1）：15-18+73.

② 何景明，李立华. 关于"乡村旅游"概念的探讨 [J]. 西南师范大学学报（人文社会科学版），2002（5）：125-128.

德谦（2006）认为乡村旅游是以乡村地域及乡村风情为吸引物，吸引旅游者前往休息观光等的旅游活动[①]。虽然，诸多学者对"乡村旅游"的概念作了多样的阐释，但基本上都认同乡村旅游发生在乡村地区，以包括乡村风景、风俗等各类资源在内的乡村性为吸引物。综上所述，本书认为乡村旅游是指发生在乡村地区，以乡村特有的自然和文化资源为吸引物，为游客提供休闲、娱乐、观光、度假等旅游服务的活动。

乡村旅游是现代旅游业在农业生产基础上，向传统农业领域拓展而形成的一种交叉型产业，是对传统农业产业链条的深化与拓展，即通过深度挖掘、整合乡村多元资源，有效融合农业、文化、生态与旅游等多个领域，构建复合型、综合性的产业结构。这种产业结构有力地驱动了乡村经济从单一农业向多元化、高附加值方向转型升级。乡村旅游产业的发展对于乡土文化保护与传承具有重要价值。它不仅是乡村产业经济实体与本土文化审美内核的深度交融与动态延续，更是实现乡村文化振兴、保持乡村文化生命力的重要途径。

2. 乡村旅游发展的现实意义

（1）乡村旅游发展是生态文明思想的体现

近年来，我国坚持以生态文明思想为理论指导，致力于将生态文明建设与经济、文化、科技等相结合，树立"尊重自然、顺应自然、保护自然"的生态发展理念，确保经济社会发展与生态环境保护并行，已经逐渐形成了中国特色的生态发展道路[②]。党的十八大报告将生态文明建设融入经济、政治、文化、社会建设各个方面和全过程，形成了"五位一体"总体布局，特别强调把生态文明建设放在突出地位，并首次把"美丽中国"作为生态文明建设的宏伟目标。呼吁人们树立尊重、顺应以及保护自然的理念，节约资源并保护环境的空间格局，强调保护、恢复自然原有的生态面貌和功能是经济社会发展的前提条件，创造经济社会与自然的协调发展，从而走向社会主义生态文明建设新时代。党的十九大报告提出"人与自然是生命共同体"的重要思想，强调必须树立和践行绿水青山就是金山银山的理念，坚定不移地走生态文明建设之路，是美丽中国伟大事业成功的关键。面对新形势，2022 年，党的二十大报告提出，中国式现代化是人与自然和谐共生的现代化，同时对推动绿色发展、促进人与自然和谐共生作出重大安排部署，为推进美丽中国建设指明了前进方向[③]。"美丽中国"最美在乡村，乡村生态文明建设是我国生态文明建设的重要组成部分，乡村也是生态文明建设的最具代表性的空间载体之一。

---

① 刘德谦. 关于乡村旅游、农业旅游与民俗旅游的几点辨析 [J]. 旅游学刊，2006（3）: 12-19.

② 中共中央宣传部，中华人民共和国生态环境部编. 习近平生态文明思想学习纲要 [M]. 北京: 学习出版社: 人民出版社，2022.

③ 徐慧，刘希，刘嗣明. 推动绿色发展，促进人与自然和谐共生——习近平生态文明思想的形成发展及在二十大的创新 [J]. 宁夏社会科学，2022（6）: 5-19.

在生态文明时期,实现全域、无差别的"城乡等值"理念已成为我们共同的价值追求,城乡关系逐渐展现出一种"共享"发展的和谐态势,城乡融合发展则成为理想状态的新发展格局①。这一时期,城乡空间生产不再局限于城市,而城乡全域空间价值提升则成为主流。城乡等值的核心在于认识到乡村的独特价值并提升这一价值,以实现城乡在发展上的平衡,最终实现城乡等值②。城市的发展逐渐从规模扩张转向优化存量,而乡村则从传统的从属依附状态,转变为注重自我持续发展的新阶段。城乡之间不仅在经济发展上实现了联动,也在文化和生态层面上形成了互补。与此同时,乡村的生态价值和多功能性日益凸显,成为引领我国经济生态转型和绿色生产发展的重要空间载体③。乡村不再只是提供农产品和劳动力的简单角色,而是成为集生态涵养、文化传承、休闲旅游等多功能于一体的综合发展体。

乡村旅游的发展,已成为生态文明时期推动城乡等值实现的必要力量。随着人们生活水平与收入的增长,以及生活观念和消费模式的变迁,人们对休闲生活有了更高的追求,向往身体与心灵的双重放松。在有限而珍贵的闲暇时光里,越来越多的人渴望逃离都市喧嚣,寻觅那些拥有迷人自然风光和丰富人文底蕴的乡村,以期获得身心的真正休憩。于是,乡村旅游日益受到青睐,尤其是以汽车为主要交通工具的短途旅行。因此在大都市周边,乡村逐渐演变成了城市后花园,乡村旅游也成为风靡当下的旅游活动。乡村以其清新空气、自然环境、田园风光、舒适生活、独特文化等吸引消费者,成为新的消费热点。城市居民越来越倾向到乡村地区进行休闲旅游、农业观光和消费乡村生态产品。乡村不再仅仅是传统农业生产的场所,而是转变为旅游和消费的重要场域。这种转变有助于推动国内经济循环,开创新的经济增长点。乡村旅游发展所带来的乡村价值提升,是经济增长的新出口,更是实现社会可持续发展和促进城乡共融的重要途径。

（2）乡村旅游发展是乡村振兴战略的支撑力量

乡村是我国农业农村经济的重要组成部分,对于维持国家粮食安全和实现农民群众的合理收入至关重要。2020 年,"优先发展农业农村,全面推进乡村振兴"已被写入"十四五规划"④,标志着中国正在向乡村振兴方向迈出更加坚实的步伐,全面实施乡村振兴战略需要坚定不移地进行乡村建设行动。农业、农村、农民问题是我国的根本性问题,是关系国家发展的重大问题。乡村振兴战略是党和国家基于新时代出现的

① 陈小卉,胡剑双.江苏省乡村空间治理实践:阶段、路径与模式[J].城市规划学刊,2024（1）:38-45.

② 叶红,唐双,彭月洋,等.城乡等值:新时代背景下的乡村发展新路径[J].城市规划学刊,2021（3）:44-49.

③ 刘腾,刘祖云.生态乡村建设:"生态产业化"与"产业生态化"双向互构的逻辑——基于南京市竹镇的个案分析[J].南京农业大学学报（社会科学版）,2024,24（2）:51-62.

④ 新华网.中共中央关于制定国民经济和社会发展第十四个五年规划和二〇三五年远景目标的建议[EB/OL].[2020-11-03].http://www.xinhuanet.com/.

农业边缘化、农村空心化和农民老龄化"新三农问题"背景下，提出的以解决农业农村发展不充分不平衡问题，满足人民日益增长的美好生活需求为目标的战略政策[①]。"产业兴旺、生态宜居、乡风文明、治理有效、生活富裕"是乡村振兴战略的总体要求，产业兴旺是乡村振兴战略的重点[②]。要通过农村的产业兴旺实现乡村振兴，就必须解决农业现阶段发展存在的产业结构单一、生产成本过高等问题，发展其多功能性和延展性，并加快推进第一、第二、第三产业融合。因此，农业农村解决发展不平衡不充分的问题需要依靠乡村相关产业的发展来解决。

乡村旅游是乡村振兴的重要产业支柱，乡村旅游的发展是对乡村振兴战略的积极响应。随着乡村振兴战略的推进，有许多针对性的乡村发展模式已被总结。其中，大城市边缘区由于独特的区位优势，极具潜力发展乡村旅游产业[③]。乡村旅游业的兴盛对该地区的乡村转型发展产生重要影响，是促进乡村振兴的重要方式之一[④]，它有助于推动乡村经济与文化协同发展，提高农民收入水平，传承和弘扬乡村文化。而中央政策的出台，更加证明乡村旅游是乡村振兴的重要产业支柱。《关于促进乡村旅游可持续发展的指导意见》提出："从农村实际和旅游市场需求出发，完善乡村基础设施建设，优化乡村旅游环境，丰富乡村旅游产品，促进乡村旅游向市场化、产业化方向发展"[⑤]。乡村旅游的发展推动了乡村产业的转型升级。过去以农业为主导的乡村经济结构正在向以旅游服务业为主导的多元化发展转变，文化创意产业、休闲消费、康养度假、农业观光等乡村旅游产业蓬勃发展，为农民增加了就业机会和收入来源。同时，乡村旅游还促进了乡村基础设施和公共服务的改善，包括道路、交通、通信、卫生、教育等方面的提升，为乡村建设打下了良好的基础。

（3）乡村旅游发展是乡村文化保护与传承的重要途径

我国乡村是中华民族的精神家园，拥有悠久的历史和独特的文化内涵。乡村文化源于乡村，深深植根于农业生产与乡村生活的土壤中，体现在日常习俗、民间节庆等多方面，蕴含鲜明的地方特色和浓厚的人文情感，是在长期的农业生产和乡村生活中通过实践积淀形成的。但时代环境发生的变化促使城乡要素交流融合，城市快速发展

---

① 廖彩荣，陈美球.乡村振兴战略的理论逻辑、科学内涵与实现路径[J].农林经济管理学报，2017，16（6）：795-802.

② 中共中央 国务院印发《乡村振兴战略规划（2018—2022年）》[N].人民日报，2018-09-27（1）.

③ 魏超，戈大专，龙花楼，等.大城市边缘区旅游开发引导的乡村转型发展模式——以武汉市为例[J].经济地理，2018，38（10）：211-217.

④ 陆林，任以胜，朱道才，等.乡村旅游引导乡村振兴的研究框架与展望[J].地理研究，2019，38（1）：102-118.

⑤ 文化和旅游部等.《关于促进乡村旅游可持续发展的指导意见》的解读[EB/OL].[2018-12-11].https：//zwgk.mct.gov.cn/zfxxgkml/zcfg/zcjd/202012/t20201205_915465.html.

的物质文明对乡村文化价值观构成挑战，导致传统村落衰落、人才流失及"空心村"问题加剧。同时，公共文化资源的管理不当进一步加重了乡村文化活力衰退的困境，传统生活方式与文化传承面临危机。在此背景下，随着乡村振兴战略的持续推进，亟需强调保护与传承乡村文化的重要性。作为乡村的宝贵遗产，乡村文化对于增强乡村凝聚力、促进社会和谐与经济可持续发展具有重要意义，亟待重视与维护。

在乡村旅游发展中，村民的生活、生产场景和游客的消费、体验、文化精神场景等重构了乡村的空间与社会关系[1]。通过细致探索乡村本土文化的发展脉络，带来丰富多彩的地方文化、民俗风情以及传统手工艺品等体验，让人们感受到地方特色和历史底蕴，实现对乡村文化的保护与传承，弘扬乡土文化特色，增强民族文化自信。乡村旅游是社会发展的产物，它与人类需求的不断提升之间有必然的联系，更多地带给人们一种回归的感受。乡村旅游致力于构建集生态、居住、游览、体验于一体的绿色旅游氛围，将乡村塑造为心灵栖息与情操培养的理想场所，实现乡村生产生活与旅游的和谐共生。乡村旅游以游客需求为引导，挖掘本土文化特色，创新乡村景观，借助旅游发展展现乡村文化内涵，为乡村旅游发展、规划设计开辟新径。这种发展模式不仅吸引了城市游客，使旅游产品价值得到提升，还丰富了游客的文化体验，增强了乡村社区旅游活力，有力驱动经济增长，提高乡村居民生活质量。

乡村旅游发展带来的城市与乡村两种生活方式的碰撞，使得外来文化与乡村文化在其中得到交流与融合，推动了乡村文化多样性和多元化的发展趋势。文化和旅游部发布的《"十四五"文化和旅游发展规划》中，把文化和旅游发展纳入乡村建设行动计划。建议加大对乡村文化遗产和特色风貌的保护力度，维护乡村文化多样性；建议大力推动乡村旅游发展，推进文化和旅游业态融合、产品融合、市场融合；建议利用乡村文化资源，培育文旅融合业态，打造具有丰富文化内涵的文旅融合品牌。例如在有条件的乡村地区可以建设非物质文化遗产工坊、实施乡村文化和旅游能人项目等[2]。文化在引领风尚、服务社会、推动社会进步方面扮演至关重要的角色，其影响力得到了充分展现。同时，旅游对于国家经济和社会发展的综合带动功能也日益显著，其重要地位和作用日益凸显。文化和旅游发展为乡村发展提供了强有力的支撑，而乡村旅游产业也已成为乡村文化保护与传承的重要途径。

3. 乡村旅游发展的实践模式

（1）风景观光型乡村旅游

风景观光型旅乡村旅游是以乡村田园景观、农业生产活动及其衍生特色产品为旅

---

① 张继鹏. 场景理论视角下的乡村旅游社区景观规划设计 [D]. 昆明：昆明理工大学，2023.

② 政策法规司. 文化和旅游部发布《"十四五"文化和旅游发展规划》[EB/OL]. [2021-06-04]. https：//zwgk.mct. gov.cn/zfxxgkml/zcfg/zcjd/202106/t20210604_925006.html.

游吸引物的旅游发展模式。风景观光型乡村旅游旨在为游客提供亲近自然、体验乡村
生活、欣赏优美风景、享受休闲时光的旅游业态。这种旅游模式强调利用乡村地区自
然和人文资源，为城市居民和其他游客提供一个远离都市喧嚣、回归田园的理想去处。

风景观光型乡村旅游的核心在于展现乡村的田园风光，包括田野、林地、乡村农
舍、溪流河岸等，这些田园景观不仅为游客提供了视觉上的享受，也营造出宁静、和
谐的氛围，让游客在欣赏美景的同时感受到与自然的深度联结。游客在此类旅游中还
可以通过参与农事活动（如垂钓、采摘、收割等）、体验特色衍生产品（乡土美食、传
统手工艺品）等活动感知乡村田园风光、地方文化，满足重返田园、亲近自然、享受
休闲时光的需求。

风景观光型乡村旅游具有交通便捷、乡村自然及人文环境保护较好的特征，通常
在城市近郊发展较好，以便于城市居民在短时间内到达，实现"快进慢游"的短途休
闲需求。这种地理位置上的接近，使得城市游客能够在周末或小长假期间轻松安排乡
村旅游行程，享受短暂的田园时光体验。

浙江省安吉县鲁家村是风景观光型乡村旅游的典型案例。鲁家村位于浙江省湖
州市安吉县递铺街道，距离安吉县城 5km，距离杭州市 30km，约 1h 车程，总面积
16.7km^2，拥有丰富的自然景观资源，包括丘陵、竹林、湖泊等，生态环境优美，空气
质量优良。在旅游发展中鲁家村巧妙利用村内丰富的低丘缓坡、微景观、闲置土地等
资源，将旧屋、河道、果林、菜园等乡村元素融入其中，构建起集农业生产、观光、
体验于一体的特色乡村旅游目的地。

鲁家村的功能定位为"美丽乡村田园综合体"，在"两山理论"的指导下，于
2011 年开始从村庄绿化、道路修缮、污水治理等基础环境整治入手，成功创建为美丽
乡村精品村。2013 年，鲁家村迈出了转型的关键一步，开始发展家庭农场，并在 2015
年创新性地以观光游线将 18 个风格迥异的家庭农场有机串联，实现全村范围内的景区
化布局。2017 年，以鲁家村为核心，带动周边三个村庄共同组成"田园鲁家"田园综
合体，成为中国首批国家田园综合体试点项目[①]；2018 年，鲁家村被评为"中国十佳
小康村"。

鲁家村的乡村旅游产品包括秀美的田园风光、集群式家庭农场以及颇具特色的观
光小火车等。村内精心打造了鲁家溪、文化礼堂、全长 10km 的绿道等特色景观设施，
举办木艺文化体验课程、越野车赛、果蔬采摘等多元旅游活动，提供农家乐、酒店等
完善的服务配套。这 18 个主题鲜明的家庭农场，如果园农场、万竹农场、牡丹农场等，
凭借各自独特的活动内容和景观特色，满足游客的多元化需求，共同塑造出一个田园

---

① 安吉县人民政府 . 鲁家村：开门就是花园，全村都是景区 [EB/OL].[2019-10-05].https：//www.anji.gov.cn/art/
2019/10/5/art_1229211997_54880704.html.

风光秀美、功能业态丰富的乡村旅游胜地。游客在鲁家村不仅能欣赏到多样的乡村景观类型，还能积极参与各类乡村互动活动，亲身体验农业生产和乡村生活，充分领略田园之趣。

鲁家村打造创新的"美丽乡村田园综合体"发展模式，成功实现了乡村生态环境保护与经济发展的和谐统一，为我国乡村旅游的高质量发展树立了典范。

（2）休闲主题型乡村旅游

休闲主题型乡村旅游以特定休闲主题为导向，依托宁静、松散的乡村氛围，结合自然优美的乡野风景、舒适、怡人的清新气候等乡村资源，为游客提供丰富多元、深度体验的休闲活动旅游模式。它在保留乡村自然风貌和传统文化的基础上，以某一或多个特定休闲主题为核心，进行深度开发和精细运营，旨在满足不同游客群体的个性化、专业化休闲旅游需求。

休闲主题型乡村旅游针对选定的休闲主题打造具有鲜明特色和高辨识度的旅游产品、配备完善的高品质配套设施与服务、为游客提供丰富多彩的主题休闲活动，如文化艺术展览、户外运动、手工艺制作、观光采风等休闲娱乐服务。休闲主题型乡村旅游与乡村深度融合，游客不仅可以在此体验休闲主题活动，也可以深入乡村与当地居民互动，体验原汁原味的乡村生活，全方位、多角度地满足游客不同的休闲旅游需求。

休闲主题型乡村旅游通常选址于交通便利、与城市中心或重要旅游集散地距离较近的乡村地区，在大城市郊区发展较好，以城市居民作为主要客源，旅游功能丰富、配套服务完善。部分发展休闲主题型乡村旅游的乡村可能拥有特色农业、手工业、地方美食等特色产业作为休闲主题乡村旅游开发的基础。

浙江省杭州市青山村是休闲主题型乡村旅游的典型案例，其位于浙江省杭州市余杭区黄湖镇，总面积约 15.6km²，是大径山乡村国家公园的重要组成部分，紧邻"径山""莫干山"景点，地理区位优势显著。青山村在乡村旅游发展过程中，始终坚持生态优先原则，将生态保护与旅游开发紧密结合，推出的旅游产品及设施建设都体现了其生态理念。

自 2015 年启动龙坞水库保护项目以来，青山村凭借其得天独厚的生态基底与厚重的历史文化底蕴，逐步走出一条"生态保护 + 特色文旅产业"相互融合的创新路径。在推动旅游发展进程中，青山村首先保护生态环境、整治村庄环境，有效提升了村容村貌，改善了村民的生活居住环境。优质的生态环境不仅带动了青山村绿色经济的蓬勃发展，更吸引了众多青年才俊在此汇聚[1]。与此同时，秀美宜人的青山村也吸引了来

---

[1] 澎湃新闻. 全国生态日记者行 | 浙江杭州余杭青山村：点"水"亦成金 [EB/OL].[2023-08-21].https：//www.thepaper.cn/newsDetail_forward_24313182.

自全国各地崇尚自然、重视生态环境的游客，由此，青山村的乡村旅游产业得以迅速兴起。

青山村以生态理念为引领，精心打造了一系列别具特色的休闲旅游产品，旨在为游客提供一种深度沉浸于自然、文化、环保与乡村生活之中的乡村休闲旅游体验①。在旅游服务与配套设施方面，青山村展现出高度的完备性与便捷性。村庄交通条件优越，游客可根据自身需求选择自驾、搭乘公共交通工具或是随团旅行的方式抵达。村内民宿与餐饮资源丰富多样，可为游客营造出温馨舒适、宾至如归的游玩氛围。青山村旅游产业紧密围绕"生态"这一核心主题，精心构建了融设计图书馆、青山自然学校、独立手工艺工作室等一系列特色活动场所，并定期举办生态体验、自然教育、二手市集、稻田音乐节等丰富多彩的休闲旅游活动，极大地丰富了游客的游玩体验与收获。

（3）民俗文化型乡村旅游

民俗文化型乡村旅游是构建在民俗文化基础上，以农事文化、礼仪文化、信仰文化等民俗文化为旅游吸引物，通过展示、体验、传承和创新地方民俗风情，为游客提供深入了解和亲身参与乡村传统文化的机会，实现旅游与文化深度融合的一种旅游发展模式。民俗文化旅游产品涉及乡村精神民俗、物化民俗和制度民俗，如宗教仪式、住宅、饮食方式、节庆民俗活动等，以体验、观光活动为主。展现民俗文化的多样性、鲜活性是其推出乡村旅游产品的重点，为游客提供民俗文化的体验服务是其旅游产品的核心竞争力。

民俗文化型乡村旅游通常以乡村民俗文化资源的特点和分布情况为基础，设计主题鲜明、内容丰富的旅游线路和产品，如民俗文化主题游、非遗文化体验游、传统村落探访游等，将分散的民俗文化资源串联起来，形成系统、连贯的旅游路线。民俗文化型乡村旅游通过博物馆、文化广场等形式向游客系统地展示民族文化，并设计一系列民俗文化体验活动，如传统手工艺制作体验（如陶艺、刺绣、编织、剪纸等）、地方特色美食制作与品尝（如打糍粑、包粽子、做豆腐等）、传统农事活动体验（如插秧、收割、打谷、晒秋等）、民间艺术表演观看与学习（如地方戏曲、舞蹈、音乐、曲艺等）、传统节庆活动参与（如春节、中秋、丰收节等）等，让游客在游览过程中直观感受、学习、体验民俗文化。

民俗文化型乡村旅游通常依托乡村丰富的文化遗产发展，包括鲜明的地方特色习俗、悠久的民间艺术传统、独特的节庆活动等。此类旅游模式常见于历史文化遗存丰富、传统民俗风情浓厚且资源保存状况良好的乡村地区。

江西省上饶市婺源县篁岭村乡村旅游是民俗文化型乡村旅游的典型案例。篁岭村

---

① 搜狐新闻."未来乡村"攻略地图，来余杭青山村"畅玩一夏"！[EB/OL].[2021-06-16].https：//www.sohu.com/a/472368933_121124403.

位于江西省上饶市婺源县的东北部，与安徽省、浙江省接壤，地处石耳山脉，面积约15km²。篁岭村建村于明代中叶，已有500多年历史，村落四面环山，地势陡峭，村落民居分布多高低错落，是典型的山居村落，保留了丰富的徽派建筑群，文化资源得到了较好的保存。2009年，篁岭村的旅游开发正式开始，以独特地域文化、古徽州文化、农耕文化的民俗文化为主题，一跃成为国内备受关注的乡村旅游热点，成为江西省首批休闲文化旅游示范点、江西省文化产业示范基地、全国文化重点项目[①]。

篁岭村乡村旅游充分利用其交通便捷的地理优势和优美的自然环境，以历史悠久的传统文化和独特的古村落风貌为核心，精心塑造与众不同的乡村旅游特色。篁岭村将传统生活方式"晒秋"塑造为乡村旅游的核心景观符号，使这一标志性民俗活动不仅成为展现乡村民俗魅力的重要载体，更成为景区的核心吸引力。除"晒秋"之外，篁岭村还充分发挥其独特的村落风貌，精心培育了梯田花海、徽派建筑群等具有显著地方特色的景观，为游客呈现出一幅幅田园诗画般的乡村画卷[②]。为了进一步丰富乡村旅游的文化内涵，篁岭村高度重视非物质文化遗产的保护与展示。通过设立篁岭村民俗集市、婺源民间婚庆展示楼等设施，生动地向游客呈现地方传统手工艺、民俗活动等非物质文化遗产，使游客在游览过程中能够深入体验当地民俗文化，增强了乡村旅游的文化深度与互动性。

篁岭村凭借其独特的自然风光、深厚的历史文化底蕴、鲜明的"晒秋"民俗以及创新的开发模式，获得多项荣誉。如被评为国家4A级旅游景区、入选"最美中国符号"、被联合国世界旅游组织评为"最佳旅游乡村"，并被网友赞誉为"最美乡愁体验地""世界最美村庄"，已成为国内乃至国际知名的乡村旅游目的地。

（4）康养度假型乡村旅游

在当前乡村振兴、健康中国等战略的支持下，涵盖医疗、养生、养老等业态的康养旅游得到快速的发展。康养度假型乡村旅游是以保留乡村性特色的康养旅游产品为核心的乡村旅游发展模式，为游客提供养生健体、康养身心、休闲娱乐等有益身心健康的旅游服务，主要包括温泉度假旅游、森林度假旅游、医疗旅游等[③]。

康养度假型乡村旅游旨在满足人们追求身心健康、提升生活质量的需求，通常依托乡村地区优良的自然环境、丰富的生态资源、独特的养生文化以及健康生活方式发展。康养度假型乡村旅游将乡村生态、康养资源与旅游开发结合，布局康养度假产业，

① 国家发展和改革委员会.创造乡村旅游篁岭模式 打造乡村振兴的示范和标杆——江西省上饶市篁岭村 [EB/OL].[2020-04-23].https：//www.ndrc.gov.cn/xwdt/ztzl/qgxclydxal/lyfpczx/202004/t20200423_1226439.html.

② 江西省人民政府.江西篁岭入选联合国世界旅游组织"最佳旅游乡村" [EB/OL].[2023-10-23].https：//www.jiangxi.gov.cn/art/2023/10/23/art_481_4678835.html.

③ 李好.康养旅游型乡村规划实践探究——以安化县黄花溪村为例 [J].广东蚕业，2021，55（2）：146-148.

修建舒适的住宿设施（如养生公寓、度假酒店、精品民俗等）、提供专业的康养服务（如配备专业的医疗、健康管理等服务团队）、创造丰富的文化体验（学习传统手工艺、品尝地方美食等）、配置完善的服务设施（如餐饮、购物、健身等），充分满足旅游消费者追求身体健康、身心愉悦的需求。

康养度假型乡村旅游发展需要因地制宜，结合乡村资源特点，根据目标客群的康养需求打造乡村康养旅游产品。发展这种模式的乡村通常具有生态环境优越、康养资源丰富的特点，有利于开发各类康养度假项目，使游客身心放松。从整体布局来看，我国康养度假型乡村旅游依托乡村资源禀赋发展，主要分布在西南、"长三角"以及东北地区。

广西壮族自治区巴马瑶族自治县是康养度假型乡村旅游的典型案例。巴马瑶族自治县位于广西壮族自治区西北部，地处云贵高原南麓，是中国第一个被国际、国内双认定为"世界长寿之乡"和"中国长寿之乡"的县区。巴马瑶族自治县年均气温约20℃，森林覆盖率达到60%以上，具有丰富的生态旅游资源和长寿养生资源。县区内聚居着瑶、壮、汉等12个民族，百岁老人分布率相对较高，具有悠久的长寿康养文化及丰富的民俗风情。在当前康养旅游市场需求旺盛的大环境下，巴马瑶族自治县凭借自身资源禀赋与深厚的文化底蕴，迅速崛起为国内外康养旅游的重要目的地，吸引了大批追求健康养生与休闲度假的游客。

巴马瑶族自治县康养度假旅游业发展成熟完备，设有各类以康养为主题的度假村、酒店及疗养院等配套设施，提供涵盖住宿、餐饮、康复疗养、健康管理等在内的全方位、一站式服务[①]。游客在专业指导下，可参与瑜伽、太极、温泉疗养等各类康养项目，深度体验健康生活方式。此外，巴马瑶族自治县定期举办长寿文化节、国际养生论坛、健康养生讲坛等活动，邀请业界专家、学者现场分享健康知识，引导游客科学养生，同时有力推广本地旅游品牌。

在丰富游客旅游体验方面，巴马瑶族自治县充分利用当地优美的自然环境与独特的文化魅力，策划多元化的休闲户外活动，如生态观光、徒步、骑行、摄影等，让游客亲近自然，享受户外乐趣。同时，精心设计一系列文化与人文体验活动，如探访长寿村、体验瑶族服饰等，深度挖掘地域文化内涵，满足游客对文化体验的多元化需求，给予游客难忘的旅行记忆。

总体而言，广西壮族自治区巴马瑶族自治县凭借其丰富的自然资源、深厚的康养文化底蕴以及成熟的康养旅游服务体系，充分发挥康养产业的引擎作用，深度挖掘民族文化价值，有效满足游客日益增长的康养旅游需求，成功塑造了一个集养生保健、文

---

① 搜狐网."康养度假"与"乡村振兴"背景下的巴马再创业 [EB/OL].[2019-02-22].https://www.sohu.com/a/296863182_280142.

化体验、自然观光于一体的高品质康养度假旅游胜地，为当地乡村振兴注入强大动能[①]。

（5）区域综合型乡村旅游

旅游区域化的现象在旅游业早已出现，随着乡村旅游产业的发展，乡村地区旅游产业也出现"抱团"一体化发展的趋势，形成一种新兴的乡村旅游发展模式——区域综合型乡村旅游。这种旅游模式强调区域内的资源互补、产品联动、市场共享、品牌共建，旨在实现乡村旅游的规模化、均衡化、协同化、片区化、一体化发展，提升该区域乡村旅游的整体竞争力和吸引力。

区域综合型乡村旅游跨越单一乡村或景点，以整个区域为单位，整合区域内各个乡村、景点多元化的旅游资源，通过统一规划、联动开发，设计跨时、跨村、跨景点的旅游线路和主题活动（如环线游、主题游、深度游等），在区域内实现基础设施与服务一体化，树立区域乡村整体品牌形象，为游客提供全方位、多层次、立体化的乡村旅游体验。区域综合型乡村旅游可以在区域内提供多种类型的乡村旅游产品，区域内各个乡村、景点推出的旅游产品各具特色的同时互相关联，实现优势互补，提升资源利用效率，全方位满足游客需求。

区域综合型乡村旅游通常发生在生态环境良好、资源丰富多样、分布相对集中的乡村地区，便于游客在一次旅行中游览多个景点、体验多种活动。这种模式也要求乡村地区具有良好的交通条件，如高速公路、国道、省道、乡村公路等交通网络发达，公共交通设施完善，便于游客快速、便捷地到达各乡村旅游点。同时，区域内各乡村旅游点之间交通联系紧密，便于游客在不同景点之间自由穿梭。

浙江省湖州市莫干山镇是区域综合型乡村旅游的典型案例。2003 年，时任浙江省委书记习近平在浙江亲自推动"千万工程"，并在 2004 年明确了"以点带面、点线结合，逐乡逐镇成片推进，不断扩大'千万工程'成果"的整治路径，莫干山镇则是这一整治路径的典型实践路径[②]。

莫干山镇位于浙江省湖州市德清县，总面积 185.77km²，凭借其卓越的生态环境与德清县厚重的历史文化底蕴，早在百年前已是全国四大避暑胜地之一，吸引了众多文人墨客、政界要人前来休憩度假。2007 年，莫干山镇诞生了首家"洋家乐"——裸心乡，其倡导的自然、低碳、环保度假理念深受游客喜爱[③]。在"洋家乐"品牌的引领下，莫干山迅速壮大度假产业，成功引入诸如裸心堡、法国山居等高端休闲度假品牌，

① 中国乡村振兴在线."长寿之乡"广西巴马:康养旅游开启乡村振兴新动能 [EB/OL].[2021-11-02].http://f.china.com.cn/2021/11/02/content_77846091.htm.

② 孙永朋，方豪，朱婧，等.浙江未来乡村建设路径与模式探索——以德清县莫干山镇为例 [J].浙江农业科学，2023，64（7）：1590-1594.

③ 人民网."洋家乐"走红莫干山 赢在观念和模式 [EB/OL].[2017-07-07].http://travel.people.com.cn/n1/2017/0707/c41570-29389273.html.

构建起富有特色的乡村旅游体系并吸引众多中外游客到此游玩。其后，莫干山镇贯彻实施全域旅游理念，着力开发精品民宿、户外运动、文化创意等多元化旅游产品，如今已发展成为享誉中外的乡村旅游地。

莫干山镇通过政策创新、民宿行业规范化运作等措施，为莫干山镇片区旅游发展奠定了坚实基础。在这一过程中，充分利用莫干山度假产业的影响力，推动文化创意、体育旅游等相关产业协同发展，形成多个联动的旅游节点。例如，在文创领域，莫干山创建了全国首个乡村文创园——庾村1932以及全国首个乡村振兴VR馆，逐步构建起包括民国图书馆、云鹤山房茶书馆在内的十大文化创意场馆集群，集聚了设计师工作室、民宿培训基地等多种业态，使文创产业日趋成熟。游客在莫干山可以畅享户外运动（如参与重要体育赛事、野外拓展训练等）、文化体验（如参观艺术工坊、参与陶艺制作等）、养生休闲（如瑜伽冥想、品茶等）等多元化的旅游体验。

为确保区域旅游产业的可持续发展，莫干山镇统一规划与建设了景区标识系统、网络服务平台、内外交通网络等配套基础设施，以"建设全域美丽大花园"为总体目标，对垃圾处理、乡村建设、历史文化村落保护、乡村旅游营销等各方面实行一体化、网格化的精细管理。

莫干山镇充分利用其度假产业的辐射效应，深挖本地资源潜力，从发展理念、产业布局、设施配置到村庄治理等多个层面创新实践，不仅在镇域范围内实现了全域旅游的深度发展，更有力地带动了德清县旅游业的整体提升。

江苏省苏州市金仓湖现代田园特色精品示范区（以下简称"金仓湖示范区"）也是区域综合型乡村旅游的典型案例。金仓湖示范区充分体现了苏州在学习"千万工程"经验的基础上，提出"片区化推进乡村振兴、组团式开展乡村建设"战略的实施成效，由"单打独斗"向"片区协同"升级，是苏州乡村协同发展的典型案例。

金仓湖示范区位于苏州太仓市城厢镇北部，距太仓市区5.5km，邻近上海、苏州，区位优势明显。示范区包含城厢镇东林村、万丰村、电站村三个行政村，共16.08km²。金仓湖示范区立足自身产业优势、生态资源与文化底蕴，按照"以农助旅、以旅兴农、以文提质"的规划理念，以"破界、串点、连线、成片"为突破点，高点定位、整体规划、协同发展，探索"城乡融合、产业协同、服务共享"现代乡村发展模式，展现共建共治共享的特色田园乡村现代化图景[①]。

在具体规划与建设中，金仓湖示范区以创建特色精品乡村和特色康居乡村为突破口，精心保留并延续"三水一宅六分田"的原生态乡村风貌，民居依水而筑，风格素雅，错落有致；农田规整有序，景色宜人，呈现出灵动秀美的田园风光。示范区以省

---

① 苏州市住房和城乡建设局.现代田园 金仓样板金仓湖现代田园特色精品示范区通过验收[EB/OL].https：//www.suzhou.gov.cn/tetyxcjs/gzdt/202309/12ec6f5647264f86ac94521c0d4c277c.shtml.2023-8-23.

级特色田园乡村——万丰村杜柴塘为示范引领，全面推进全域特色康居村庄建设工作。在此基础之上，依据各村资源禀赋，强化产业优势，深挖文化内涵，不断完善包括民宿、星级公共厕所、驿站、便民服务中心在内的各类公共服务设施。同时，积极打造金仓湖公园、三水一宅共享农庄、绿皮火车咖啡馆等特色旅游景点，推动乡村旅游产业创新升级。

针对示范区跨村域发展的特性，规划巧妙运用"共游共建共享片区精品节点"的设计理念，构建特色交通网络。其中，以田园观光为主题的特色小火车线路，已成功连通主要旅游服务区域，目前东林村已实现通车；以艺术体验为主导的特色观光车主题线路，则有效串联起主要休闲娱乐区域，电站村已率先投入运营。此外，示范区还在局部节点增设生态自行车游线，丰富游客出行选择。

金仓湖示范区巧妙地以美丽乡村路为纽带，将东林村、电站村、万丰村的农文旅资源有机串联，围绕"现代循环农业 - 东林村""人文宜居水乡 - 万丰村""艺术创新发展 - 电站村"三大产业特色，着力以"点"带面，集中、整合、放大资源优势，精心塑造特色景点。并通过特色交通方式将示范区内的各个重要节点紧密衔接，巧妙结合四季更迭的田园美景，将悠然闲适的田园生活方式与高效便捷的片区交通体系完美融合，构建起集"游 - 观 - 吃 - 住 - 乐"于一体的全功能乡村旅游产业链。

1.1.2 乡村景观重构

1. 乡村景观的概念

乡村景观指的是乡村地区特有的自然、人文和经济元素共同构成的景象，它反映了乡村地区的自然风貌、文化特色和社会经济状况。从地域范围而言，乡村景观泛指城市以外的景观空间，例如城市的郊区，县城的郊区，市域辖属下的乡村等，是受人类活动影响所形成的景观类型，是自然景观、聚落景观、生产景观、文化景观所构成的景观综合体[1]。乡村景观区别于其他景观的关键在于乡村以农业为主的生产景观、粗放的土地利用景观以及乡村特有的田园文化和田园生活[2]。

乡村景观独特性源自自然与人文的交织，展现出鲜明地域特征。各地不同的生态、经济及民俗风情，塑造了多样的景观形态和特色。因此，乡村景观不仅具有风景性与观赏性，还具有地域特色性、景观文化性[3]。合理的乡村景观，是一种客观的环境要素组合与综合，也是乡村地域范围内特殊政治、经济、地理环境与社会结构的物理表现，

① 刘莉文，程道品，王力峰 . 中国乡村景观旅游开发与建设 [J]. 安徽农业科学，2008，5：1819-1820.

② 王云才，刘滨谊 . 论中国乡村景观及乡村景观规划 [J]. 中国园林，2003，1：56-59.

③ 张叶琼 . 中产化驱动下乡村景观的视觉重构 [D]. 南京：南京大学，2018.

还是人们通过观察构成的主观意象[①]。于是，乡村景观所表现出的更像是一个地域的符号，既有乡村的共同点，也有乡村的特色。

2. 乡村景观的构成

（1）乡村自然景观

乡村自然景观以乡村的自然生态环境为依托，以山水田园风光为吸引力，使游客领略自然风光，回归田园，放松身心。在乡村旅游中，气候、水体、农田、林地、草地等生态性景观要素和农作物、林果等生产性农业景观要素共同构成了乡村自然景观。良好的乡村自然景观是乡村空间具有观赏价值和旅游价值的重要条件[②]。

（2）乡村聚落景观

乡村聚落景观直接性地展现了一个乡村的传统风貌，是乡村居民生活的主要场所，其分布格局是自然和历史发展的共同结果[③]。在乡村旅游中，乡村聚落景观也是游客休憩、体验、娱乐、食宿的主要场所，其极具地域特色的聚落景观为当地旅游业的发展奠定了基础[④]。乡村聚落景观反映了乡村生活空间外在表现形式，包括乡村聚落和环境、乡村建筑、基础设施、农耕或生活器具的农业相关景观要素以及消费性场所景观要素等，具有乡村文化特色和生活气息的生活景观是乡村聚落景观的灵魂。

（3）乡村文化景观

乡村文化景观反映了在乡村整个发展历程中所形成的特有的地域文化，是人类活动的历史记录和文化传承的载体，具有重要的历史文化价值。乡村文化的精髓蕴含于其悠久的传统习俗、丰富的农耕文化、多样的民俗活动及世代沿袭的乡村经验之中，这些共同构成了乡村文化景观的主体框架，它们共同承载着乡村的文化底蕴。地域特色、场所精神及乡村特性通过文化景观得以彰显，体现为地域性、独特性、传承连续性和时代适应性等特征[⑤]。作为文化记忆的载体，乡村文化景观勾勒出乡村发展的历史轨迹，蕴含丰富的非物质文化遗产与历史痕迹，构筑起人们共感的景观意象，加深了对乡村文化深层次的理解与认同。如皖南古村落、江南水乡、黔西苗寨、闽南古厝等，创造了独特的乡村文化景观。

总之，乡村景观的构成要素繁复而多元，它们不仅为各异的乡村景观构筑了独特的背景舞台，也作为前提条件孕育了这些景观的形成，深刻体现了乡村景观的综合性与地域特色。

① 周舰. 现代城市园林景观设计现状及发展趋势思考 [J]. 安徽农业科学，2012，40（11）：6579-6581.

② 张继鹏. 场景理论视角下的乡村旅游社区景观规划设计 [D]. 昆明：昆明理工大学，2023.

③ 张建武. 乡村旅游影响下的乡村聚落外部空间设计初探 [D]. 重庆：重庆大学，2008.

④ 刘萍. 乡村振兴背景下乡村旅游景观规划设计策略研究 [D]. 济南：山东建筑大学，2020.

⑤ 翟永真. 乡村文化旅游景观设计中的地域文化研究 [D]. 西安：西安建筑科技大学，2015.

1.1.3 乡村旅游发展的特征及其对乡村景观重构的作用

乡村旅游作为一种新兴的旅游形态，近年来在全球范围内展现出蓬勃的生命力，它不仅促进了乡村经济的多元化发展，还深刻影响了乡村社会结构、文化传承与自然环境的保护。挖掘乡村旅游发展的特征对于研究乡村旅游、促进乡村旅游发展具有重要意义。在乡村旅游发展过程中，乡村景观从传统的农业生产场景，逐渐转变为集自然观赏、文化体验、休闲度假等功能于一体的复合景观，并随着旅游业的发展不断地进行创新性重构，推动乡村振兴、助力乡村实现可持续发展目标。

1. 乡村旅游发展的特征

（1）乡村旅游的战略性

2005 年，时任浙江省委书记习近平在安吉县余村首次作出"绿水青山就是金山银山"的科学论断。"两山理论"是我国生态文明建设的核心理念，强调在经济社会发展中应充分认识到生态环境的价值，倡导和推动绿色、循环、低碳的发展模式。乡村旅游是"两山理论"在乡村地区的具体实践形式之一，乡村旅游依托乡村丰富的自然资源、独特的生态环境、深厚的文化底蕴以及农业生产活动，吸引游客前来观光、体验、休闲，从而带动乡村经济的发展。乡村旅游的兴起和发展，使得乡村的绿水青山得以有效利用和增值，是直接体现了"两山理论"的落地实践形式。2015 年中央一号文件提出推进农村一二三产业融合发展，2015 年底，国务院办公厅印发《关于推进农村一二三产业融合发展的指导意见》，明确了具有中国特色的三产融合发展之路。三产融合政策的提出进一步丰富了乡村旅游的内涵，乡村旅游不再局限传统的观光游览，而是融入了农产品加工体验、乡村手工艺、民俗文化展示、农事活动参与、田园生活体验等多种元素，形成了丰富的旅游产品体系，增强了乡村旅游的吸引力和竞争力，进一步提升了其对乡村经济的拉动作用和对"两山理论"价值实现的贡献。

2017 年，习近平总书记在党的十九大报告中提出"乡村振兴"战略；2018 年，中共中央、国务院印发《乡村振兴战略规划（2018—2022 年）》。乡村振兴战略目标在于解决目前中国存在"三农"问题，通过践行"五大"发展理念，实现农村一二三产业的融合发展。乡村旅游本身具备旅游业消费人口多、参与门槛低、涉及领域广的特征，同时能够紧密结合乡村旅游资源快速发展。在"两山理论"和三产融合的政策指导下，乡村旅游进一步丰富自身内涵，坚持绿色发展理念，注重生态效益与经济效益、社会效益的协调统一，带动乡村地区产业融合，推动乡村经济社会发展。因此，乡村旅游是实现乡村振兴战略的重要途径，具有重要的战略地位和作用。

（2）乡村景观的生态性

乡村景观是"乡村"地区的"景观"，是由自然环境、经济和社会三大系统形成的复合景观系统，涵盖了乡村环境中自然生态、农业生态、村落建设、文化习俗、社会生活等多元要素，是传统乡村人与自然和谐共生的生动体现。

乡村景观的生态性首先体现在其自然本底的广泛存在与重要作用。乡村地区相较于城市，往往拥有更大比例的自然生态系统，农田、林地、湿地、河流湖泊等天然的生态系统构成了乡村的自然地理风貌，是乡村景观的基础。这些自然要素为农业生产提供资源，是生物多样性的重要载体，还承担着水源涵养、气候调节、土壤保持、碳汇等功能，维持着区域乃至全球生态平衡。其次，作为乡村景观的核心活动之一的农业生产本身具有显著的生态属性。农田是生态系统的重要组成部分，农业实践能够促进土壤肥力维持、生物多样性保护等生态过程，农田、菜地、鱼塘、牧场等农耕景观充分展示了人与自然的紧密互动。此外，乡村地区人与自然的互动更为紧密，乡村的生活、生产活动往往遵循自然节律，有较强的生态意识和地方环境保护传统，因此形成与自然环境相融合的村落与建筑景观、反映乡村生活独特韵味和地方人文精神的乡村文化与民俗景观。在现代乡村景观设计中，致力于保护和恢复生态环境，优化景观结构，建设生态工程，创造和谐的人工景观，进一步强调了乡村景观的生态性。

乡村景观的生态性在乡村旅游中具有核心吸引力、旅游产品开发基础、生态环境保护动力以及生态教育与科研价值等多重意义，对推动乡村旅游的可持续发展具有重要作用。因此，乡村景观的生态性在乡村旅游的发展中具有不可替代的重要意义。

（3）旅游资源的乡村性

乡村旅游资源是指能对旅游者产生吸引力，可以为旅游业开发利用，产生经济、社会、生态效益的自然和人文环境相结合的一种乡村资源。乡村旅游资源囊括广泛，覆盖了乡村地域内所有旅游吸引物，展现出多彩纷呈的面貌。其中包括了自然赋予的地质奇观、水域美景、生态多样性等自然旅游资源，以及人类历史积淀下的文物遗址、特色建筑、传统村貌和民俗风情活动等人文旅游资源，实现了自然与人文的和谐共生。乡村地区生态环境良好，传统村落密布，乡土气息浓郁。不同的自然条件，如地形地貌、气候土壤、水体植被等，塑造出乡村各具特色的自然环境；深厚的历史积淀、独特的文化传统、淳朴的乡风民俗以及人工构筑的建筑设施等人文因素，则赋予乡村丰富的人文环境。不同地区具有的独特自然环境、人文环境，是乡村旅游资源的核心。旅游资源的乡村性是乡村旅游资源的本质特征。乡村旅游资源独特的乡村性正是游客追寻的乡村旅游之魂，是乡村旅游吸引游客的核心所在，使乡村旅游具有极高的美学特征，传递着人与自然和谐共生的信息。

在过去的发展中，快速城镇化和现代化浪潮一度对乡村文化造成较大的冲击，许多传统村落和文化遗存日渐消失，出现乡村文化景观消减化、地位边缘化、文脉撕裂化、主体空心化、传承艰难化等困境[①]，让乡村传统"沦陷"、乡村文化衰落、乡村旅游失去乡村性。因此在新的发展背景下，加强乡村旅游地的乡村性，保护乡村文脉、自然生态环境等资源是乡村旅游发展的必要要求。乡村旅游发展以保护乡村旅游资源的乡村性为前提，最大限度地保持乡村自然环境的原生态、当地特有的乡村文化，主张将旅游活动和旅游者融入乡村生活中，避免破坏乡村旅游资源的乡村性。对乡村旅游的发展提出要求，要求在乡村旅游发展中应以"乡村性"为核心，保护并传承乡村旅游资源的"乡村性"：展现原生态乡村景观，营造浓郁的乡村意境；展现原生态乡村文化，增强乡村文化旅游魅力；保留乡村原有的生活气息，提供独特且真实的"乡愁"载体[②]。

（4）参与主体的多元性

乡村旅游作为一种综合性的特色产业，其发展涉及一个复杂的系统过程。在推进乡村旅游的过程中，伴随经济效益的显著增长，自然而然地吸引了多样化的参与主体投身其中，使乡村旅游发展具有参与主体多元性的特点。根据参与乡村旅游各主体不同的属性和利益诉求进行分类，可将参与主体分为政府部门、旅游企业、当地村民、游客等。乡村旅游是实现乡村振兴战略的重要途径，因此政府部门往往扮演乡村旅游发展的重要角色，以官方权威为保障，积极参与并支持其进展。通过制定有利政策、实施科学规划、促进多方协调及加强监督管理等手段，引领并主导乡村旅游的发展。旅游企业凭借其市场导向的本质与盈利追求，成为乡村旅游的关键参与者。通过积极开发与高效运营乡村旅游资源，它们深度融入乡村旅游产业升级之中，为市场精心提供旅游产品与服务。村民是乡村旅游必需的参与主体，村民在长期生活中形成的生活习惯、价值观念、民俗文化是"乡村性"的重要组成部分，因此村民是乡村旅游的参与者也是乡村文化的传承者。乡村旅游发展过程给村民带来收益，激发其参与乡村旅游的积极性，缓解乡村"空心化"等问题，延续发展乡村文化，形成良性循环。游客作为乡村旅游服务的对象，是乡村旅游地免费的宣传者、价值的评价者，直接影响到乡村旅游产业的发展。以政府部门、旅游企业、当地村民、游客为主的多元主体参与到乡村旅游发展中，在乡村旅游开发中相互制约、相互依存，共同推动乡村旅游的发展。

参与主体多元化是乡村旅游发展的必然趋势，因此处理好各个参与主体之间、参与主体与旅游开发之间的和谐关系，使各参与主体共同参与到乡村旅游发展建设中，实现权力、利益分配之间的平衡，有利于乡村旅游产业的可持续发展。

（5）乡村旅游产品的多样性

乡村旅游产品是乡村旅游经营者依托旅游地的资源与设施提供的满足旅游者综合

① 李思权，廖坚，熊子东. 供给侧视野下的乡村旅游发展研究——以梅州为例 [J]. 辽宁经济，2018（8）: 56-57.

② 孟秋莉，邓爱民. 全域旅游视阈下乡村旅游产品体系构建 [J]. 社会科学家，2016（10）: 85-89.

需要的服务^①。从乡村旅游产品的特性角度来看，乡村旅游资源是乡村旅游产品的基础和依托，利用不同的乡村旅游资源会形成不同的旅游产品。由于乡村的空间分布具有独特性、乡村之间的自然环境千差万别，乡村旅游资源具有乡村性，因此乡村旅游产品有着具有地方特色的、独一无二的、其他旅游产品无法复制的特性。从乡村旅游产品的提供角度来看，可将旅游产品分为核心产品、形式产品和延伸产品^②。核心产品通常包括旅游资源和旅游服务，是消费者购买和消费的主体部分。形式产品是保证产品的效用和价值得以实现的载体，通常指旅游产品的形象、特色、品牌和声誉。延伸产品则指给游客带来的方便性和附加利益，如停车场、线路等。由此可见，乡村旅游产品包括旅游服务、旅游品牌、旅游设施等，种类多样。

市场是乡村旅游产品开发的动力和决定性因素。随着乡村旅游产业的持续快速发展，乡村旅游呈现多元化的市场需求，乡村旅游产品亟待转型提升，要求乡村旅游产品在进行差异化开发的同时保持真实性，充分发挥本地特色产业资源，给游客带来乡村生产生活的特色体验。为满足客源市场的需求取向，乡村旅游产品的开发在以"乡村性"为核心的前提下，在旅游产品的生产、加工、营销每一个生产环节中都植入创意策划，在乡村旅游产品的开发中突出乡村特色、彰显乡村个性，结合目标市场需求构建乡村旅游产品体系，发展衍生出农事体验、民俗体验、生态饮食、康养度假、亲子游等具有多样性的高质量旅游产品。

2. 乡村景观的重构

城市快速工业化和城镇化进程驱使以土地、资金和劳动力为核心的乡村发展要素发生重大变化，进而导致乡村地域的生产、生活、生态和文化功能逐渐发生演变^③。其中，乡村旅游的迅猛发展催生了对乡村景观的重新审视与重构。传统视角下的乡村景观常常被视为静止、宁静的自然画卷，但随着乡村旅游产业的兴起，人们开始意识到景观的重要性，它不再仅仅是静态的自然风貌与人文遗存的简单叠加，而是成为驱动乡村经济转型升级、提升地区吸引力、塑造独特旅游品牌的关键。在此背景下，为了吸引游客、提升乡村的吸引力，各地纷纷响应市场需求积极对乡村景观进行创新设计与功能提升，引起了乡村物质空间、经济空间、社会空间的重构。

（1）乡村物质空间重构

应在提升乡村环境品质、强化乡村文化传承与生态保护、适应社会变迁与居民生活需求的变化的基础上促进乡村旅游产业的发展。乡村景观以自然环境、人们生产生活景观形成自身特色，在乡村旅游发展中通过不断地规划设计形成优质景观，为乡村

① 孙晓，李永文，梁留科.乡村旅游市场营销的产品策略 [J]. 乐山师范学院学报，2009，24（3）：91-94.

② 梁少华.旅游体验视角下南宁市"美丽南方"乡村旅游产品提升研究 [D]. 南宁：广西大学，2019.

③ 龙花楼，屠爽爽.乡村重构的理论认知 [J]. 地理科学进展，2018，37（5）：581-590.

旅游发展提供旅游资源，乡村地域内的土地、道路、建筑、公共服务设施等物质要素均是乡村景观重构的重要内容，乡村景观重构将会引起乡村物质空间结构、功能、形态的全面重构。

传统乡村物质空间具有封闭性的特征，并且随着村落发展不断变化。在乡村旅游发展中，通常会从结构入手，从整体到局部、从结构到功能、布局对乡村物质空间进行重构。一是在整体上对乡村物质空间结构进行重构，根据乡村旅游的发展需要，对原有的建筑、广场、街巷等物质空间进行改造、新建或重新划分，改变乡村物质空间的规模和空间分布；二是在局部上对乡村物质空间结构进行调整，对街巷空间、休憩场所等进行设计成为乡村物质空间节点。为了满足游客和村民生活的需求，催生了旅游接待、休闲娱乐、文化体验、科普教育等多元化功能的空间，原有的农田、林地、水域等乡村物质空间被赋予新的价值，如开发为采摘园、花海、湿地公园等旅游景点，或用于开展农事体验、垂钓、游船等旅游活动，使得乡村物质空间的功能类型更加丰富。乡村旅游对乡村物质空间形态提出了新的要求，如修建建筑时鼓励运用本土材料和工艺，形态保持与周围环境的协调性；景观节点强调尊重自然、顺应地形等。通过对乡村物质空间形态的塑造展现乡村独特的自然风貌和人文特色，使其成为乡村旅游的亮点和名片。

（2）乡村经济空间重构

随着我国经济体量和人均收入的增加，城市居民生活、工作压力的增大，人们开始向往乡村的田园生活，乡村旅游逐渐发展起来。乡村旅游以其强大的市场拉动力、产业创新力和人才吸引力，对促进乡村经济发展、推动乡村产业升级起到了关键作用。因此，乡村旅游成为乡村发展中一条能发展乡村经济的新道路，乡村旅游发展的过程不仅改变了乡村景观原有的视觉形态和空间结构，还引发了乡村经济空间的重构，包括产业结构调整、产业转型升级、产业空间格局变化。

乡村旅游通过对土地、水系、植被、建筑等景观元素的科学规划与合理配置，有效提升了乡村自然资源的利用效率与生态价值，将传统的农业生产空间转化为兼具生产、观赏、体验、教育等功能的复合型经济空间，从而推动了乡村产业结构调整。发展乡村旅游的过程中通过挖掘乡村资源禀赋、强化乡村地域特色，为乡村旅游的发展注入了新的活力，通过修复村落风貌、保护传统民居、打造主题景观等景观重构举措，乡村呈现出独特的文化魅力与美学价值，吸引了大量城市居民及外地游客前来观光、度假、研学，带动了餐饮、住宿、户外活动等乡村旅游服务业的繁荣，催生了一批以民宿、农家乐、乡村博物馆、文化创意园等为代表的新型经济业态，推动了乡村产业转型升级。随着生态修复、田园景观优化、公共空间建设等项目的实施，乡村旅游使乡村环境品质得到显著提升，为各类经济活动提供了新的空间载体。例如，沿主要交通线两侧、景观节点周边或者具有独特自然风光和文化遗产的地方，可能会集中布局乡村旅游游玩设施、农产品加工展示区、文创工作室、旅游商店等空间，进而形成新的产业空间格局。

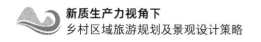
（3）乡村社会空间重构

乡村旅游的发展使得游客向乡村地区大量流入、乡村功能日益多元化，引发了乡村社会空间的全方位重构，人口结构、社会关系、交往空间、文化传承都呈现出崭新的面貌，对于构建宜居、宜业、宜游的现代乡村具有重要意义。

乡村旅游的发展打破了乡村传统的人口结构与组织架构，形成了一种包括本地居民、外来游客、投资者等多元主体交织的新社会关系网络。这种新型关系网络不仅改变了乡村内部人际交往的模式，也提升了乡村对外交往的活跃度和开放性，推动了乡村交往空间的重塑。为了满足游客的游览、体验需求，乡村增设或改造了各类交往空间，如修建文化广场、美化公共空间、改造空置房屋为咖啡厅等。这些空间不仅成为游客了解乡村历史、文化的重要窗口，也成为村民与游客互动交流的新平台，为乡村创造了新的日常生活景观，使乡村生活更具观赏性和体验性。乡村旅游的发展激发了对乡村文化、历史的重新诠释与传播。许多地方在发展乡村旅游的过程中，开始重视挖掘和展现乡村深厚的文化内涵，弘扬独特的乡土风情，如修建民俗风情展览馆、举办民俗文化体验活动等，塑造生动活泼，富有文化底蕴的文化景观。这样的举措不仅让游客能够更深入地感知和理解乡村的历史、传统与文化，增强了旅游吸引力，也提升了村民对乡村的认同感、归属感和文化自豪感，进一步巩固了乡村社区的凝聚力。

1.2 乡村旅游规划与景观设计

乡村旅游发展与景观重构的背后，既有乡村经济产业的转型升级，也有对传统景观美学的继承与创新、对生态环保理念的坚守与践行，更有对乡村文化内涵的挖掘与弘扬。本节对乡村旅游发展与景观重构的实践展开研究，总结乡村旅游规划与景观设计现状情况，为乡村旅游规划与景观设计研究提供经验教训，以期随着乡村旅游规划与景观设计研究的不断推进，乡村旅游成为推动乡村振兴、促进城乡融合、满足人民美好生活向往的重要力量，乡村通过发展旅游产业焕发出更加旺盛的生命力与创新活力。

1.2.1 乡村旅游规划与景观设计研究现状

1. 乡村旅游规划与景观设计理论研究

我国乡村旅游发展实践相比国外发展较晚，但发展迅速，受到广泛关注，进行乡村旅游规划与景观设计相关研究的学者颇多且理论实践成果丰富。

在规划设计理论框架方面，刘滨谊（2001）提出了现代风景旅游规划的内容"三元论"，强调了以"旅游""景观"和"生态"为核心的需求与内容规划[①]。后续提出的"AVC

---

① 刘滨谊. 现代风景旅游规划设计三元论 [J]. 规划师，2001（6）: 64-66.

第1章
乡村旅游规划与景观设计概况

三力理论"（吸引力、生命力、承载力），为乡村旅游地的综合评价与可持续发展提供了理论支撑。王云才（2003）系统地研究了景观学的理论与方法，构建了乡村景观旅游规划设计的技术体系，探讨了各类乡村景观建设对乡村旅游发展的促进作用[①]。

在规划设计内容方面，唐代剑等（2005）认为乡村旅游规划的核心在于选址、活动内容设置与游览组织设计[②]；赵琳琳等（2007）将乡村旅游空间设计分为空间重构、界面设计、设施与环境艺术设计等几个部分，并强调生态化、人性化与地域化设计原则[③]；姜辽（2009）以空间规划理论为指导，从资源点、产品线、分区等宏观层面，以及景观元、景观链、景观场等微观层面，进行乡村旅游空间规划设计[④]；王云才（2011）提出针对乡村景观设计"景观生态化设计"概念，倡导运用"生态设计语言"，将生态设计的空间格局图示、自然景观图式、文化景观图式以及网络化图式等连接成为一个具有内在规律的整体景观[⑤]；李飞与杨强等（2011）关注到文化对乡村旅游景观设计的重要性，提出了在乡村景观设计中保护乡村文化的必要性与具体设计策略[⑥⑦]。

2. 区域旅游研究概述

随着乡村旅游的不断发展，乡村旅游已处于常态化阶段。但伴随着越来越多乡村旅游地的出现，乡村旅游也暴露出诸多问题，亟待解决。区域旅游概念和模式的兴起为乡村旅游的发展带来了新的契机，对解决乡村旅游发展过程中的问题具有重要意义，是实现乡村旅游转型升级的重要手段。

"区域"（region）一词在地理学、经济学和旅游学等专业领域中被频繁使用，不同学科公认的区域属性是区域是用来描述和研究地理空间特征的基本单元，其内部存在着相对的同质性和相对固定的边界。当该基本单元运用在旅游学领域时，对应的区域就会被称为旅游区域，与之紧密相关的就是区域旅游的概念。区域旅游是特定空间中的旅游活动及其经济关系的总和，是接受旅游者在旅游目的地进行旅游活动的独立单位；通常旅游区域会以客源较为集中的名胜旅游点或者中心城市作依托，根据旅游经济活动规律，依照区域内区位交通、旅游资源、行政区划和地理位置等因素来整体安排旅游资源的开发、旅游商品生产与供应、旅游景点与设施的建设，从而取得最为理想的经济效益[⑧]。

① 王云才. 现代乡村景观旅游规划设计 [M]. 青岛：青岛出版社，2003.

② 唐代剑，池静. 论乡村旅游项目与游览组织 [J]. 桂林旅游高等专科学校学报，2005（3）：31-36.

③ 赵琳琳，王雷亭. 乡村旅游空间分析与空间设计研究——以泰山马蹄峪为例 [J]. 泰山学院学报，2007（5）：84-86.

④ 姜辽. 乡村旅游空间规划设计的基础理论及实证分析——以重庆市为例 [J]. 水土保持通报，2009（3）：211-215.

⑤ 王云才. 景观生态化设计与生态设计语言的初步探讨 [J]. 中国园林，2011（9）：52-55.

⑥ 李飞. 基于乡村文化景观二元属性的保护模式研究 [J]. 地域研究与开发，2011，30（4）：85-88+102.

⑦ 杨强，盛锴. 村居意象系统与旅游景观资源的保护及利用 [J]. 城市问题，2011（5）：97-101.

⑧ 涂人猛. 区域旅游理论研究 [J]. 社会科学家，1994（5）：83-88.

区域旅游作为特定空间的自然本底、旅游活动和其经济关系的综合体，它的发展必须符合旅游区域结构和功能协调发展的规律。系统论对于区域旅游发展的研究具有必要性，因此区域旅游系统为我们正确认识、提升区域旅游提供了科学的依据。我国学者张亚林（1989）提出了地域旅游系统的概念，认为地域旅游系统是指人类各种旅游活动与各种旅游资源，通过一定的媒介或方式，在一定地域范围上的有机组合，是一种社会 - 地理系统[①]。

综合系统论和国内外学者的研究，本书认为，区域旅游系统是在一定的区域内直接参与旅游活动的若干个要素相互依托、相互作用且相互制约形成的一个开放的有机整体。该系统内最基本的要素主要为旅游者、旅游目的地、旅游客源地和旅游通道，它们在系统内部构造出特定的系统秩序，同时系统本身也与区域环境发生相互作用[②③④]。

（1）区域旅游系统要素构成（表 1.2.1-1）

区域旅游系统要素构成 表 1.2.1-1

要素名称	要素内涵	要素具体形式及作用
旅游客源地	指具备一定人口规模和经济能力，能够为旅游目的地提供一定数量旅游者的地区，是和旅游目的地相对的一个空间概念，不同城市互为客源地和目的地	在客源地和目的地的推拉作用下旅游者在空间上进行流动
旅游吸引物	指旅游地吸引旅游者前往的所有因素的总和。它既包括旅游目的地的自然资源、人文资源等有形要素，也包括了服务、历史文化、民俗风情等无形要素	通常是城市旅游、自然型景区、乡村旅游点、主题公园、旅游节庆活动等物质、非物质多种类型的旅游吸引物
旅游交通	指借助交通运输设施，为旅游者及其携带物品在旅游客源地、旅游目的地、旅游集散地之间及旅游目的地内各旅游活动场所之间提供空间位移服务的一系列社会经济活动与现象的总称	向旅游者提供居住地与旅游地之间的空间位置转移，同时也具有为旅游者提供物质与精神享受的功能
旅游服务设施	指在旅游活动过程中可以直接或间接为旅游者提供服务的各类设施条件的总和，同样也是旅游从业人员在为旅游者提供服务的过程中所必须依赖的各项设施设备	旅游服务设施主要包括餐饮设施、住宿设施、游览设施、娱乐设施、休憩设施、引导设施等，这些都与旅游者的需求紧密相关
旅游信息媒介	指由旅游目的地的相关旅游饭店、旅行社、旅游网站及相关文化传播企业等共同组成的信息传播路径	为旅游书籍、旅游地图、旅游广告等形式，为旅游者的游览选择和旅游企业合作提供了基础信息

资料来源：虞虎，刘青青，等.都市圈旅游系统组织结构演化动力及发展特征[J].地理科学进展，2016，35（10）:1288-1302.

① 张亚林.旅游地域系统及其构成初探[J].地理学与国土研究，1989，5（2）：39-43.

② 薛莹.旅游流在区域内聚：从自组织到组织——区域旅游研究的一个理论框架[J].旅游学刊，2006（4）：47-54.

③ 虞虎，刘青青，等.都市圈旅游系统组织结构、演化动力及发展特征[J].地理科学进展，2016，35（10）：1288-1302.

④ 陈明文，严雷，等.游客感知视角下的民族旅游地发展研究[J].产业与科技论坛，2022，21（5）：62-66.

（2）区域旅游子系统构成

若按旅游功能分析，旅游系统包括四大组成，即客源市场（需求）子系统、旅游目的地（供给）子系统、旅游发展支持子系统和旅行者出行子系统。子系统内又包括诸多要素，这些要素相互关联、彼此制约，构成一个有机的旅游系统[1]（表1.2.1-2）。

<table>
<tr><td colspan="3" align="center">区域旅游子系统构成</td><td>表 1.2.1-2</td></tr>
<tr><td>子系统名称</td><td colspan="2">系统内涵</td><td>系统要素</td></tr>
<tr><td>客源市场（需求）子系统</td><td colspan="2">客源市场（需求）子系统主要是指位于旅游活动各段落的休闲者和旅游者及其形成、活动背景等因素构成的个子系统</td><td>本地市场、国内市场、国际市场</td></tr>
<tr><td>旅游目的地（供给）子系统</td><td colspan="2">旅游目的地（供给）子系统主要是指为已经到达出行终点的游客提供游览、娱乐、经历体验、食宿、购物享受或某些特殊服务等旅游需求的多种因素的综合体</td><td>吸引物（旅游资源）、设施、服务</td></tr>
<tr><td>旅游发展支持子系统</td><td colspan="2">旅游发展支持子系统是指国家、地方政府及其旅游职能部门以及与旅游业关联度很高的相关产业对旅游的支持作用</td><td>政策法规、环境保证、人力资源教育</td></tr>
<tr><td>旅游者出行子系统</td><td colspan="2">旅游者出行子系统主要探讨旅游者对各种旅行方式（公路、铁路、水上航线、空中航线、缆车、索道、游径及乘坐设施等）的知觉特征和选择模式、旅行的时空分布与空间类型（如单一型、沿途型、基地型、区域型、环游型等）以及旅行社旅游线路的设计组合等</td><td>交通、旅行服务、信息服务、目的地营销</td></tr>
</table>

资料来源：吴必虎.区域旅游规划原理[M].北京：中国旅游出版社，2004.

区域旅游整合多地区资源，为游客呈现多元化的旅行体验，促进经济协作与文化互鉴。游客可通过区域旅游遍览多地风光，感受文化交融，增添旅途色彩，同时也为旅游业带来新机与挑战。区域旅游通过联袂开发、线路推广及服务升级，共创旅游品牌，实现资源互补与共赢，推动区域发展。同时强调可持续性，保护生态与历史，提供绿色健康的旅游环境，契合市场对高品质个性化旅游的需求，成为乡村旅游转型升级的关键方向。

3."农文旅融合"研究概述

党的十九大报告中指出"以文促旅，以旅兴农，使农业和旅游相得益彰；以农造景，以景带旅，以旅促农，农旅融合"，人们对乡村"农文旅融合"发展高度关注。党的二十大报告明确提出"全面推进乡村振兴""发展乡村特色产业，拓宽农民增收致富渠道"[2]，乡村发展围绕"产业振兴"需要加快完善乡村农文旅产业链，不断提高农文旅产业融合的附加值和综合效益。"农文旅融合"发展是对传统旅游业的高质量转型探索，是增强农村经济活力、实现乡村振兴的重要途径。

① 吴必虎.区域旅游规划原理[M].北京：中国旅游出版社，2004.

② 中国政府网.习近平：高举中国特色社会主义伟大旗帜为全面建设社会主义现代化国家而团结奋斗——在中国共产党第二十次全国代表大会上的报告[EB/OL].[2022-10-25].https://www.gov.cn/zhuanti/zggcddescqgdbdh/sybgqw.htm.

虽然对"农文旅融合"研究的学者越来越多,但至今仍未形成统一的概念,欧阳莉等(2018)认为农旅融合是农业和旅游业互相依存,互相弥补对方发展不足的有机结合,并催生了农业旅游这一新业态形成[①];罗先菊(2022)认为农文旅融合发展是把生态农业资源、文化旅游资源等综合开发和统筹,促进农村资源、要素、技术、市场需求的集成、优化、重构,进而实现农产品产业的可持续发展[②]。虽然不同学者对于农文旅的内涵解释各不相同,但就"农文旅融合"是各乡村要素互渗互融,共同促进旅游业发展这一点已达成共识。

近年来随着"农文旅融合"的不断发展,国内涌现出了许多经典的案例,国内学者总结案例经验,提出"农文旅融合"发展模式、路径。例如,欧阳胜(2017)在对武陵山片区农村三产融合发展案例分析的基础上总结出了四种较为典型的融合模式,即"农旅一体化带动型""基层党组织引领型""纵向一体化延伸型"与"电商平台助推型"[③];廖正丽(2020)总结恩施市枫香坡侗族风情寨的发展经验,提出了从"扎深农业之根、深挖文化之魂、走宽旅游之路"三方面推进农文旅融合发展、打造特色乡村特色品牌的发展路径[④];孙美琪等(2020)分析安徽歙县农、文、旅三产业发展现状,总结出"旅游+精致农业"融合模式、"互联网+农业"融合模式、"旅游+徽文化"的歙县农文旅发展模式[⑤]。

1.2.2 乡村旅游规划与景观设计实践发展概况

城镇化的快速发展促使乡村从过去相对封闭的状态走向了开放且多元化的发展阶段,在此背景下乡村地域空间系统逐渐转向"生产、生态、生活"的多功能融合形态[⑥]。现阶段乡村空间分区以乡村"三生"功能发展趋势作为参考,结合国土空间规划"三生"空间理论,将乡村空间分为生产空间、生态空间、生活空间三大组成部分[⑦]。乡村旅游发展以乡村"三生"空间为空间载体,通过乡村生产空间重组、乡村生活空

---

① 欧阳莉,李东.农村农旅融合发展路径探究[J].江苏农业科学,2018,46(14):324-329.

② 罗先菊.以农文旅康深度融合推动民族地区乡村振兴:作用机理与推进策略[J].价格理论与实践,2022,(2):188-191+203.

③ 欧阳胜.贫困地区农村一二三产业融合发展模式研究——基于武陵山片区的案例分析[J].贵州社会科学,2017(10):156-161.

④ 廖正丽.推进农文旅融合发展,打造美丽乡村旅游品牌[N].恩施日报,2020-06-25(4).

⑤ 孙美琪,孙丛榕,肖志雄.安徽歙县"农文旅"产业融合发展模式研究[J].中国集体经济,2020,(35):123-126.

⑥ 刘彦随,龙花楼.中国农业地理与乡村发展研究进展及展望——建所70周年农业与乡村地理研究回顾与前瞻[J].地理科学进展,2011,30(4):409-416.

⑦ 林雅菁.乡村振兴背景下传统乡村三生空间优化策略研究[D].南昌:南昌大学,2022.

间重构、乡村生态修复推动乡村空间重构，吸引外来游客到乡村空间进行休闲体验、旅游消费，以此促进乡村经济发展、社会进步。

1. 乡村生产空间设计实践发展概况

乡村旅游作为现代社会经济发展模式下的新兴业态，是对传统农业生产的革新升级。随着乡村旅游的发展，乡村生产空间发生了多样化的转型，从过去以农业为经济发展主导转向农工业生产、休闲旅游、文化传承、生态维育等多项功能结合发展[①]。生产活动的根本宗旨在于满足人类的基本生活需求，而乡村生产空间则围绕人的需求为中心，展开丰富多彩的生产实践，构建适应乡村发展需求的经济体系，成为驱动乡村全面发展、推动产业链完善的核心力量。在乡村旅游的驱动下，乡村生产空间得到深度转型，实现了资源的有效整合、环境的美化提升、产业的合理布局、文化的创新传承以及旅游业态的丰富多元，从而构建起一个既满足现代旅游消费需求又有利于乡村全面振兴的新型生产空间体系。

具体做法有：在乡村旅游发展前期，活化利用闲置资源，整治乡村环境，发展乡村特色产业，因地制宜引导乡村产业空间合理划分，通过整治零散宅基地、杂林园地、养殖坑塘水面等，解决耕地和永久农田碎片化的问题，形成规模化的农业空间；优化升级路网交通，完善各项基础设施配套，提升乡村人居环境。在乡村具备发展旅游发展的条件后，基于特色农业体验项目与乡村人文景观形成第三产业布局：对农业生产区域进行合理划分和布局，形成规模化、连片化的种植区域，打造农业观光景观园、农业体验景观园等；将乡村文化融入乡村生产景观，例如打造集观光、科普、休闲为一体的"稻田画"等，将乡村文化元素融入其中，展现乡村的独特魅力和文化内涵；结合乡村聚落布置民宿、酒店、零售商店等多种业态，丰富旅游产品供给，形成完整的乡村旅游产业链，提升乡村经济的综合效益。

2. 乡村生活空间设计实践发展概况

人作为生活行为活动的主体，一切乡村活动都是由人的主观能动性所引导的，人的生活在很大程度上塑造了乡村的发展形态，因此人与社会环境主导下的生活空间是影响乡村发展的核心部分。传统的乡村生活空间以满足基本居住需求、交易往来与社会交往为主要功能，呈现出类型简单、规模较小的特点。随着乡村旅游的发展，乡村对于生活空间的要求越来越高，不仅要实现物质层面如设施完善、居住条件提升等硬件升级，更要满足居民对认同感、归属感等精神层面的追求，构建一个既宜居宜业、又富含地方特色的高品质乡村社会环境。

在提升乡村生活空间品质的过程中，首要任务是改善居住环境。通过民居的改造、建筑空间的优化、庭院的美化、公共设施的完善等，提高空间利用效率，提升乡村生

---

① 陈坤秋，龙花楼. 土地整治与乡村发展转型：互馈机理与区域调控 [J]. 中国土地科学，2020，34（6）：1-9.

活空间的品质，为乡村居民提供更舒适、便捷的生活条件。与此同时，结合乡村旅游的发展需求将生活空间与旅游服务功能相融合，打造具有地方特色的民宿、农家乐等旅游项目，既保留了乡村原生态的生活气息，又赋予其一定的旅游接待功能，吸引游客体验乡村生活，重构乡村生活景观。此外，乡村文化作为传统乡村的宝贵精神资产，对于提升乡村风貌、多样化村民生活方式、加强社群团结及焕发村民精神活力至关重要。因此，在乡村振兴的框架下，传承并发展乡村文化，是深度挖掘文化价值、充实乡村生活内涵的必经之路。在实践中，通过保护传统建筑、恢复传统节庆活动、传承手工艺等方式，让乡村文化在现代生活中焕发新的活力。结合现代审美需求，对乡村文化进行创新性转化，丰富日常文化空间，通过修缮、改造区内传统建筑等手段恢复多元文化主导下的乡村生活景观面貌。

3. 乡村生态空间设计实践发展概况

传统乡村生态空间是以包含水系网络、山川脉络、气候地形、植被沙矿等因子的自然系统为基底，能为乡村发展提供生态产品与生态服务的地域空间[①]，同时还具有一定的生态防护修复功能，能够维持乡村地域空间发展平衡。生态空间是传统乡村生产系统运行的物质前提，构成乡村生产与生活活动的基础，并且在一定程度上影响乡村生产与生活方式[②]，为人类进行经济活动与社会活动提供场所。因此，生态空间对乡村生产生活方式具有深远影响，为人类经济与社会活动提供了依托，是乡村发展的基础。随着乡村旅游的发展，生态空间得到修复和治理，进而通过生态功能与经济效益共同发展的方式提升生态效益，乡村生态空间生态屏障和生态产品的功能得到了全面维护，为乡村可持续发展提供了有力保障。

乡村旅游发展初期实施一系列生态修复工程，对于与乡村紧密相连的山体带与水系网格进行维护改造，如植被恢复、水体净化、土壤改良等，改善乡村生态景观，构建绿色生态网格，恢复和提升乡村地区的生态功能，增强乡村生态活力。这一过程中，充分考虑乡村生态资源的特性与优势，通过科学规划与技术创新，将废弃矿山等区域转化为乡村生态景观，既保护了生态环境，又丰富了乡村生态内涵。乡村旅游的推进，推动乡村生态空间与产业深度融合。依托乡村生态资源引入生态温泉、康养度假等多种业态，积极探索旅游导向型的乡村生态空间重构模式，拓宽乡村生态产品价值实现路径，为乡村经济发展注入新动力。各地在实践中，结合自身实际采取了多元化的生态景观修复措施，例如：一些地区通过实施退耕还林、退牧还草等工程，恢复了森林和草地的生态功能；一些地区则注重水体修复，通过治理河流、湖泊等水体，改善了

---

① 黄金川，林浩曦，漆潇潇．面向国土空间优化的三生空间研究进展 [J]. 地理科学进展，2017，36（3）：378-391.

② 周明著，王成．乡村生产空间系统要素构成及运行机制研究 [J]. 地理科学进展，2019，38（11）：1655-1664.

水环境质量；还有一些地区通过建设生态公园、绿道等生态设施，提升了乡村的整体
生态品质。

1.2.3 乡村旅游规划与景观设计面临的矛盾与问题

1. 区域旅游资源有待整合

乡村地区的旅游资源种类繁多，涵盖了自然风光、乡土文化和民风民俗等，但这
些资源常常分散在不同的区域，没有得到有效的整合。同时，由于缺少跨区域的合作
机制，导致了旅游资源的使用效率大大下降。旅游接待能力是乡村旅游的核心组成部
分，涵盖了住宿、餐饮和交通等方面的配套基础设施，也是乡村旅游发展中的重要资
源。在实际中，这些基础设施却没有达到真正的共享和协同。因此，乡村旅游往往呈
现出分散化的现象，这样孤立与分散的发展模式既妨碍了旅游资源的最佳分配，还可
能导致资源的不必要浪费。

具体来说，在乡村旅游发展过程中，各个乡村在建设用地和资源配置上都有所不同。
由于缺乏区域性的整体规划和协调发展，使得各地在推进乡村旅游产业发展时往往各
自为战，自行其是，难以塑造一个统一的市场竞争优势和总体形象。大部分地区都缺
乏区域性的资源整合，致使乡村旅游发展缓慢。一些乡村拥有得天独厚的自然景观和
丰富的旅游资源，但由于其偏远的地理位置、不发达的交通系统和落后的基础设施，
这些资源的有效开发和应用面临多重挑战。还有一些地区虽然拥有良好的城市建设基
础，但由于缺乏旅游资源，并没有完全展示出其内在优势。这些情况不仅制约了乡村
旅游的全面发展潜力，同时也限制了乡村经济持续增长的推动力。

2. 城乡要素融合有待加强

乡村土地要素的有限性是一个不容忽视的问题。乡村地区虽然拥有广袤的土地，
但其中可开发用于旅游规划和景观设计的建设用地资源却相对有限。相比之下，城市
资本对乡村旅游的发展表现出浓厚的兴趣，城市资本拥有强大的投资能力和先进的管
理理念，但由于乡村建设用地资源的有限性，城市资本难以找到足够的投资空间。同
时，一些优质的建设用地资源可能因为缺乏科学的规划和设计而被浪费，而一些潜在
的开发区域可能因为缺乏资金支持而无法得到充分利用。

产业要素方面，乡村旅游的发展绝非孤立的过程，而是需要与农业、文化、生态
等相关产业进行深度融合，形成良性的产业互动与共生关系。在乡村地区，尽管拥有
丰富的自然资源和文化底蕴，但往往缺乏与旅游相关的产业链配套。从旅游产品的开
发到服务的提供，从宣传推广到市场营销，各个环节都显得较为薄弱，难以形成完整
的旅游产业链。这不仅影响了乡村旅游的规模和效益，也制约了乡村地区的整体发展。
与此同时，城市地区的产业优势也未能充分应用到乡村旅游中，城乡之间的产业交流
和合作还不够紧密，城市产业优势未能有效转化为乡村旅游的发展动力。由于缺乏产

业链和优势产业的支撑，乡村旅游的产品和服务往往缺乏特色和竞争力。

城市拥有先进的科技、人才和资金等要素，这些在乡村旅游产品的创新、服务质量的提升以及市场营销的拓展等方面都能发挥重要作用。然而，城市专业人才对乡村的根植性不足，他们参与乡村旅游规划与景观设计常常是一种短期行为。这类人才下乡的目的性较为单一，多是以旅游为导向的设计思路，虽然短期内带来经济效益，但长远来看，可能忽视乡村居民的实际生活需求，在当前的乡村振兴过程中已然成为关键问题。乡村地区缺乏自主的、长期在地的为乡村发展贡献才智的地方精英，这样人才储备的不足，限制了乡村在自我发展道路上的创新能力和可持续性。

3. 乡村物质空间有待优化

乡村物质空间优化是当前乡村发展中亟待解决的问题之一。当前，乡村建设在乡村旅游的热潮中逐渐失去了地域特色。规划设计者往往以推动乡村旅游为主要目标，以城市中产阶层的消费者为服务对象。于是出现了乡村物质空间的商品化，诞生了咖啡馆、茶馆、西餐厅、精品民宿等高档的绅士化空间，属于乡村原住民的生活与生态空间被置换成服务于城市消费者的生产空间，改变了原有的乡村景观面貌。随着乡村旅游的快速发展，这种规划设计思路逐渐成为流行，乡村空间的功能趋向市场化与功利化，"千村一面"的现象也随之出现。乡村之间的同质性现象愈发严重，乡村旅游的产品结构也变得单一，这样缺乏创新和特色的同质化物质空间，不利于乡村旅游市场的健康发展。

与此同时，由于服务对象的变更，主导乡村建设的绅士化群体根据商业需求和个人喜好对乡村物质空间进行改造。他们倾向于城市化的现代性元素，打造符合潮流、网红、艺术等文化品位的风格。这种体现城市风格的空间美学改变了乡村原有的物质空间，表现为乡村物质空间的商品化、品牌化，导致乡村空间逐渐失去了其传统的乡村特色，呈现出一种"去乡村化"的趋势。

4. 乡村生态效益有待提升

自然资源是乡村旅游开发的基础元素，但当前大多开发模式仅将乡村生态资源优势转化为经济优势，忽略了人的生产生活与自然的互动互生关系。大多数乡村生态旅游项目开发效率低下，对乡村自然资源的多季节、多功能价值也缺乏深入转化，难以满足人们在研学旅游、康养度假、乡村旅居、露营微度假等旅游活动中蕴藏的更高生活需求[①]。随着乡村旅游的大力推进，许多地区出现了过分追求经济效益，而造成环境和生态的破坏等情况，比如过度开发生态资源、私自调整开发边界等。开发越多，生态环境遭受的破坏越无法挽回。这种导向不仅导致自然景观的日益破坏，也破坏了生

---

① 孙九霞，张凌媛，罗意林 . 共同富裕目标下中国乡村旅游资源开发：现状、问题与发展路径 [J]. 自然资源学报，2023，38（2）：318-334.

态系统的平衡，影响了乡村的长期发展。尤其是生态环境脆弱的部分地区，由于缺少对山林、水体、地质地貌等严谨的资源调查和评价，建设主体盲目追求经济效益而进行乡村旅游发展，一旦发生环境破坏或污染等问题，没有及时发现加以治理，严重时可能导致该地区村民的日常生活都难以进行。

还有一些乡村地区，它们拥有得天独厚的自然景观和优质的生态环境，这本应是它们发展乡村旅游的巨大优势。然而，由于缺乏科学的规划设计和合理的利用方式，这些宝贵的资源并未转化为实实在在的经济效益和社会效益。许多乡村虽然风光旖旎，但由于缺乏有针对性的旅游产品开发，游客的停留时间短暂，消费潜力难以挖掘，最终使得乡村的生态效益未能得到充分发挥。

综上所述，发展乡村旅游已成为乡村振兴的重要路径，但在当前乡村旅游规划与景观设计中仍存在一些问题。为促进乡村旅游产业高质量发展，下文将从加快发展新质生产力的视角，提出乡村区域旅游规划和景观设计的策略。

理论视角

2.1 新质生产力理论

2.1.1 新质生产力的概念

1. 生产力概念的发展

（1）古典政治经济学对生产力的阐释

新质生产力本质上仍然是一种生产力，生产力发展作为经济学研究的永恒主题，从历史渊源上看，很大程度上受到威廉·配第、亚当·斯密、萨伊、大卫·李嘉图、弗里德里希·李斯特等人关于生产力论述的影响。早在 17 世纪，英国古典经济学家威廉·配第便提出了"劳动是财富之父，土地是财富之母"[①]，这句话揭示了财富简单依存于自然和土地，反映了当时的生产力状况，从生产要素角度阐释了生产力的内涵。进入 18 世纪，亚当·斯密提出了劳动生产力的概念，为创立劳动价值论奠定了基础，他在《国富论》中提出了"劳动生产力"概念，从分工的角度指出劳动生产力的提升对经济社会发展的重要作用："劳动生产力上最大的增进，以及运用劳动时所表现的更大的熟练、技巧和判断力，似乎都是分工的结果。"[②] 同时，还提到土地是具有生产力的物质，引入"自然生产力"概念。之后，萨伊在《政治经济学概论》中格外关注生产要素在生产中的作用，将劳动、资本和自然力视作"强大的生产力"，并指出这三种生产力间的关系，"自然是人的伙计，是人的工具。人越能不用自己和资本的力并把越大的部分的生产工作交给自然，自然便越有益于人"[③]。萨伊基于效用论的观点不同意亚当·斯密关于生产性劳动和非生产性劳动的划分方法，认为"创造具有任何效用的物品，就等于创造财富"[③]。萨伊认为从事精神生产的劳动也创造价值，也属于生产性劳动，认识到了精神生产力的存在性，后由德国古典政治经济学家弗里德里希·李

[①] 威廉·配第.赋税论献给英明人士货币略论 [M].陈冬野等译.北京：商务印书馆，1978.

[②] 亚当·斯密.国民财富的性质和原因的研究上 [M].郭大力，王亚楠译.北京：商务印书馆，1972.

[③] 萨伊.政治经济学概论——财富的生产、分配和消费 [M].陈福生，陈振骅译.北京：商务印书馆，1963.

斯特明确提出精神生产力的概念。亚当·斯密的另一个继承者大卫·李嘉图继承了劳动生产力概念，他在《政治经济学及赋税原理》中也肯定了土壤、水等自然要素具有生产力，但并未对生产力概念作出具体解释和规定[①]。并且，从比较优势理论出发，大卫·李嘉图指出通过机器的发明、技术的改进等方式提高生产便利条件不仅增加了国家财富，也增强了未来生产的能力[①]。

在古典政治经济学史上，弗里德里希·李斯特第一个系统讨论了生产力理论。弗里德里希·李斯特的生产力理论以这样一个基本的逻辑判断为基础："生产财富的能力比财富本身更为重要，它不仅确保拥有财富，使财富增值，而且还能弥补那些失去了的财富的损失。"[②] 这样，他的生产力理论实际上就包含两个方面的涵义：一是生产财富的能力，二是生产生产能力的能力。这两个方面的总和构成他的国家生产力。国家生产力来源于国家的自然生产力、国家的工具生产力和国家的精神生产力。弗里德里希·李斯特在《政治经济学的国民体系》中强调了国家整体生产力和工业化的重要性，认识到个人生产力与国家生产力的差异、农业和制造业的生产力差异，指出"国家力量是一种动力，新的生产资源可以由此获得开发，因为生产力是树之本，可以由此产生财富的果实"[②]。

马克思和恩格斯从"社会生产力"的视角揭示了生产力的本质。依据马克思主义政治经济学原理，生产力被普遍视作"人们在劳动生产中利用自然、改造自然以使其满足人的需要的客观物质力量"[③]马克思指出："在历史发展的每一阶段都是与同一时期的生产力的发展相适应的。"[④] 因而，对生产力范畴的理解和认识也是在历史阶段与条件的演变中不断深化的。

（2）生产力系统的构成要素

生产力的本质是社会劳动生产力，离开劳动谈生产力是毫无意义的。马克思说："劳动生产力是由多种情况决定的，其中包括：工人的平均熟练程度，科学的发展水平和它在工艺上的应用程度，生产过程的社会结合，生产资料的规模和效能，以及自然条件。"[⑤] 这一段话非常明确地指出了生产力的构成要素——劳动力、科学技术、劳动资料、劳动对象，按照系统论的解释，这属于系统构成的元素。因此，生产力系统是在劳动过程中形成的，由劳动者、劳动资料（工具）、劳动对象要素组成，以一定结构形式联结组合（如生产单元、企业、产业等）存在，具有改造和利用自然、促进人类社

---

① 大卫·李嘉图.政治经济学及赋税原理 [M].郭大力等译.北京：商务印书馆，1962.

② 弗里德里希·李斯特.政治经济学的国民体系 [M].陈万煦译；蔡受百校注.北京：商务印书馆，2009.

③ 徐光春.马克思主义大辞典 [M].武汉：崇文书局，2017.

④ 中共中央马克思恩格斯列宁斯大林著作编译局编译.马克思恩格斯选集 1[M].北京：人民出版社，2012.

⑤ 马克思.资本论（第 1 卷）[M].北京：人民出版社，2004.

会发展功能的有机整体。在不同时代，生产力系统要素内涵变化以及生产力要素组合结构的不同，都将推动形成那个时代的现实生产力，发挥相应的功能作用①。

从抽象层面看，从生产力到新质生产力，生产力系统的构成要素并没有发生根本的变化，发生变化的不过是要素的具体内涵。从具体层面看，劳动者的劳动力总是一个不断发展提高的过程，在数字、人工智能时代赋予劳动力完全不同于过往的内涵。资本依然是体现资本占有者意志的物质外壳，科学技术在新质生产力语境下表现为计算机技术、物联网技术、5G、人工智能、生物技术、新能源新材料、算法算力等，信息在新质生产力语境下表现为数据，生产的社会过程也随着科学技术发展及其在生产工艺上的应用而相应调整，比如劳动者与生产资料的结合从物理空间向数字虚拟空间转向等②。

2. 新质生产力的提出背景

生产力是马克思主义政治经济学的核心概念和唯物史观的基石，是推动人类社会前进的根本动力。马克思指出："劳动生产力是随着科学和技术的不断进步而不断发展的"，不同科技时代的生产力具有不同的形态，生产力的发展具有历史动态性。高质量发展需要新的生产力理论来指导，新质生产力重要论述的提出并非偶然，而是我国长期以来的经济发展实践，准确把握"科技创新"这一时代特征，在应对百年未有之大变局下加快高质量发展所提出的重大命题，进一步深化了对生产力发展规律的认识，是对马克思主义生产力理论的重大创新和发展，为我们发展新质生产力、推动高质量发展提供了科学指引，为推进中国现代化建设指明了发展方向。

当前世界正面临着一系列不安定因素，依靠过去传统国际分工和全球贸易的外延型增长路径动能不足，新质生产力是赢得现代大国竞争的制胜关键，同时也是实现科技高水平自立自强、维护国家经济安全的应对之举。同时，加快形成新质生产力也是建设社会主义现代化大国的必由之路。社会主义的本质是不断解放和发展生产力，从宏观来看，我国从高速增长阶段也迈向了高质量发展阶段。但在发展过程中面临高端供给不足、低端供给过剩的供需结构失衡，工业化速度与资源承载能力不匹配等问题，问题破解的关键在于实现创新驱动，整合科技创新资源，加快形成新质生产力③。因此，深入学习理解新质生产力的核心要义，澄清新质生产力承载的经济空间功能，并得出有益于新时代高质量发展的新质生产力实践方向，对新时代经济高质量发展、提升新时代中国国际竞争力具有重要理论和实践指导价值④。

① 黄群慧，盛方富. 新质生产力系统：要素特质、结构承载与功能取向 [J]. 改革，2024（2）：15-24.

② 王朝科. 从生产力到新质生产力——基于经济思想史的考察 [J]. 上海经济研究，2024（3）：14-30.

③ 周文，李吉良. 新质生产力与中国式现代化 [J]. 社会科学辑刊，2024（2）：114-124.

④ 吴雨星，吴宏洛. 马克思经济发展质量思想及其中国实践：暨经济高质量发展的理论渊源 [J]. 当代经济管理，2021（11）：13-18.

3. 新质生产力的概念内涵

关于生产力的内涵，马克思在《资本论》中指出："生产力，即生产能力及其要素的发展。"[①] 尽管在数字经济时代，马克思生产力概念三要素的表现形式有了全新显现，但就其本质来看并未发生实质性变化[②]。新质生产力是在生产力得以实现的条件发生变化的基础上获得的一种崭新形态，把握新质生产力概念必然离不开生产力三要素，更离不开经济空间。新质生产力是由劳动者、劳动资料和劳动对象的生产要素优化组合而产生了质变的新的生产力形态，为经济发展创构了新经济空间基础。它代表着一种生产力的跃迁，是科技创新在其中发挥主导作用的生产力，尤其是关键性、颠覆性技术实现突破的生产力，具备高效能，体现高质量，区别于依靠大量资源投入、高度消耗资源能源的生产力发展方式，是摆脱了传统增长路径、符合高质量发展要求的生产力，使数字时代更具融合性、更体现新内涵的生产力[③]。正确理解新质生产力的特征需要从"新"和"质"两方面把握。

新质生产力作为马克思主义政治经济学中国化的创新范畴，包含新的丰富的内涵和特征。一是新在驱动能力上，新质生产力是以关键性颠覆性技术突破的新技术为主要动力的生产力；二是新在支撑载体上，新质生产力是以未来产业和战略性新兴产业为主要支撑载体的生产力；三是新在发展方式上，新质生产力摆脱了传统粗放式增长路径、符合高质量发展要求的生产力；四是新在生产力要素上，新质生产力是劳动者、劳动资料和劳动对象的升级及拓展的生产力[④]。总体来看，新质生产力与传统生产力存在"质"上的不同，是以新技术、新经济、新产业、新业态为主要内涵和特征的生产力。所谓"质"，是强调在坚持创新驱动本质的基础上，通过关键性技术和颠覆性技术的突破为生产力发展提供更强劲的创新驱动力[③]。提出新质生产力，其背后的本质都是坚持将科技进步引发的创新动能作为生产力发展的驱动力，即把经济增长的动力由要素驱动、投资驱动锚定到创新驱动，将科技进步作为实现创新驱动的动力源，推动生产力发展水平的跃升。

4. 生产力发展的四个阶段

生产力发展具有历史性与阶段性，生产力的跨越式发展是现代化的重要前提。正如马克思所说："一定的生产方式或一定的工业阶段始终是与一定的共同活动方式或一定的社会阶段联系着的，而这种共同活动方式本身就是'生产力'；由此可见，人们所达到的生产力的总和决定着社会状况，因而，始终必须把'人类的历史'同工业

① 中共中央马克思恩格斯列宁斯大林著作编译局.马克思恩格斯文集（第 7 卷）[M].北京：人民出版社，2009.

② 熊亮.数字媒介时代的马克思生产力理论创新认知 [J].江苏社会科学，2022（4）：94-103.

③ 周文，许凌云.论新质生产力：内涵特征与重要着力点 [J].改革，2023（10）：1-13.

④ 周文，李吉良.新质生产力与中国式现代化 [J].社会科学辑刊，2024（2）：114-124.

和交换的历史联系起来研究和探讨。"① 决定历史发展阶段的是生产力的发展，总体而言，生产力的跨越式发展主要分为四个阶段。

第一阶段表现为自然生产力。在人类社会的初期，生产力中的决定性因素是自然，"最早被利用的是动物的自然力"，② 其中，劳动力自然地形成生产力；"最晚的是机械的自然力"，③ 所以自然环境决定了人类的生存状况和发展。在这一阶段尚未出现现代机械，原始社会协作分工程度低，生产力水平总体较低。

第二阶段表现为劳动生产力。劳动具有创造价值和使用价值的重要作用，其中有用的具体劳动是财富形成的关键。进入原始社会末期，随着生产力的发展与文明程度的提高，出现了以农业和畜牧业分离为标志的第一次社会大分工②。

第三阶段表现为科技生产力。马克思指出："增加劳动的生产力的首要办法是更细地分工，更全面地应用和经常地改进机器。"④ 随着现代化的不断推进，科学技术迭代速度更快、影响作用更深，科技创新业已成为影响生产力跨越式发展的关键因素，是实现现代化的重要前提。

第四阶段表现为新质生产力。随着物联网、云计算等新一代信息技术的蓬勃发展和广泛应用，数据、知识、算力等新兴生产要素与传统生产力结合发展，催生出更能推动生产力跨越式发展与生产方式变革的新质生产力。新质生产力阶段适应于数字经济时代发展，是整个生产力历史进程中的最高阶段。作为科技生产力进一步跨越式颠覆式发展的结果，新质生产力更加强调创新驱动，更加讲求高质量发展，更加适应现代化发展⑤。

2.1.2　新质生产力的系统阐释

生产力是一个多要素的复杂系统，从系统论角度看，一个系统可由"要素—结构—功能"这三个维度进行解构⑥。新质生产力系统的要素，是由新型劳动者、新型劳动工具、新型劳动对象组成的。新质生产力系统的产业载体，是新型要素优化组合形成的现代化产业体系，现代化产业体系通过新兴产业、未来产业占比逐步提高、传统产业深度转型升级而形成。新质生产力系统的功能，表现为全要素生产率的大幅提升。

1. 新质生产力的要素组成

---

① 中共中央马克思恩格斯列宁斯大林著作编译局 . 马克思恩格斯选集（第 1 卷）[M]. 北京：人民出版社，2012.

② 威廉·罗雪尔 . 历史方法的国民经济学讲义大纲 [M]. 朱绍文译 . 北京：商务印书馆，1981.

③ 中共中央马克思恩格斯列宁斯大林著作编译局 . 马克思恩格斯选集（第 4 卷）[M]. 北京：人民出版社，2012.

④ 中共中央马克思恩格斯列宁斯大林著作编译局 . 马克思恩格斯选集（第 1 卷）[M]. 北京：人民出版社，2012.

⑤ 周文，李吉良 . 新质生产力与中国式现代化 [J]. 社会科学辑刊，2024（2）：114-124.

⑥ 黄群慧，盛方富 . 新质生产力系统：要素特质、结构承载与功能取向 [J]. 改革，2024（2）：15-24.

马克思主义认为，生产劳动是人类社会存在和发展的基础。人们的生产劳动过程，必须具备三个因素：劳动者的劳动、劳动资料和劳动对象。新质生产力作为生产力新形态，其发挥作用过程就是具备相应知识、技能和素质的新型劳动者通过新型劳动工具作用于新型劳动对象的过程。新质生产力在拓展和丰富劳动者、劳动资料、劳动对象的内涵方面作出了新的探索，也提出了新的更高要求。

（1）新型劳动者

新质生产力在科技创新语境中实现了对劳动者范畴的丰富和发展，为生产创造新经济空间提供了新的主体力量。新型劳动者指的是主体知识型、技能型、创新型的智力工人，劳动者的劳动能力在科技创新推动下提升到新高度，高素质劳动者尤其是创新型人才的作用更加凸显。

（2）新型劳动资料（工具）

劳动工具是社会生产力发展的重要"指示器"，不同历史时期的新型劳动工具，是反映该时期社会生产力发展水平的重要标志。科学技术的发展和应用，使新型生产工具纷纷出现，显著提高劳动生产率，推动生产力水平的跃迁。新质生产力以人脑创新为基础进一步强化了劳动工具的重要性，新型劳动资料（工具）是新质生产力的重要体现和载体，指的是具有高端、精密、智能等特点的仪器设备其创新和应用能直接推动生产力的提升和社会的进步。作为新质生产力的重要标志，新型劳动资料（工具）的效能发挥呼唤新型劳动者的创造性劳动、需要新型劳动对象的丰富场景、依赖新型基础设施的强有力支撑。

（3）新型劳动对象

新型劳动对象是新质生产力的重要组成部分。新质生产力立足数字化语境实现了对劳动对象的内涵外延，为生产新的经济空间拓展了物质基础。劳动对象是指劳动过程中人们所加工、改造或服务的对象，既包括实体性劳动对象，又包括非实体性劳动对象，实体性劳动对象通常指原材料、零部件等，非实体性劳动对象则包括数据、知识或者某种服务对象等。在数字化、智能化、网络化时代，劳动对象的范围和领域在科技创新推动下发生重要变化，大至太空宇宙，小至基因量子，都成为劳动对象，极大拓展了生产空间。新型劳动对象包括以物质形态存在的新材料与新能源和以非物质形态存在的数据、算力等新质态劳动对象。

（4）新型基础设施

新型劳动者是新型劳动工具的操作者和新型劳动对象的创造者，同时也是新型基础设施的使用者和维护者；新型劳动对象的变化推动新型劳动资料（工具）的发展和应用，新型劳动资料（工具）的革新又促进新型基础设施的建设；新型基础设施的完善，为新型劳动者提供了更广阔的舞台，使他们能够更好地适应和引领新质生产力发展。纵观生产力的变迁历程，正是不同发展阶段中劳动者、劳动对象、劳动工具和基础设施等的变化，推动生产力结构的持续演变，而承载生产力结构变化及生产关系适配性变迁的主体则是当时的现代化产业体系[①]。

2.新质生产力的结构承载

（1）新质生产力的产业体系

新质生产力是由新兴产业、未来产业主导的现代化产业体系。发展新质生产力，必须处理好新兴产业和传统产业的关系。从主体来看，新质生产力大多由运用新技术的新兴产业、未来产业承载，而传统生产力大多由传统产业作为承载主体。传统产业不等于低端产业，只要坚持高端化、智能化、绿色化发展路径，传统产业经过转型升级后，也能够孕育新产业、形成新质生产力[②]。因此，发展新质生产力不是忽视、放弃传统产业，关键是聚焦"创新"二字，让新兴产业与传统产业相互促进、相得益彰。一手抓培育壮大新兴产业、超前布局建设未来产业，一手抓传统产业升级，积极促进产业高端化、智能化、绿色化转型，才能让产业发展脱胎换骨、强筋壮骨，形成推动高质量发展的合力。

（2）生态产业化与产业生态化

乡村振兴要在产业生态化和生态产业化上下功夫。只有深刻把握这一规律，着力构建以产业生态化和生态产业化为主体的生态经济体系，才能打通绿水青山与金山银山的双向转化通道，推动乡村高质量发展与高水平保护相得益彰。

产业生态化和生态产业化是生态产品价值实现的两个重要途径，两者相互促进、不可偏废[③]。产业生态化是实现绿色低碳发展的关键举措，也是构建乡村现代化经济体系的重要内容，核心要义是按照绿色、循环、低碳发展要求，以节能减排、提质增效为主要目标，对传统产业的生产方式、产业结构、流通和消费方式进行生态化改造。生态产业化是乡村生态产品价值实现的有效途径。乡村产业兴旺绝不能生搬硬套传统产业发展模式，而是要依托生态资源禀赋开展生态产业化经营，让生态资源成为乡村高质量发展的生产要素。

产业生态化要求在生态环境保护管制条件允许的情况下，改造并发展生态相关产业，加快传统产业绿色转型。生态产业化要求按照市场化方式开展资本化经营，推动生态要素向生产要素转化、生态财富向物质财富转化，促进生态与经济良性循环，将生态优势转化为经济发展优势[④]。自然资源是生态产品的自然本底和供给主体[⑤]，为生

① 黄群慧，盛方富.新质生产力系统：要素特质、结构承载与功能取向[J].改革，2024（2）：15-24.

② 周文，许凌云.再论新质生产力：认识误区、形成条件与实现路径[J].改革，2024（3）：26-37.

③ 张婷，文韶丰，周玉，等.自然资源领域生态产品价值实现机制思考——基于生态产业化实践[J].中国国土资源经济，2022，35（11）：11-17.

④ 黎元生.生态产业化经营与生态产品价值实现[J].中国特色社会主义研究，2018（4）：84-90.

⑤ 柯平松.丽水市土地出让领域开展生态产品价值实现路径探索的实践与思考[J].浙江国土资源，2020（10）：19-21.

态产品的生产和价值实现提供了最基本的物质基础和空间保障[①]。

（3）生态生产力也是一种新质生产力

党的十九大报告指出，建设生态文明是中华民族永续发展的千年大计，必须树立和践行绿水青山就是金山银山的理念。国家对生态文明和绿色发展的重大战略布局，相应提升了对生态生产力功能价值的战略需求。生态生产力是一种由理念创新而来的生产力，同时从生产力的"质态"来考察，它更有别于其他物质形态的生产力，是一种依托于自然生态资源，可以将生态禀赋优势有效转化为经济发展胜势的生产力。由此而来，生态生产力也是一种新质生产力。新质生产力基于生态就是资源、生态就是生产力的新生产力观，按照保护生态环境就是保护生产力、改善生态环境就是发展生产力的发展理念，展现的是人与自然和谐共生的发展能力，是促进"绿水青山就是金山银山"的能力，是一种保护性的生产力，这是对传统生产力的突破性超越，也是生产力理论的新拓展[②]。

3. 新质生产力的功能取向

（1）科技创新，推动经济社会高质量发展

在当今这个科技飞速发展的时代，科技创新已经成为推动社会进步的核心动力。特别是在我国，注重科技创新的发展，加快形成新质生产力，是我们推动高质量发展的必由之路。新质生产力的形成，首先源于科技创新的推动[③]。通过不断地技术突破和创新应用，我们可以提高生产效率，降低生产成本，从而创造出更多的社会财富。这种生产力的新质变革，不仅推动了经济的发展，也促进了社会的繁荣。同时，新质生产力的发展也为我们提供了更多的发展机会。随着科技的进步，新兴产业层出不穷，为经济增长注入了新的活力。例如，互联网、人工智能、生物科技等领域的快速发展，不仅带动了相关产业的繁荣，也为社会创造了大量的就业机会。新质生产力的形成和发展是我国经济社会发展的重要支撑和动力源泉，需要继续坚持科技创新的发展理念，积极推动科技创新与经济社会发展的深度融合，促进科技创新成果的转化和应用，为推动我国高质量发展注入新的动力。

（2）人本导向，满足人民美好生活需要

科技创新不仅推动了生产力的变革，也深刻地影响了我们的生活方式、思维方式乃至社会结构。新质生产力的出现，使得我们能够更好地满足人们日益增长的美好生活需要，提升人们的生活品质。党的二十大报告指出，中国共产党是为中国人民谋幸福、

① 张丽佳，周妍. 建立健全生态产品价值实现机制的路径探索 [J]. 生态学报，2021，41（19）：7893-7899.

② 黄群慧，盛方富. 新质生产力系统：要素特质、结构承载与功能取向 [J]. 改革，2024（2）：15-24.

③ 刘洋，李浩源. 新质生产力赋能高质量发展的逻辑理路、关键着力点与实践路径 [J]. 经济问题，2024（8）：11-18+129.

为中华民族谋复兴的党。新质生产力是中国共产党领导下的生产力创新，在价值遵循上坚持以人为中心的发展理念，服务于人的全面发展，要求满足人民物质丰富和精神充盈的美好生活需要①。生产力演进的终极目标是推动人的自由全面发展。作为生产力的最新形态，新质生产力的功能在于实现更具质量的发展，强调发展的质量导向，而衡量质量的关键标准在于是否满足人民群众对美好生活的需要②。

西方现代化受"资本逻辑"主导，长期以资本作为生产力发展的动力、以攫取剩余价值作为价值追求、以实现资本家为代表的少部分人的富裕为目标，是人的片面的、单向度的现代化。与之不同，中国式现代化遵循"人本逻辑"，是以人的全面发展作为发展动力与价值追求，是物质文明与精神文明相统一的现代化③。而中国式现代化生产力的发展与创新在于切实反映人民意愿、维护人民权益、增进人民福祉，从而保障人民群众对美好生活的向往和追求，有利于社会整体生产力水平提升与人民美好生活需要满足，能够更好地服务于全体人民共同富裕的发展目标。

新质生产力的发展还为人类改造自然能力的提升提供了强有力的支撑，使我们可以更好地利用自然资源，提高资源利用效率，减少对环境的影响。同时，国家以生态文化为基础，发展绿色生产力，让绿色发展理念深入人心，融入人们的消费习惯和日常生活中，在全社会形成健康美好的生活方式。这不仅有助于实现可持续发展，也为人民创造了更加美好的生活环境。

（3）生态文明，坚持绿色可持续发展

当前，我国经济社会发展已进入加快绿色化、低碳化的高质量发展阶段，生态文明建设仍处于压力叠加、负重前行的关键期。中国式现代化与新质生产力共同的发展要求体现在实现绿色发展上，在实现理念上都融入了生态文明建设的重要思想③。生态就是资源，生态就是生产力。发展新质生产力，不断用生态"含绿量"提升发展"含金量"，既为解决生态环境问题提供了治本之策，更为高质量发展注入新动能、塑造新优势。党的二十大报告指出，推动经济社会发展绿色化、低碳化是实现高质量发展的关键环节。生态环境与自然资源是新质生产力发展的重要因素，绿色发展是高质量发展的底色，要求以先进生产力打通高质量发展的关键环节，站在人与自然和谐共生的高度谋划发展全局。新质生产力通过促进绿色产业发展、提升资源利用效率、助力现代化综合交通体系建设三个方面推动经济社会发展绿色化、低碳化，从而打通高质量发展的关键环节。

新质生产力本身就是绿色生产力。新质生产力是以创新为主导、符合新发展理念

---

① 周文，许凌云.论新质生产力：内涵特征与重要着力点 [J].改革，2023（10）：1-13.

② 黄群慧，盛方富.新质生产力系统：要素特质、结构承载与功能取向 [J].改革，2024（2）：15-24.

③ 周文，李吉良.新质生产力与中国式现代化 [J].社会科学辑刊，2024（2）：114-124.

的先进生产力，摒弃损害、破坏生态环境的发展模式，改变过度依赖资源环境消耗的增长方式，推动经济社会发展绿色化、低碳化，促进经济高质量发展与环境高水平保护协同发展，实现人与自然和谐共生。只有牢固树立和践行绿水青山就是金山银山的理念，坚定不移走生态优先、绿色发展之路，加快发展方式绿色转型，高质量发展之路才能越走越宽广。

4. 新质生产力要求的新型生产关系

（1）生产力与生产关系

马克思曾指出："人们在发展其生产力时，即在生活时，也发展着一定的相互关系；这些关系的性质必然随着这些生产力的改变和发展而改变。"生产力与生产关系矛盾运动的规律，是人类社会发展的基本规律之一。生产力决定生产关系，生产关系反作用于生产力，生产关系必须与生产力发展要求相适应，才能促进生产力发展。随着生产力的不断发展与跃升，需要保持生产关系的动态调整以适应生产力的发展要求。因此，推动新质生产力加快发展，不仅是生产力发展层面的命题，也是生产关系层面的改革问题。发展新质生产力，必须正确把握生产力与生产关系的矛盾运动规律，形成与之相适应的新型生产关系。

马克思承袭并创新德国古典政治经济学在生产力范畴的论述，使其成为历史唯物主义乃至整个马克思主义的思想核心和理论基石。通过"生产力——生产关系（经济基础）——上层建筑"的理论建构，马克思科学地揭示了人类历史发展的一般运动规律，即生产力决定生产关系、经济基础决定上层建筑，而上层建筑、生产关系又分别反作用于经济基础和生产力。

马克思进而指出，社会经济形态正是在这一社会基本矛盾运动的推动下，发生着由低级向高级的演进。根据生产力、生产关系（经济基础）与上层建筑的关系可以推论出，生产力是构成全部历史的基础，是人类社会发展的终极决定性因素。因此，马克思实际上赋予了生产力相对于生产关系和上层建筑而言的本体地位 [1]。

（2）形成新型生产关系以适应新质生产力发展的要求

随着科技的进步和创新，人工智能、大数据、云计算等新兴技术，正在改变传统的生产方式和服务模式，生产力的不断提升使得生产关系的调整变得尤为重要。在这样的背景下，传统的生产关系已经难以适应新质生产力的要求，必须进行调整和优化。这种调整不仅是为了满足新质生产力的需求，更是为了推动社会经济的持续健康发展。新质生产力的发展，不仅是科技进步和创新的必然结果，也是社会生产力发展的内在要求。要推动新质生产力的发展，就必须全面深化改革，构建与之相适应的新

---

① 牟晓明. 生产力与生产关系的本体澄明——评《马克思主义与历史学：一种批判性的研究》[J]. 当代财经，2023（12）：2+163.

型生产关系。这种新型生产关系，是指能够促进技术发生关键性、颠覆性突破以及促进关键性、颠覆性技术转化为现实生产力的一系列制度和体制[1]，如科技创新体系、知识产权保护制度、科技成果转化机制等。这些制度和体制能够有效地促进技术发生关键性、颠覆性突破，同时也能够推动这些技术迅速转化为现实生产力。在这样的生产关系下，科技创新不再是孤立的活动，而是与社会经济发展紧密相连，成为推动社会进步的重要力量。

当然，构建与新质生产力相适应的新型生产关系，是一个长期而复杂的过程。我们需要不断深化改革，打破制约科技创新的体制机制障碍，同时也要注重培养创新型人才，提高全社会的创新意识和能力[2]。在这个过程中，我们需要认识到生产关系调整的复杂性和长期性。它不仅仅是一种简单的制度变革，更是一种深层次的社会变革。因此，我们需要在实践中不断探索和总结，逐步完善生产关系的调整机制，通过政府、企业和劳动者的共同努力，实现生产关系的科学调整和社会的全面进步。只有这样，我们才能真正实现生产力的质的飞跃，确保新质生产力能够得到充分发挥，推动我国社会经济的持续健康发展。

2.2　乡村旅游产业的新质生产力构成

党的二十大报告指出，必须牢固树立和践行绿水青山就是金山银山的理念，站在人与自然和谐共生的高度谋划发展。作为生态文明建设的指导思想，"两山理论"科学阐述了经济发展和生态环境保护的关系，指明了中国式现代化道路中人与自然和谐共生的永续发展路径。"两山理论"使兼顾经济发展和环境保护成为可能，将"绿水青山"转化为"金山银山"的生产力，就是生态生产力。

正如本章 2.1 中所分析的，生态生产力也是新质生产力的代表。自然生态资源的持续改善将使生态生产力不断输出诸如生态旅游、森林疗养、休闲农业、自然养殖等绿色产业新模式[3]。与生态生产力的这些产业输出相对应，人们的生态消费意识也逐渐觉醒。正如马克思指出，美妙的音乐只有对于拥有音乐感的耳朵才是有意义的[4]。因此，被生态生产力所生产出来的对象同时要求人们兼具察觉与认知它的意识。在生态文明时代，当生态生产力不断形成、发展时，由生态生产力所构建的绿色生活场景将

---

① 周文，许凌云. 再论新质生产力：认识误区、形成条件与实现路径 [J]. 改革，2024（3）：26-37.

② 胡莹，方太坤. 再论新质生产力的内涵特征与形成路径——以马克思生产力理论为视角 [J]. 浙江工商大学学报，2024（2）：39-51.

③ 罗铭杰. 新质生产力的生态内涵论析 [J]. 河北经贸大学报，2024，45（2）：11-19.

④ 中共中央马克思恩格斯列宁斯大林著作编译局. 马克思恩格斯文集（第 1 卷）[M]. 北京：人民出版社，2009.

重塑社会消费力的内容结构，尤其是通过更新人们的认知，在人们的意识层面塑造出生态消费理念[①]。近年来，乡村旅游产业的蓬勃发展就是这种生态生产力形成及其对应的生态消费理念觉醒的产物。

2008 年，"两山理论"的诞生地——浙江省安吉县率先开展了"中国美丽乡村"建设，掀起了全国乡村建设的热潮。乡村生态保护、农村人居环境整治、基础设施建设等均取得了极大成效，乡村面貌为之焕然一新。乡村地区的价值被重新定义[①]，乡村所提供的生态文化价值，成为和城市所提供的工业价值同等重要的一种价值形态[②]，满足了人民对美丽的自然景观和丰富的文化遗产的需要。

在乡村活动如火如荼开展的过程中，乡村出现了一些新型第三产业空间。例如，自雇人士租借乡村房屋进行创作的文化创意产业空间；资本下乡生产出的乡村绅士化消费空间；以及老年人追求健康养生的舒适移民居住空间等。这些新型第三产业空间与早期乡村旅游发展中出现的"农家乐"空间有所不同。早期"农家乐"是建立在农户家庭兼业基础上的混合功能空间，以农户家庭经营为主，以农户宅基地和自有房屋为载体，一般只在旅游旺季经营，对农村固有的生产生活节奏冲击较小。而乡村新型第三产业空间的使用者或经营者以外来城市人口为主，其服务对象也主要是城市人口。可见，人们对乡村的生态消费需求，催生出多种多样的乡村第三产业业态。

纵观生产力的变迁历程，正是不同发展阶段中劳动者、劳动对象、劳动资料等的变化，推动生产力结构的持续演变，而承载生产力结构变化及生产关系适配性变迁的主体则是当时的现代化产业体系[③]。目前以乡村旅游产业为主体承载的，正是新质生产力中生态生产力的典型代表。它使乡村传统以农业种养业为主的产业类型向"农文旅"融合的新业态转变，推动了乡村经济活化，促进了乡村社会重构，成为乡村振兴的重要实践路径。新质生产力作为生产力新形态，其发挥作用的过程，就是具备相应知识、技能和素质的新型劳动者通过新型劳动工具作用于新型劳动对象的过程。这种由新型劳动者、新型劳动资料、新型劳动对象的生产力要素优化组合而产生了质变的新生产力形态，正是新质生产力所描述的核心要义[③]。

绿色发展是高质量发展的底色，新质生产力本身就是绿色生产力。进一步促进乡村旅游产业发展，是践行"两山理念"、坚定不移走生态优先、绿色发展之路的内在要求。为了促进乡村旅游产业新质生产力的发展，需要进一步构建与其相适应的新型生产关系。生产关系是指人们在物质资料的生产过程中形成的社会关系，是生产方式的社会形式。人们一般把物质资料生产的物质内容称作生产力，把其社会形式称作

① 温铁军，罗士轩，董筱丹，等.乡村振兴背景下生态资源价值实现形式的创新 [J].中国软科学，2018，（12）:1-7.
② 叶红，唐双，彭月洋，等.城乡等值：新时代背景下的乡村发展新路径 [J].城市规划学刊，2021（3）:44-49.
③ 黄群慧，盛方富.新质生产力系统：要素特质、结构承载与功能取向 [J].改革，2024，（2）:15-24.

生产关系，这两者共同构成了生产方式——物质生产方式（物质谋取方式）和社会生产方式（社会经济活动方式）。与新质生产力相适应的生产关系，应该是能够促进生产技术发生关键性、颠覆性突破以及促进关键性、颠覆性技术转化为现实生产力的一系列制度和体制[①]。

对乡村旅游产业来说，能够促进其新质生产力发展的新型生产关系，就是能够对乡村旅游产业中新型劳动者、新型劳动资料、新型劳动对象等生产力要素进行优化组合，促进其转化为现实生产力的制度和体系。在乡村旅游产业发展的过程中，国家已经在乡村人居环境、乡村产业发展、乡村土地制度等方面制定了一系列改革政策与举措，为乡村旅游产业发展提供了有力的制度环境保障。下文将对此进行详细阐述。

2.3　乡村旅游产业发展的政策基础

2.3.1　乡村人居环境整治

乡村旅游产业是乡村振兴的重要载体，而优质的乡村人居环境则是吸引游客、发展旅游经济的前提条件。乡村人居环境整治活动不仅包括改善农村的基础设施和生活配套设施，还应强调对传统村落、历史文化遗产以及自然景观资源的保护与合理利用，这种深层次的人居环境整治不仅能够恢复和保护乡村原有的生态系统，让乡村回归自然和谐之美，也能有效推动乡村旅游产业的健康发展。

现阶段我国针对乡村人居环境的整体提升活动中，最具代表性的是浙江省的"美丽乡村"建设。浙江省早在 2003 年开展了"千村示范、万村整治"工程，全面整治全省万个行政村，把其中千个行政村建设成全面小康示范村。追溯美丽乡村建设的起源，浙江省安吉县于 2008 年率先出台了《安吉县建设"中国美丽乡村"行动纲要》，继安吉县的成功实践之后，2010 年浙江省政府借鉴并推广了这一宝贵经验，将美丽乡村建设提升至省级政策层面，并随之制定了《浙江省美丽乡村建设行动计划（2011—2015年）》。浙江省美丽乡村建设不仅对当地乡村面貌产生了深远影响，更对全国各地的乡村环境整治与乡村建设起到了积极的示范引领作用。

在各个地方省级政府积极探索地方性特色乡村建设模式的过程中，中央通过整合梳理地方经验与教训、丰富补充特色乡村建设内涵、确立特色乡村建设规范要求，并在推动乡村振兴和提升乡村人居环境质量方面，制定了一系列政策文件，从国家到地方各级政府共同发力，重视乡村建设工作，旨在引导乡村景观规划设计的发展和乡村产业和景观环境品质的提升，探索完善乡村各项设施的可行路径。2013 年中央一号文

① 周文，李雪艳. 民营经济高质量发展与新质生产力：关联机理与互动路径 [J]. 河北经贸大学学报，2024，45（2）：1-10.

件中强调要建设"美丽乡村"，2014 年国务院办公厅发布的《国务院办公厅关于改善农村人居环境的意见》中提出"要推动农村人居环境整治，改善农村居民的生活环境，强化农村景观的美化工作"，2015 年中央一号文件提出"中国要美，农村必须美"。在党的十九大报告中更是将生态宜居作为乡村振兴战略的重要内容，明确表明要在乡村开展人居环境的整治行动。

中共中央、国务院印发《乡村振兴战略规划（2018—2022 年）》中强调"推动乡村振兴，包括乡村规划设计，提升美丽乡村建设水平，加强乡村景观保护和改造"，在此之后中央农办、农业农村部等部门出台《农村人居环境整治村庄清洁行动方案》、中共中央办公厅、国务院办公厅印发《农村人居环境整治三年行动方案》等指导文件，要求"要全面推进农村人居环境整治，包括美化乡村环境、改善居住条件等内容"。2022 年中共中央办公厅、国务院办公厅印发的《乡村建设行动实施方案》，从总体要求、重点任务、创新机制等方面明确建设美丽乡村的方法、思路和策略。

上述的政策文件为乡村人居环境的整治提升提供了指导方针，强调了乡村地区美化、人居环境改善对于乡村振兴的重要性。对于乡村人居环境的整治有助于农田和建筑的合理布局，通过保护和修复乡村自然生态环境，改善农民居住条件，增强农民的生活幸福感。此外，整治后的乡村以其优美的生态环境、独特的民俗风情、高品质的生活设施和服务，能够更好地满足城市人群对田园生活和绿色旅游的需求，从而带动乡村旅游消费，促进乡村产业多元化发展，创造更多就业机会，进一步激活乡村经济活力，实现乡村经济社会效益与生态效益的有机统一，为乡村振兴战略的成功实施奠定坚实的物质和环境基础。

2.3.2 乡村产业政策转变

乡村旅游产业的蓬勃兴起与持续发展，深深植根于乡村振兴战略的实施以及乡村产业政策的有力推动。乡村振兴战略是党和国家基于新时代出现的农业边缘化、农村空心化和农民老龄化"新三农问题"背景之下[1]，以解决农业农村发展不充分不平衡问题，满足人民日益增长的美好生活需求为目标的战略政策[2]。"产业兴旺、生态宜居、乡风文明、治理有效、生活富裕"是乡村振兴战略的总体要求，产业兴旺是乡村振兴战略的重点[3]。要通过农村的产业兴旺实现乡村振兴，就必须解决农业现阶段发展存在的产业结构单一、生产成本过高等问题，发展其多功能性和延展性，并加快推进一二三产业融合。

---

① 项继权，周长友."新三农"问题的演变与政策选择 [J]. 中国农村经济，2017（10）：13-25.

② 陆林，任以胜，朱道才，等. 乡村旅游引导乡村振兴的研究框架与展望 [J]. 地理研究，2019，38（1）：102-118.

③ 董翀. 产业兴旺：乡村振兴的核心动力 [J]. 华南师范大学学报（社会科学版），2021（5）：137-150+207-208.

自改革开放以来，中国农村经济体制发生了深刻变革，从集体经营转向农户分散经营，这不仅为农业产业的灵活性和多样性奠定了基础，也为乡村旅游产业的孕育和发展铺垫了道路。1978 年，家庭联产承包责任制的实施标志着农业经营方式的革新，政策层面上注重稳定和完善土地承包制度，鼓励农民多元化经营，初步探索农业与非农产业的互动融合，为后续农业与二三产业的深度融合埋下了伏笔。到了 20 世纪 90 年代至 21 世纪初，我国政府积极推动农村产业结构深度调整，引导农产品深加工、流通与服务业快速发展，逐渐构筑起以农业为基础的一二三产业协调发展体系。农村城镇化和小城镇建设策略有力地促进了城乡一体化进程，间接推动了非农产业在农村扎根，为乡村旅游产业开辟了广阔的成长空间。

此后，各阶段的重要政策文件进一步深化了对农村一二三产业融合的重视与支持。2005 年，党的十六届五中全会审议通过的《中共中央关于制定国民经济和社会发展第十一个五年规划的建议》明确提出建设社会主义新农村，要求优化农业结构、大力发展农村二三产业，拓宽农民收入来源，为农村一二三产业融合提供了明确的政策指引。2014 年《国家新型城镇化规划（2014—2020 年）》以城乡统筹发展为核心，力求实现城乡要素平等交换和公共资源均衡配置，为乡村产业多元化和一二三产业融合拓展了更大发展空间。2016—2020 年，从《国务院办公厅关于推进农村一二三产业融合发展的指导意见》到历年中央一号文件，均强调加快构建现代农业产业体系，通过产业链延伸、价值链提升，推动农村产业深度融合，为乡村旅游产业的创新发展提供了强大动力。

2017 年，党的十九大正式宣布实施乡村振兴战略，明确将农村一二三产业融合发展视作实现乡村振兴战略目标的重要抓手。此后的"十三五"乃至"十四五"规划期间，政策导向持续强化农村一二三产业融合的理念，设定了具体的任务目标和实施步骤。2022 年党的二十大报告再次重申了农业农村优先发展和城乡融合发展的战略重要性，延续了对农村一二三产业融合发展战略的坚定支持。2024 年中央一号文件更是明确提出要促进农村一二三产业融合，推进县域城乡融合发展，并对乡村建设用地市场的完善提出了更高要求，这些都将强有力地推动乡村旅游产业迈上新的台阶。

一二三产业融合本质上是以市场需求为导向，通过构建农业与二三产业交织的现代产业体系，拉长农业产业链条，发展新型农业业态，引导产业聚集，从而加快农业结构调整，吸引社会资本投入，发展壮大行业协会和产业联盟，培养多元化农村产业融合主体。这一过程中，乡村旅游产业得以蓬勃发展，整体融合水平不断提升，产业链条日趋完善，有力地促进了乡村振兴战略的实施。

2.3.3 乡村土地政策改革

乡村旅游产业的繁荣与发展，除了得益于一二三产业融合带来的产业结构优化、产业链条延伸和新型业态崛起外，乡村建设用地政策的改革同样扮演了举足轻重的角色。从 20 世纪末至今，我国农村建设用地政策经历了由粗放到精细、由封闭到开放的深刻转变，有力支撑了乡村旅游产业的用地需求，为产业融合提供了必要的土地资源保障。

2004 年，国务院发布的《国务院关于深化改革严格土地管理的决定》（国发〔2004〕28 号）率先破冰，规定在符合规划和法律规定条件下，集体所有建设用地使用权可进行流转，以解决土地资源浪费、乱占滥用耕地等问题，初步构建起严格的土地管理制度框架。2008 年，党的十七届三中全会首次提出"集体经营性建设用地"，主张逐步建立城乡统一的建设用地市场，保障集体建设用地与国有土地实现"同地、同价、同权"，奠定了农村集体建设用地制度改革的基础。

2013 年，党的十八届三中全会进一步强调集体建设用地与国有土地的平等待遇，为后续改革铺平道路。2014 年 12 月，中共中央办公厅、国务院办公厅印发《关于农村土地征收、集体经营性建设用地入市、宅基地制度改革试点工作的意见》，正式确立农村集体经营性建设用地入市制度，并着手解决土地权能不完整、市场交易规则不健全等关键问题。随着改革步伐的加快，2016 年，银监会、国土资源部出台《农村集体经营性建设用地使用权抵押贷款管理暂行办法》，决定在 15 个县（市、区）进行试点，鼓励将农村集体经营性建设用地使用权用于抵押贷款，为农村产业发展注入了金融活水。2017 年，国土资源部将集体经营性建设用地入市试点范围进一步扩大至 33 个县（市、区），加大了改革力度（表 2.3.3-1）。

农村集体经营性建设用地试点名单 　　　　　　　　　　　表 2.3.3-1

2016 年 15 个试点县（市、区）	2017 年新增 18 个试点县（市、区），共计 33 个
1. 北京市大兴区	16. 天津市蓟县
2. 山西省晋城市泽州县	17. 河北省保定市定州市
3. 辽宁省鞍山市海城市	18. 内蒙古自治区呼和浩特市和林格尔县
4. 吉林省长春市九台区	19. 江苏省常州市武进区
5. 黑龙江省绥化市安达市	20. 浙江省金华市义乌市
6. 上海市松江区	21. 安徽省六安市金寨县
7. 浙江省湖州市德清县	22. 福建省泉州市晋江市
8. 河南省新乡市长垣县	23. 江西省鹰潭市余江县
9. 广东省佛山市南海区	24. 山东省德州市禹城市
10. 广西壮族自治区玉林市北流市	25. 湖北省襄阳市宜城市
11. 海南省文昌市	26. 湖南省长沙市浏阳市
12. 重庆市大足区	27. 四川省泸州市泸县
13. 四川省成都市郫县	28. 云南省大理州大理市
14. 贵州省遵义市湄潭县	29. 西藏自治区拉萨市曲水县

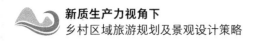

续表

2016 年 15 个试点县（市、区）	2017 年新增 18 个试点县（市、区），共计 33 个
15. 甘肃省定西市陇西县	30. 陕西省西安市高陵区
—	31. 青海省西宁市湟源县
—	32. 宁夏回族自治区石嘴山市平罗县
—	33. 新疆维吾尔自治区伊犁州伊宁市

资料来源：作者根据公开资料整理。

2019 年，《中华人民共和国土地管理法》第 3 次修正，从法律层面明确了"集体经营性建设用地入市"的概念和适用条件，打破了长期以来城乡土地二元分割的局面，实现了集体经营性建设用地与国有土地的同等入市、同权同价。同时，修订后的法律还对土地征收制度进行了完善，强化了对农民权益的保护。2021 年，《中华人民共和国土地管理法实施条例》的修订，作为《中华人民共和国土地管理法》的配套行政法规，为农村集体经营性建设用地入市提供了更为详尽的操作指南和监管机制，保障了农民集体和个人的利益，并坚守土地公有制性质、耕地红线不可逾越等基本原则，确保了空间规划的有序执行。

2024 年，四川省自然资源厅发布了《四川省农村集体经营性建设用地入市交易办法》，为省内农村集体经营性建设用地入市交易活动制定了统一的规范，提高了交易效率，保障了各方权益。这是省一级的地方政府出台的第一个关于集体经营性建设用地入市交易办法的行政法规。

回溯我国农村建设用地政策的演进历程，自 2017 年起便明确提出促进农村一二三产业融合和集体经营性建设用地入市改革的政策导向，可见农村土地政策与产业政策间存在着密切配合和相互促进的关系。这些与时俱进的土地政策创新和实践，既满足了乡村旅游产业融合发展的用地需求，又为产业空间布局和设施建设开拓了崭新局面，从根本上保障了乡村产业兴旺与乡村振兴的顺利推进。

综上所述，乡村人居环境整治、乡村产业政策的转变以及乡村土地政策的改革共同构成了乡村旅游产业发展的重要政策基础。它们通过改善乡村环境、优化产业结构、创新土地制度，为乡村旅游产业提供了良好的发展环境、丰富的产业资源和稳定的用地保障，有力推动了乡村旅游产业的繁荣与乡村振兴战略的推进。这些政策的实施与成效，充分展示了国家对乡村旅游产业发展的高度重视和系统性支持，也为未来乡村旅游产业的持续健康发展指明了方向。

2.4 新质生产力视角下乡村旅游产业发展策略

2.3 节所述各项政策的制定和执行，为乡村旅游产业的发展提供了坚实的制度基础。但是，基于第 1 章的分析，目前乡村旅游产业发展中仍存在区域旅游资源有待整合、城乡要素融合有待加强、乡村生态效益有待提升等问题。据此，本书提出以下乡村旅游产业发展策略，以打通束缚新质生产力发展的关键堵点，为促进形成与其相适应的新型生产关系提供决策支持，扎实推进高质量发展。

一是乡村区域协同发展策略。在一个区域内，各个乡村的资源禀赋条件、当前发展水平等都会有差异。所谓区域协同发展，就是着眼于资源整合、要素融合，取长补短、整体统筹，以比较优势分析为基础，实现区域内各乡村功能的互补和联动，增强区域内各乡村的综合竞争力，实现整体效益的最大化，从而促进区域内各乡村旅游产业的共同发展与繁荣。

二是城乡融合发展策略。目前乡村旅游产业的主要经营模式为：下乡资本利用乡村土地资源和生态资源，投资建设第三产业空间并提供旅游休闲服务。其服务的主要提供者和服务对象，均是具有生态消费理念的城市居民。因此，发展乡村旅游产业应大力推动城乡融合发展，构建城乡之间新的发展格局，激发乡村内在活力。主要思路是，通过构建新型生产关系，使资本、土地、劳动力、生态资源等生产要素能够在城市与乡村之间自由流动，确保城乡经济循环畅通无阻，进一步促进乡村旅游产业繁荣发展。

三是可持续发展策略。乡村旅游产业需考虑在生态和社会两方面的可持续发展问题。一方面，乡村旅游发展必然带来一定的乡村生态环境扰动，需要充分考虑可能导致的环境污染问题和生态修复需求，避免造成代际不公平问题。另一方面，乡村一二三产业融合的新生产方式必然带来乡村在功能、结构和社会关系方面的转型，也需要制定新的乡村治理政策来调节新型乡村社会经济关系。需要特别注意的是，乡村旅游产业发展应充分尊重农民主体地位，及时解决乡村内部以及乡村与城镇在生产、交换、分配与消费等多个环节存在的不平衡和不充分分配问题，以保障乡村旅游产业的可持续发展。

如第 1 章 1.2 节所述，区域旅游的发展理念越来越深入旅游产业发展的实践。在乡村旅游产业发展中，运用区域旅游的发展理念也可以很好地贯彻上述三个发展策略。区域旅游将不同地区的旅游资源进行有机整合，能够为游客提供更加丰富多样的旅游体验。通过区域性乡村旅游，游客可以一次性游览多个乡村的景点，领略不同的风土人情，感受多元文化的碰撞与融合。这种多元化的旅游体验不仅让游客的旅程更加丰富多彩，也为各乡村的旅游产业发展带来了新的机遇和挑战。同时，区域旅游的发展也促进各乡村之间的经济合作与交流。通过共同开发旅游资源、推广旅游线路、加强旅游服务等方面的合作，各乡村可以共同打造更具吸引力的旅游品牌，形成资源共享、互利共赢的局面。此外，区域旅游还注重可持续发展，强调在保护生态环境、传承历史文化的基础上推动旅游产业的发展。这种发展模式不仅有助于保护当地的自然和文化资源，也为游客提供了更加健康、环保的旅游环境。区域旅游作为一种新兴的旅游发展模式，正以其独特的魅力和优势，引领着旅游产业的未来发展。

　　绿色发展是高质量发展的底色，新质生产力本身就是绿色生产力。进一步促进乡村旅游产业发展，是践行"两山理念"、坚定不移走生态优先、绿色发展之路的内在要求。我们应当在乡村旅游产业发展之初就进行顶层设计，从区域旅游的理念出发进行乡村区域旅游规划和景观设计，在区域内有效统筹自然资源利用和生产要素协同发展。乡村区域旅游规划和景观设计，将成为引领乡村旅游发展的新型生产方式，进一步促进乡村旅游产业新质生产力的飞速发展。

乡村区域旅游规划及景观设计策略

区域旅游理论是现今国家推进旅游建设的重要基础理论和前提，它为旅游规划提供了全新的发展模式和战略指引。这种模式立足于旅游产业，更加注重区域间的协调与可持续发展，并突出了旅游资源整合的重要性。它主张通过旅游产业的持续发展，提升整个区域的旅游品质和核心竞争力。在区域旅游的框架下，规划不再仅仅局限于单一的景区或景点建设，而是鼓励构建区域旅游规划体系，在整合区域旅游资源的基础上，进行乡村区域旅游景观设计。通过这样的方式，乡村区域旅游能够增强其核心竞争力，为区域经济的繁荣与区域旅游的可持续发展提供新的活力。

3.1 乡村区域旅游规划体系构建

3.1.1 区域旅游资源要素整合分析

从区域整体出发，综合考虑乡村的自然环境和社会发展等要素，根据区域旅游规划的总体空间结构，形成系统的体系，充分开发利用旅游资源要素并进行资源整合，实现市场价值和综合效益最大化。通过整合区域内的旅游资源，打造一个旅游地域综合体，可以有效提升旅游产品的吸引力和竞争力[1]，从而为地区旅游业的发展指明方向。

1. 区域旅游文化资源整合

旅游文化作为一般文化内部的价值因素，在旅游过程中有其特殊的表现形式，它不仅继承了文化的普遍性特质，而且更加凸显了自己作为一种独特文化类型的特质。它深深扎根于地区文化背景中，通过旅游元素的展现，充分展现了片区乡村的独特面貌。在本质上，旅游是文化的表现，而参与旅游的活动则是富有地方文化魅力且能够呈现乡村独特风情的独特文化方式。

在整合文化的过程中，并非简单地对旅游文化进行重塑和塑造，而应该深入研究和解读地区文化的深层脉络，以揭示其核心内涵。这不仅代表对文化的外部处理，而

---

① 刘丽君. 区域旅游整合发展探析 [J]. 商业经济，2012（15）：53-57.

且代表对其深藏的精神的提炼与升华。在外在加工流程中，涉及许多与旅游文化有关的参与方，例如与旅游文化有关的私营部门、公共部门和旅游规划者，以及乡村旅游区域的当地居民。他们基于自己的原则与利益管理和利用旅游文化，从而展示了乡村区域独有的魅力 ①。

区域旅游文化资源整合是一项复杂而细致的工作，首要目标是确保该区域内各种文化旅游资源的有序运行，保持区域文化产业与旅游产业的系统性、整体性和协调性。在此基础上，进一步深入挖掘区域内的文化旅游资源核心部分，通过彰显乡村风貌特色，提升区域旅游文化的市场竞争力 ②，使旅游成为连接过去与未来、传统与现代的文化桥梁。

2. 区域旅游生态资源整合

区域旅游生态资源整合是一项系统工程，它包括对该区域内的各种生态资源进行系统的整理、最优的配置以及高效地使用。在区域旅游生态资源整合的框架下，应当致力于推动生态资源与旅游产业的深度融合，以促进乡村旅游的可持续发展。同时，这也意味着区域的各类生态资源需要重新整合、均衡发展，构建起一个区域化的发展新格局。

区域旅游生态资源整合需要以把握区域环境治理与生态保护为战略目标和首要方式，不再只关注某一点、一线、一处或一个领域的改善。乡村旅游区域需要改变过去仅关注自身生态治理的观念，而要整合和连接从本村到县域到区域、从生态到社会到经济的各个要素、板块、领域，全方位整合区域生态资源。在此基础上，以整体性的视角管理区域生态资源，构建可持续生态利用的基础条件，遵循"绿水青山就是金山银山"的理念做出规划先行和整体布局，强化生态系统的综合治理以及对区域生态资源进行全面和系统的整合。

在整合过程中，对区域内的生态资源，如山、水、林、田、湖、草等，进行全方位的评估是最基础的步骤，来明确各个生态资源的独特性和价值。基于此展开区域旅游规划，根据各个区域以及乡村的生态环境、产业发展、社会状况等制定合理的区域发展规划，并按照不同片区特点划分出相应等级的生态旅游功能区。通过科学合理地规划，将这些生态资源有序串联起来，从而打造出具有生态性和独特性的旅游路线和景点，推动区域旅游生态资源的持续利用和乡村旅游的健康发展。

3. 区域旅游产业资源整合

旅游产业整合涵盖两个方面，一是在旅游产业之下的各产业之间的渗透，即旅游

---

① 毛长义，张述林.区域旅游发展战略研究 [M].北京：科学出版社，2013.

② 张梅芬.基于文化资源整合的区域旅游文化创新发展 [J].中国商论，2017，（19）：58-59.

产业内部整合；二是旅游产业与第一二产业的融合①，以及关注产业的运营环境，如法治环境、政策环境、体制环境、认知环境等，包括了对上游产业的整合和外部环境的整合，即旅游产业外部整合。

目前，旅游业呈现许多新型业态，表现出各种不同形式的旅游产业整合类型，在实践中总结出了资源、技术、功能等多种整合路径。通常，区域内的农业、服务业以旅游资源的形式融入旅游产业，形成"旅游＋"的发展模式，产业融合发生的生产经营活动及产品通过创新性开发利用，形成了新型旅游产品②，能够提升片区整体形象和旅游吸引力。在区域旅游的发展过程中，旅游业积极建立起其他产业的相关技术，或将部分产业和技术优势融入旅游业，形成新的旅游形式，通过技术手段打造区域旅游一体化、升级传统农业方式等，促进了区域旅游产业的融合发展。此外，不同产业所具有的类似功能特点是它们融合的切入点，功能整合使旅游业的特定功能突出而深刻，同时也迫使整合产业更新功能。

总的来说，区域旅游产业资源整合，就是以旅游促进其他行业的发展，借助旅游产业带来的资源，带动本土产业的发展，为旅游发展提供坚实基础。推动旅游业与其他产业的融合，形成新的业态。以区域旅游的要素为基础，进行资源整合与新业态培育，将旅游体验与其他产业渗透融合产生"1+1 ＞ 2"的效果，打造深度旅游休闲体验。

4. 区域旅游交通资源整合

旅游交通资源涵盖了整个旅游区域中所有的交通路线、工具、设备和服务，是游客和旅游景点之间的流动路径，旅游目的地拥有更好的交通资源和交通区位便具有更高的可达性。通过区域旅游交通资源的整合，不仅可以形成更方便、高效和安全的旅游交通体系，更能提高整个区域的旅游可达性，以此提升区域的综合旅游水平。

在整个过程当中，对区域的交通资源整合以及构建区域性的交通关联起到了不可或缺的作用。整合交通资源要致力于消除各种地域束缚，以实现交通资源的高度互联和互通。通过与邻近地区深化交通协作，建立一个覆盖跨区域的交通网络，可以为旅行者呈现出更为多元的出行选项以及更为便利的交通服务体验。此外，可以通过优化交通路径设计，来提高交通基础设备的流动能力与服务的品质。同时，以信息化的技术手段，实现交通信息的无缝共享和交互，确保旅游信息能够实时地更新和查询，以提供给游客更为准确和方便的出行建议。

根据"路为景开"的原则，通过区域旅游交通资源的整合，来提升游客在区域旅游中更加流畅和舒适便利的旅游体验，不仅有助于提升旅游地的知名度和品牌形象，还能进一步推动区域的融合发展。

① 毛长义，张述林. 区域旅游发展战略研究 [M]. 北京：科学出版社，2013.

② 徐林强. 杭州市风情小镇发展的意义，问题与对策 [J]. 杭州研究，2015，137（3）：161-166.

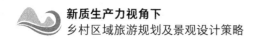
5. 区域旅游服务资源整合

区域旅游服务资源整合不仅对于提高旅游服务的品质至关重要，也是确保旅游业持续健康发展的关键路径。在这个发展阶段中，基础设施的共建共享处于重要地位。

在整合过程中，通过加强区域间的联通与协作，将生态资源较好，但受到地理位置、基础设施配套服务限制的乡村区域，与有较好的城市建设基础，但却缺少优质景观资源的县城等区域，统筹规划，整合生态服务、旅游服务、基础设施配套服务等旅游资源，推动区域旅游一体化发展。例如，在县城设置旅游接待酒店、餐厅等，设置旅游交通线路往返各个优质乡村旅游点，这样不仅有助于避免重复建设，减少成本，实现资源效益的最优化，还能使优质景观乡村最大限度地保留生态资源，而无需通过土地置换来进行基础设施的建设。此外，促进本地居民的就业并加强培训和管理，比聘用城市人员下乡更具有优势。本地居民对于乡村的根植性更强，提高他们的专业素质和对服务的意识，能够使游客享受到更高品质的旅游服务，从而推动区域旅游的可持续发展。

在大数据时代，还可以利用互联网来对旅游大数据进行收集和整合，提高区域旅游服务的效率与品质。对游客属性、游客行为、游客对于旅游景区或目的地的偏好度等方面进行分析，并对景区或目的地进行流量预测等，促进了私人定制旅游的发展，逐步形成了"互联网 +"时代下多样式的旅游服务产品。由此旅游景区的服务由传统式向智能化转移变化，这种方式可以提高游客的旅游体验感受，使旅游业的相关管理走向智能化，部门之间的信息交流和合作流动越发方便快捷，并且积累的旅游数据可以很好地向决策者提供建议。

6. 区域旅游产品资源整合

区域旅游产品所体现的吸引力和竞争力对旅游产品整合有着直接的联系，从而使旅游地域综合体未来的发展与旅游产品整合力息息相关[①]。区域旅游产品整合是指以当地风俗文化、重要的历史人文、独特的地形地貌、优美的自然环境等为旅游主线，通过现代技术方法，采取多种开发模式，实现区域旅游产品的充分利用。对于旅游产品来说，应深入分析区域旅游开发的潜在优势和不足，合理评估并验证关键旅游产品，注重区域旅游产品开发的种类、功能定位以及层次结构的协调统一。其核心内容是在区域中打造若干个重要节点，根据不同节点的优势特征，把区域旅游产品资源分成若干旅游区，落实各区域旅游整合形象。

形象的外在重要表达形式即旅游品牌，品牌整合模式的重要特征是将品牌下的区域产品形象与市场高度理解相结合，通过定义形象 IP，媒体宣传等自媒体运营方式，使得区域旅游产品的形象被广而告之，从而高效提升区域旅游核心竞争力。塑造独一

① 刘丽君. 区域旅游整合发展探析 [J]. 商业经济，2012（15）：53-57.

无二的区域旅游品牌则需要精心提炼当地的历史人文要素和自然生态要素，选择该地区具有独特性的标签进行品牌形象塑造。在市场调研下，展现不同地区的社会风貌。通过深入的市场研究，挖掘当地的文化历史、民俗风情以及旅游资源的关键要素，并考察目标市场的消费者购买力、消费习惯以及需求特点，客观地分析市场调研结果，核心定位具有特色的品牌产品。

7. 区域旅游资源营销整合

在现今大众旅游新时代，区域旅游资源营销整合是指区域旅游目的地和相邻的旅游目的地或其他利益共同体统一促进利益最大化的合作行为。通过整合各级政府、旅游要素、旅游企业、媒体、社会等各方面的力量，谋求最大的旅游营销效果[1]。

在整合过程中，需要建立协同机制，充分发挥政府的主体作用，联合旅游企业、媒体、乡村经济组织等建立紧密的合作关系，各自发挥主体优势，为旅游整合营销提供有力支持。利用广告、公关等营销传播手段，塑造并提升旅游品牌的形象。将营销传播策略与消费者的购买行为相结合，并实现多种营销技巧、方法与媒介的有机整合。管理旅游品牌的主要途径是建立区域旅游关系数据库，实现整个市场的旅游关系联系，调整和控制旅游营销的综合过程[2]。无论是媒体制造热点还是地铺式广告，高调宣传积极促进着品牌的营销和推广。而品牌的宣传推广需要具备全时空、全要素、全窗口、全媒介、全业态和全民化的特质。如今，媒介变更的速度不断加快，旅游品牌的宣传也要跟上时代的发展，借助各种自媒体平台，可以更好地将旅游产品推送给潜在受众。

区域旅游资源营销整合能够加强旅游区域一体化建设，多方主体协同营销，打造同一品牌形象，发掘特色旅游产品，通过营销传播方式和消费过程，增强区域旅游地的吸引力和竞争力，在这一过程中，区域一体化建设逐步实现。

3.1.2　区域旅游空间结构建构

以区域统筹的视角，适应乡村空间表现出的区域级、县域级、片区级和村域的多尺度特征，通过综合考量空间统筹、整合发展、通廊联系和节点资源四大关键要素，运用"点 - 线 - 面"的布局手法，构建区域旅游空间结构，进而推进乡村建设，加快乡村区域协调与发展。

1. 区域尺度的空间统筹：系统性、差异性的全局把握

根据不同的区域特征，在乡村空间风貌、乡村生态环境保护、产业发展等方面，构建系统性、差异化的乡村旅游空间结构，在区域尺度进行"点 - 线 - 面"空间统筹的全局把握，形成相应的引导策略。

① 林晓桃，揭筱纹．我国跨省界区域旅游目的地合作运行机制研究 [J]．经济问题探索，2016（4）：60-65.

② 朱孔山．旅游营销整合内容范畴探讨 [J]．商业研究，2009（3）：214-216.

区域旅游空间结构是一个复杂的系统，包括多个子系统和要素之间的互动。在进行区域旅游规划的空间布局时，需要全面考虑区域旅游产业的整体发展，同时也要考虑各个要素之间的相互作用和影响。借助系统性的规划与管理，可以确保各子系统之间的协调发展和整体优化，从而达到旅游资源的合理配置与高效利用。在此基础上，需要考虑到不同区域的地方特征。不同区域在生态景观、旅游资源、基础设施服务、市场需求等方面存在差异，所以在空间统筹中有必要权衡这些不同因素，分板块、片区、乡村点来制定针对性的发展策略，保留各个乡村的特色资源，打造差异化的游览景区和路线，可以满足不同游客的需求，提升整个区域的旅游竞争力。目前，短途自驾旅游越来越成为人们旅行计划的首选，而乡村旅游也常发生在大都市周边。城市人群在规划短途旅游时通常考虑在"一日生活圈"内寻找目的地，尤其会选择自驾1.5h，出行150km就可以放松心情、缓解压力，并且能享受优美风景和新鲜空气的乡村区域。旅游空间体系的规划能够把乡村旅游放置于整个区域的环境中统筹，从而构建一个相互依赖和共同发展的旅游网络，为游客带来最优的可达性、便利性和体验感。

因此，需要构建"点 - 线 - 面"的空间统筹发展策略。"点 - 线 - 面"模式是经济地理涉及的基本理论的一个方面，是指在空间上，经济和社会要素是从点到轴线来进行扩散的这一现象和特征[1]。对于乡村区域旅游来说，"点"指的是重要的旅游节点或乡村源点，"线"则是连接各点的交通线路和游览路线，"面"则是分为板块和片区的乡村区域旅游发展布局。通过"点 - 线 - 面"的空间统筹发展策略，实现乡村区域旅游的全局把握，以此来构建区域旅游空间结构。

2. 县域尺度的整合发展：集聚性、主题性的总体把握

县域尺度重点关注县城与周边乡村之间的紧密关系，根据不同的建设用地指标、资源禀赋等，在主题游览路线、旅游接待能力、基础设施等方面，构建集聚性、主题性的乡村旅游空间结构，在县域尺度分主题板块进行总体把握，并引导形成城乡融合发展的空间格局。

通过采用集中和集聚的发展策略，有助于有效地整合分散的旅游资源，从而创建一个既有一定规模又具有较大影响力的旅游集中区。在县域尺度下，以共建共享的理念进行生态、产业、基础设施等资源的集聚与整合，特别需要关注县城与周边乡村的紧密关系。县城作为城市建设基础较好，但景观资源较为一般的地区，往往扮演了旅游接待中心的角色，不仅可以集中县域尺度内重要的旅游服务设施，例如酒店、餐馆、旅行服务社等，而且还配备了完备的交通设施和信息化的服务平台，为旅客带来便利的一站式体验。因此，在乡村区域旅游的空间体系构建中，以县城为核心，游览路线

---

① 游士兵，苏正华，王婧．"点 - 轴系统"与城市空间扩展理论在经济增长中引擎作用实证研究 [J]. 中国软科学，2015，（4）：142-154.

向外发散，形成了各个板块的乡村各种旅游资源的相互连接，这样集聚性的发展不仅有助于提升旅游资源的使用效益，同时也可以增加旅游目的地的吸引力和市场竞争性。在此基础上，对县域尺度分板块进行总体把握，每个板块都有独特的自然景观、历史文化和民俗风情，这些元素构成了县域尺度下的区域旅游主题特色。在整合发展过程中，需要深入挖掘这些主题元素，打造具有独特魅力和文化内涵的旅游产品。通过主题化的开发和营销，可以提升旅游目的地的知名度和美誉度，吸引更多游客前来体验[①]。

在这样的旅游空间结构下，县城与周边乡村的关系更加紧密，旅游资源得到充分利用和优化配置。游客可以在县城享受到高品质的旅游基础服务配套，也可以通过多条不同的路线深入了解乡村的自然美景和深厚的文化吸引力。对县域尺度的总体把握不仅能增强区域旅游的整体竞争力，还有助于促进城乡融合，推动区域旅游业的可持续发展。

3. 片区尺度的协同联动：关联性、功能性的主体把握

在区域旅游空间结构建构中，片区尺度的协同联动扮演至关重要的角色。这一尺度强调不同片区之间的关联性与功能性，通过协同合作实现旅游资源的优化整合和高效利用。通过将有关联性、地域文化相近的连片乡村地区，多个行政村整合，利用游线和景观廊道等串联成片，打造具有示范效应的片区乡村空间，并在片区尺度定位特色功能，进行主体把握。

片区的关联性是区域旅游空间结构规划的重要内容。片区各个板块下考虑地理、文化、生态、经济等多重要素继续细分的空间尺度；片区的关联性即构建一个彼此紧密依赖并且相互推动的旅游网络。在构建片区关联性时，廊道起到了关键的作用。利用交通廊道、景观廊道、产业廊道、服务廊道、文化廊道形成了紧密的纽带，串联起各个片区，使它们组成了几大板块，在空间布局和特性上呈现出了连贯性和统一性，为区域旅游的持续发展奠定了坚固的基石。这种相互关联的关系不仅表现为旅游资源的共同分享和互补，还在于旅游市场的共同开发和合作模式的构建。通过增进区域之间的互动和协作，能够突破地理的障碍，达到旅游资源的最佳分配和综合利用，从而增强整个区域的旅游竞争优势。

再者，功能性是片区协作的关键所在。各个不同的旅游片区都有其特定的旅游功能和目标定位，通过有效的协同合作，能够构建一个具有互补和协调发展特点的旅游网络。这样的功能性，是指导游览路线和廊道，以及景观设计的基础。在宏观上的板块主题总体把握下，各个片区发挥自己的主体功能特色，进行品牌形象的定位。在不同环境背景中呈现出多种形态，例如，旅游景区、特色展馆、旅游村镇、主题园区、旅游度假区等。通过在各片区之间合作协同，我们能够建立一个多元化的旅游产品

① 杨滨榕.旅游包装设计对旅游目的地品牌形象塑造的影响及意义研究 [J].上海包装，2023，（11）：119-121.

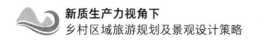

架构，以满足各种游客的不同旅游需求并增强该区域的吸引力。

4.村域尺度的特色挖掘：精细化、互动性的重点把握

根据不同的乡村特征，挖掘景观节点和本村特色，选取特色源点，在乡村景观、乡村风貌、乡村活动等方面，进行精细化、互动性的重点把握，体现了乡村地区丰富而深刻的地域特色，是构建乡村区域旅游空间结构的重要环节。

每个乡村都展现了其独特的自然景观、深厚的历史文化和本土的民风民俗，这些元素都为村落带来了鲜明的特色。在挖掘乡村特色的过程当中，有必要深入调查和分析各类景观、文化等资源要素，以识别并精细化每个乡村的独特性。在村域尺度，对于特色村落的重点把握，能够全面地呈现乡村的自然景观、历史文化、传统建筑风格和民风民俗等多方面的特色元素，从而发现独具魅力和文化内涵的旅游源点。

在区域旅游空间体系构建确定旅游源点时，不仅需要考虑每个村落的特色，还需要考虑其在体系中的潜在连接性和战略定位。那些具有高度乡村性和独特魅力的村落应当被优先考虑，通过精心设计其景观特色和村庄自身的特点，使其在整个旅游体系中占据重要的位置。同时，还需密切关注源点村落之间的连通程度，通过合理的交通流线和旅游设施配置，确保源点间能够有效地建立连接和互动。对于互动性来说，除了各个村落的密切互动和协同关系，乡村旅游中，也要建立起村落与游客之间的互动关系。旅游不仅仅是一种观赏活动，更是一种体验和交流的过程。在区域旅游规划和村落景观设计过程中，需要注重游客与村落之间的互动关系，打造互动性的旅游体验环境。通过设计参与性强的旅游项目和文化活动，游客将有机会更深刻地体验到村庄的日常生活和文化底蕴，促进乡村文化的传承和发展。

3.2 乡村景观设计的理念与策略

3.2.1 乡村景观设计理念

本书所说的乡村景观设计是服务于乡村旅游产业发展的乡村景观设计。乡村景观设计紧密结合乡村旅游的发展，旨在创造一个既体现地域文化特色，又满足现代旅游需求、提供舒适休闲体验的环境。通过精细的景观设计手法和整体布局，将乡村的自然风光、人文历史、民俗风情等元素有机结合，形成独具特色的乡村旅游目的地，吸引更多的游客前来游览和体验，进而推动整个区域旅游的繁荣发展。乡村景观设计不仅是乡村旅游产业发展的重要支撑，更是实现乡村价值提升与旅游行业共赢的关键所在。具体来说，应坚持以下理念开展乡村景观设计。

1.坚持以人为本的设计理念

在乡村景观设计中，坚持以人为本的理念意味着要充分考虑人的需求和感受。乡村是人们生活的场所，是人们与自然互动的空间，乡村景观设计则通过景观元素的表

达方式，从乡村原本存在的自然生态环境或人文特色中，找出其中具有吸引力、能够创造价值的地方，进行规划和设计，来满足村民日常生活需求以及游客对美好乡村生活的向往。对于乡村居民而言，乡村居民是乡村的主体，在景观设计的过程中，需要站在他们日常生活的角度考虑问题，充分听取乡村居民的意见和需求，关心乡村居民的生活体验，确保设计方案能够真正反映他们的意愿和利益，才能激发广大乡村居民参与乡村景观规划建设的积极性与主动性，切实感受到乡村景观建设带来的便利与幸福感。对于游客而言，游客是乡村发展的重要推动力，他们的消费行为对于乡村经济的增长具有重要意义。除此之外，在乡村景观设计中还应考虑不同年龄、性别和文化背景的游客，确保所有人都能享受到乡村景观带来的美好体验。因此，在乡村景观设计中应以人的需求为核心，结合当地的产业特点和发展需求，提出能够改善居民生活和促进经济发展的景观设计方案。

2. 坚持地域文化传承理念

乡村景观是在特定的地域条件下，人类活动与自然环境高度适应，最终融合形成的具有一定结构及功能的景观环境综合体[①]。乡村景观不仅涵盖了物质形态的景象，更涵盖了非物质形态的元素，如民俗风情、传统技艺以及地域文化等。经过漫长的自然演变，乡村景观逐渐展现出其内在的逻辑性和结构性，彰显出独特的地域特色和文化价值。城市游客选择乡村休闲旅游活动的关键因素是向往独具浓厚特色的自然农林风光，游客们在乡村内休闲游憩所体会感受到的乡村民俗文化，引发了似曾相识的"回归感"，维持并增强了乡村体验的"可辨识性"和"可印象性"[②]。在乡村景观设计过程中，一方面，要着力保护乡村独特鲜明的民俗特色和优美的田园风光。这些元素是乡村景观的核心组成部分，也是乡村文化的重要体现。另一方面，每个乡村都有其独特的历史、文化和自然环境，要避免千村一面、城乡同质化景观的出现，突出景观资源的"地方性"。

3. 坚持经济发展与生态保护平衡理念

乡村景观设计需要在经济发展和生态保护之间找到平衡点，实现可持续发展的目标。这既是对自然资源的保护和尊重，也是推动乡村经济发展的必要条件。乡村景观设计应促进当地经济的发展，同时不破坏自然环境和生态系统。这需要在开发旅游资源的同时，采取可持续的设计和管理措施。一方面，要合理规划乡村的产业布局，充分考虑乡村的产业特点和优势，合理规划农业、林业、旅游业等产业的布局和发展方向，促进乡村经济的多元化和可持续发展。另一方面，要注重生态环境的保护和修复，尊重自然规律，保护生态环境，避免过度开发和破坏。应寻求经济效益和生态效益的

① 银利军. 乡村振兴背景下农村生态景观规划设计研究 [J]. 农业经济，2022（5）：40-42.

② 李伟. 论乡村旅游的文化特性 [J]. 思想战线，2002（6）：36-39.

平衡点，通过发展生态农业、生态旅游等产业，实现经济发展与生态保护双赢的局面。除此之外，更要注重景观设计的经济性和实用性，避免过度追求美观而忽略经济效益和生态效益。

3.2.2 乡村景观设计策略

乡村景观设计作为区域旅游系统中的重要组成部分，能够通过深入挖掘和展现地域文化的核心内涵，为区域旅游的发展注入新的生机与活力。从实践层面来看，乡村景观设计应采取整体性、层次性、多元性、可达性、地方性以及生态性等多种策略，以确保设计的丰富性、实用性和可持续性。具体而言，整体性要求设计要统筹全局，确保各个景观元素之间的和谐统一；层次性关注景观的空间布局，通过合理的层次划分，使景观更具立体感和深度；多元性则强调在设计中融入多样化的元素，以满足不同游客的需求；可达性致力于提升景观的可达性和便利性，让游客能够轻松享受乡村风光；地方性强调在设计中凸显乡村的地方特色，传承和弘扬地域文化；而生态性则要求设计要尊重自然、保护生态，实现人与自然的和谐共生。

1. 整体性

乡村景观设计的整体性体现在对区域旅游整体风貌的把握和塑造上。乡村景观设计是一个综合性的过程，它要求我们将乡村及其周边环境视为一个有机整体，进行深入且系统化的规划设计，确保各个部分之间的协调与统一，形成一个具有内在逻辑和连贯性的整体。乡村景观设计整体性强调从宏观的角度把握整个乡村景观的全貌，充分考虑各部分之间的相互关系和影响，通过调整、重组和优化，使它们能够相互支持、相互补充，共同构成一个和谐统一的乡村景观。

乡村景观设计的整体性的核心内容是在区域中打造若干个重要节点，每个景观节点都将服务于整个系统，并且作为区域旅游系统中的重要组成部分，在设计和布局这些景观节点时，需要注重节点之间的相互协调与补充。通过合理的空间布局和景观元素配置，使得各个节点在视觉上相互呼应，在功能上相互支撑，从而形成一个和谐统一的整体景观。最终还要根据不同节点的优势特征，把区域旅游资源分成若干旅游片区，落实各区域旅游整体形象。总而言之，乡村景观设计的整体性就是要从宏观层面进行合理规划，同时关注细节的处理。不仅要体现乡村的整体风貌，还要对每一个乡村旅游片区进行精准而细致的设计。

2. 层次性

层次性则是乡村景观设计在空间布局上的体现。乡村景观设计策略的层次性的核心在于通过构建清晰、有序的区域结构，以"点、线、面"的设计方式，根据乡村的地形地貌、建筑分布、道路系统等因素，将乡村景观划分为不同的层次和区域，通过不同的设计手法和元素运用，形成丰富多样的景观效果，实现景观元素的合理配置与空间布局的优化。

点的设计主要关注的是乡村中的关键节点，如重要的自然景观、文化遗迹或标志性建筑。确定场地内节点布局时，应结合设计主题，做到疏密有致、重点突出，节点与节点间应注意相互间的联系性。这些节点可以是自然景观中的一处独特地貌，也可以是人文景观中的一座古老建筑或一段历史传说。通过巧妙的设计和布局，将这些节点打造成乡村旅游的亮点和吸引点，以观景为主的节点，如荷花塘、观鱼池，应充分利用场地现有自然资源与肌理；以娱乐体验为主的节点，如手工坊、亲子农庄、渔文化馆，应根据功能分区的不同进行主题归类；以服务为主的节点，如游客服务中心、乡村驿站，应考虑可达性与服务范围，尽量交错布局。

线的设计则重点考虑乡村内部的交通流线以及景观轴线的规划。通过合理的交通流线设计，确保游客能够便捷地游览乡村，同时保证乡村内部交通顺畅。而景观轴线的规划，将同一主题或相同类型景观节点串联起来，形成连贯、完整的视觉体验，能够引导游客的视线，也可以称为风景路。风景路作为串联区域旅游资源、促进区域整体性发展的线性空间，区别于普通公路的存在，除了应该具备基本的交通功能外，还应尽可能地满足沿途多样化的游览体验。在风景路及其廊道内，一般可实现车行、骑行、徒步等多种交通游览方式，满足快速通行浏览和漫步细细品味等多样化体验[①]。风景路作为线性资源，能够突破行政区划限制，强化区域旅游目的地之间的连接，并能整合区域资源，串联景观节点，连点成线、串景成廊，发挥周边旅游资源的整体优势，促进区域的整体性发展。

面的设计则涉及乡村的整体空间布局和景观分区。每个区域都有其独特的景观主题和风格，在景观设计时需要根据乡村的自然环境和人文特色，将乡村划分为不同的景观区域，实行乡村景观的分区管理，使每个区域都能够充分展现其特色，同时也能够与其他区域相互协调，形成和谐统一的乡村景观。在景观分区方面，可以根据地形地貌、植被类型、景观特色等因素，将乡村划分为不同的景观区域。例如，可以将山水相依的区域打造为自然生态区，将历史文化遗迹丰富的区域打造为文化体验区等。

3. 多元性

多元性是乡村景观设计在文化内涵上的展现。乡村景观设计的多元性，主要体现在文化和景观两大方面，即文化是内在本质，景观是外在体现。在乡村景观设计中通过多样化的设计和规划，充分挖掘和利用乡村资源的独特特征，增强乡村的吸引力和竞争力，避免乡村景观和旅游产品同质化现象。乡村景观设计应基于当地深厚的社会文化背景，致力于传承与弘扬文化景观的独特魅力。设计应体现出对当地居民日常生活和劳作模式的深刻理解和尊重，同时致力于保护并激活当地的民间传统和非物质文

① 杨星，岳福青，范瀑娟. 风景道发展的思考与对策建议 [J]. 中国公路，2022（6）：40-42.

化遗产①。

（1）建立乡村资源特征是多元性策略的基础。每个乡村都有其独特的自然资源、人文资源和产业资源。在进行乡村景观设计时需要深入了解乡村的历史、文化、地理、气候等方面的特点，将这些资源特征融入景观设计中，形成独特的乡村风貌。

（2）乡村景观设计的关键在于识别和利用这些资源特征，塑造更多元化的景观。运用不同的设计手法和元素，创造出丰富多样的景观形态。例如，利用地形地貌的变化，设计出层次分明的景观空间；结合当地的植被特色，打造出具有地域特色的植物景观；挖掘乡村的历史文化，将其融入景观小品和构筑物中，形成具有故事性的文化景观。

（3）结合乡村的休闲、娱乐、体验等多元化活动，如农事体验、民俗表演、手工艺制作等，通过游线的合理组织和景观节点的精心设计，让游客在游览过程中有更多的参与和互动体验，从而延长游客在乡村的停留时间。

4. 可达性

可达性则是乡村景观设计在旅游服务方面的体现。乡村景观的可达性被认为是指一定特性的交通系统，克服诸如距离、旅途时长和经济成本等障碍，以便捷方式抵达某个设施或活动场所的程度②。在乡村景观设计中通过完善交通和基础设施、优化游览线路和服务设施等方式，提高乡村景观的可达性和便利性，为游客提供舒适的参观环境和便利的游览设施。具体从以下四个方面进行设计：

（1）交通流线规划是乡村景观设计中可达性策略的关键。需要合理规划乡村内部以及区域之间的道路网络，确保交通流线的顺畅与便捷。这包括设计清晰的道路标识和交通指引，设置合理的交通节点，以及优化交通流线的组织，使游客和当地居民能够轻松到达各个景观节点和公共场所。同时，结合乡村特色，可以设计具有地方特色的交通工具和交通方式，如观光马车、摆渡车、共享单车、电动车租赁服务等，为游客提供多样化的出行选择。

（2）景观节点的布局与连接也是可达性策略的重要组成部分。在乡村景观设计中，需要合理分布景观节点，确保它们之间的连接性。通过设置步行道、骑行道等多样化的交通方式，以及利用景观廊道、桥梁等连接元素，将各个景观节点串联起来，形成一个连贯且易于访问的景观网络。

（3）交通服务配套的设置也是提高乡村景观可达性的重要手段。在乡村地区，应建设完善的公共交通系统，提供便捷的交通服务，方便游客和当地居民出行。同时，增设休息设施、信息咨询服务台等公共设施，为游客提供舒适、安全的社交环境。

---

① 黄铮. 乡村景观设计 [M]. 北京：化学工业出版社，2018.

② 李明，徐建刚. 复杂适应条件下乡村景观空间分析的理论基础与指标体系 [J]. 江苏农业科学，2015，43（2）：186-189.

（4）可达性策略还体现在对特殊群体的关怀上。在设计中，需要充分考虑老年人、儿童、残疾人等特殊群体的需求，通过设置无障碍设施、提供便捷的交通方式、优化景观环境等方式，为他们提供友好且包容的景观体验。这包括设置无障碍通道、提供儿童游乐设施、设计适合残疾人的休息区域等。

5. 地方性

地方性则是乡村景观设计在地域特色上的强调。地方性是旅游目的地的核心吸引力的来源，有形多元的景观、深层的文化内涵与地方性密切相关[①]。乡村景观是生活在乡村地区的居民在不断地生活、生产过程中逐步积累形成的物质性空间，留下了许多有价值的景观实体，这使得乡村景观具有一种独特的乡村性，有着与城市景观截然不同的美感和韵味。在规划设计中地方性的体现要充分利用和挖掘当地资源，寻找适应时代要求的内容、形式与风格，塑造新旧结合的形式。

乡村景观是地域文化的直接体现，不同地区的乡村景观可能具有不同的建筑风格、植被类型、民俗活动等，这些元素共同构成了乡村景观的独特魅力。在乡村休闲旅游规划和建设进程中，需要重视并保留其自然景观特色和真实的生活场景，保留和体现历史村落、历史古镇独有的城镇风貌和历史韵味[②]。因此在设计中应深入挖掘当地的历史、文化、风俗等元素，并将其融入景观创作中。乡村景观又是乡村文化的重要载体，在设计中应当融入历史文化和民俗传统，比如，可以利用当地的建筑风格和材料，设计出具有地域特色的景观节点；或者结合当地的民俗活动，打造富有地方色彩的互动体验区。乡土材料和传统工艺是乡村景观的重要组成部分，它们不仅具有独特的美感，还承载丰富的历史和文化信息。在景观设计中，可以积极采用当地的乡土材料和传统工艺，如石材、木材、砖瓦等，以及传统的雕刻、编织等技艺，打造出具有乡土气息的景观空间[③]。

6. 生态性

生态性则是乡村景观设计在可持续发展方面的追求。其核心目标是在旅游开发过程中实现经济效益、社会效益与环境生态效益的和谐统一，满足当代人旅游需求的同时，保障后代享有同等旅游机会和权益[④]。乡村景观设计的生态性策略强调在生态承载力范围内开发旅游资源和推动旅游业的发展，而且注重维护生态系统的完整性和生物多样性，确保可再生资源得到持续利用，并将不可再生资源的消耗降至最低[⑤]。乡村

① 刘宏芳，明庆忠，周晓琴. 地方树：地方性的概念模型及其旅游学阐释 [J]. 旅游论坛，2021，14（2）：26-38.

② 吴晓秋. 基于地域特色视角的文旅地产规划设计研究 [D]. 南京：东南大学，2019.

③ 田韫智. 美丽乡村建设背景下乡村景观规划分析 [J]. 中国农业资源与区划，2016，37（9）：229-232.

④ 蒋烨琳，赵鹏风. 泉州文化旅游发展研究 [C]//. 中国艺术研究院，福建省文化厅. 聚落文化保护研究——第三届两岸大学生闽南聚落文化与传统建筑调查夏令营暨学术研讨会论文集. 2017，339-350.

⑤ 黄鼎成，王毅，康晓光. 人与自然关系导论 [M]. 武汉：湖北科学技术出版社，1997.

地区得天独厚的自然资源，如山水、植被、农田等，为景观设计提供了丰富的素材。设计时应充分利用这些资源，遵循绿色生态可持续规划理念，充分考虑并尊重当地的自然环境。在不破坏自然生态系统的基础上，创造出与自然环境和谐相融的景观效果，并在保护自然资源的前提下，避免过度开发，确保生态环境的完整性。通过科学合理地规划，充分挖掘特色化景观资源，将生态景观转化为具有经济价值、文化价值的资源要素，在改善农村生态环境和文化氛围的同时，带动农村经济发展，实现人与自然的和谐共生[①]。

在具体的乡村景观设计中，通过绿色设计、生态材料的使用等方法，减少对环境的负面影响，确保景观的长期可持续性。例如，优先选择当地丰富的自然资源作为原材料；从生态性和经济性出发，减少设施的模块化组合，节约材料和降低安装工艺的复杂度；在服务设施的设计中，考虑其位置和朝向，以在为游客提供便利的同时，减少能源消耗。同时，适度融入自然环境解说元素，让游客在欣赏自然风光的同时，深刻体会到保护自然环境的重要性，从而提升生态旅游的教育价值。

综上所述，乡村区域旅游规划应当从区域整体出发，综合考虑乡村的自然环境、社会发展等多方面要素，通过整合区域内的旅游资源，根据"区域—县域—片区—村域"的多尺度特征，构建科学合理的区域旅游空间结构。同时结合多种乡村景观设计理念和设计策略，进行总体性策略布局，形成既美观又实用的乡村景观。在下一章的乡村景观设计实践中，将以安徽省马鞍山市博望区为例，从全局出发，进行区域旅游规划设计，为后续的景观设计奠定坚实基础。通过巧妙的空间布局和景观节点的打造，将旅游规划与景观设计融为一体，对风景路、乡村景观、寺观园林、湿地公园、矿坑公园五种类型的旅游目的地进行乡村景观设计。经过通盘考虑，统筹兼顾，最终得到一个良好的、能够促进乡村旅游发展的规划和设计方案，打造具有地域特色、文化底蕴和生态价值的区域旅游目的地，推动乡村旅游的可持续发展。

---

① 郭语 . 新农村景观规划设计的理念与策略探索 [J]. 棉花学报，2023，35（4）：347-348.

第 4 章

案例分析：安徽省马鞍山市博望区乡村区域旅游规划与景观设计

4.1 案例概况

4.1.1 旅游资源概况

安徽省马鞍山市博望区位于皖苏两省交界地带，得天独厚、秀丽宜人的自然环境是博望区推进旅游业发展的前提与基础（图 4.1.1-1），为博望区特色山水旅游品牌的树立提供了优越条件。同时，博望区宜居宜游的自然风光资源也孕育并沉淀出丰厚的文化底蕴和众多的人文景观：地方特色鲜明的非遗项目、市井街巷中的手艺人与美食、百年打铁工艺积累的机械制造、深山浮云边的道观佛寺。交相辉映的非遗文化、老街文化、工业文化、宗教文化构成了博望区丰富包容的文化基因，极具旅游开发价值。而将自然资源与人文资源融合更加可以增强博望区旅游业在区域中的核心竞争力，塑

李龙村　　　　　　　　石臼湖　　　　　　　　迟村水库

杨山坳水库　　　　　　　　　　野风港湿地

图 4.1.1-1　博望区自然资源示意图

资料来源：作者自绘。

造出博望区更加综合立体的旅游形象。此外，博望区作为江南新四军建立的一块抗日根据地，凝聚着优秀革命精神，缔造了一批以丹阳湖农场为核心的红色旅游资源。而博望区也正在从军垦文化、军旅文化出发，探索乡村建设与红色旅游资源的创新融合，大胆尝试乡村旅游的转型新模式，打造出区域旅游竞合关系中博望区的独特名片。

1. 旅游资源类型分析

近年来，博望区积极开展旅游项目建设，以大旅游项目"破题"，用龙头带动和"触媒"效应激活博望区旅游产业一盘棋。重点推进八卦生态农业文化旅游、横山风景区等在建重点项目建设。博望区旅游资源类型多样，资源单体数量多，其中又以自然生态资源数量居多。横山、灵墟山、石臼湖已经形成良好的地脉资源和生态优势，人文资源以民俗、宗教、产业文化为主，人文自然相互交融的资源格局有利于实现旅游产业的多元化开发（图4.1.1-2）。在自然资源中，石臼湖、横山、灵墟山都具有较高的景观价值，在人文资源中，博望打铁、博望老街、董山里爱情文化也具有极大的文化价值。

图 4.1.1-2　博望区人文资源示意图

资料来源：作者自绘。

2. 旅游资源空间格局

博望区资源密度大，地域组合良好。各乡镇的资源类型不尽相同，具有错位开发的基底。但全区资源呈现不均衡的分布状况，博望区优质自然资源集中在北部横山片区，人文资源也集中在横山 - 灵墟山片区，北部是旅游资源密集地区（图4.1.1-3）。

图 4.1.1-3　博望区自然资源与人文资源空间格局

资料来源：作者自绘。

　　博望区的自然资源存量丰富、类型多样，生态基底保存完整，整体自然空间格局呈现"南湖圩、北双山、中农田"的格局，西部有古丹阳河（花津河）穿过丹阳镇。旅游资源集中在横山风景区。博望区山水资源分布较为集中，北部以山体水库为主，南部以圩区湖区为主。区域风貌展现出重峦叠嶂的俊秀群山与宽阔无垠的大湖风光，山水资源极佳。主要的景点包括"两山一湖"，其中，横山现状景观资源丰富，拥有佛教、抗日等众多丰富的人文资源。灵墟山脉有绝佳的文化基底，但现状未经保护、矿山无序开发、村落生态原始。石臼湖是安徽省马鞍山市博望区与江苏省的界湖，依托石臼湖衍生了以蟹为代表的美食文化、民俗文化和以双尹村为代表的美好文化乡村。

4.1.2 旅游资源SWOT分析

1.Strength—优势

博望区位于安徽省马鞍山市最东端，与南京南部三区（江宁、高淳、溧水）相接，因其得天独厚的地理位置成为安徽省通向江苏省、上海市及浙江省的重要门户。除沿长江航道外，宁安城际铁路，沿江、宁杭、沪宁高速均过境博望区，南京禄口国际机场、芜湖湾里机场及马鞍山外贸码头等均在26km内可达。从更广阔的地域范围来讲，博望区地处"长三角"经济圈和南京1小时都市圈内，因此，交通优势与区位优势明显，有助于吸引客源。

博望区拥有较多的自然资源与人文资源，其中自然资源存量丰富、类型多样，生态基地保存完整；人文资源丰富多彩，非遗文化、宗教文化、工业文化交相辉映。风景优美、民风淳朴、底蕴深厚的资源条件符合当下游客喜好。博望区的景区有待进一步开发，具备提升空间，可以进一步盘活存量资源、优化资源配置，充分把握发展新机遇，改变城市印象、打响城市品牌，为博望区旅游业发展提供长久发展空间。

2.Weakness—劣势

博望区虽对外交通通达度高，但内部交通线路不畅，秩序失调，存在路网建成度较低、道路等级偏低、路网连通度较低这三个方面的问题。除此以外，博望区在区域范围内的旅游通景公路、旅游连接线建设仍需加快，直达景区的旅游班车、旅游专线公交还未正式开通，内部交通未能有效联通重要旅游景点，难以实现各景区间的集聚与联动发展。

博望区现有旅游景点开发不完善，以观光为主，旅游产业融合水平不高、广度不全、深度不深，急需拓展新业态旅游产品。此外，博望区景区留不住人且景美人不知，以"食、住、行、游、购、娱"为主题的旅游要素建设还没有形成体系，尤其是特色旅游景点与产品培育不足且吸引力不足，需凸显特质、宣传打造，提升吸引力。博望区旅游相关的配套设施少、水平低，存在自助游体系不够完善、智慧旅游服务体系建设不足、旅游标识系统还不够完善、旅游厕所革命还不够彻底等一系列基础设施薄弱问题，需注重公共服务系统的打造与升级，提升博望区旅游服务水平。

3.Opportunities—机会

在生态文明美丽中国、文化强国文旅共兴、旅游战略性支柱产业、特色小镇、美丽乡村等一系列宏观政策支持下，博望区的旅游发展目标与国家政策相呼应。同时，博望区也在注重加强政策扶持，出台《博望区星级农家乐扶持奖励办法》和《博望区年度示范农家乐评定实施方案》，为旅游业的健康发展提供了强有力的政策保障并指明了方向，从而让旅游更安全、更便利、更文明、更舒心，为旅游的产业融合、资源共享、协同发展等提供了强大的政策支撑，从而发挥旅游对经济发展的催化作用和对社会协调的润滑作用。

博望区近年来深入学习贯彻乡村振兴战略，以村容整治为前提、以产业发展为核心、以乡村文化为底色、以改革创新为路径、以要素支撑为保障，扎实推进巩固拓展脱贫攻坚成果与乡村振兴的有效衔接，加快推动农业农村现代化。博望区需充分发挥自身的区位优势，加强与南京的产业与市场对接，积极参与南京空港新城的分工与合作，着力打造马鞍山市东向发展的门户，与南京都市圈形成共荣体，拓展经济合作，加强深层旅游互动，通过城市联动共同创造优势，借此机遇打造面向"长三角"乃至整个华东地区的重要休闲旅游目的地。

4.Threats—威胁

博望区近年来景区发展低端旅游现象严重，与周边片区的旅游资源同质化严重，未来在休闲度假和文化体验市场中将面临激烈的竞争。此外，博望区生态旅游开发还处于起步阶段，同时缺乏区域独特资源，在与周边片区的竞合关系中处于劣势地位，如何实现差异化建设成为博望区发展的难点。随着我国经济逐步进入新常态，经济发展的重点逐步由粗放式向结构优化、再生型增长方式转变。这对地方旅游投资水平与方式提出了更高要求，旅游业不再是单一的发展模式，需要进行转型调整以满足市场需求。然而博望区的旅游产业与其他优势产业如工业制造、生态农业等缺乏相互融合，实现转型升级仍需要进一步探索。

5. 总结

博望区资源密度大，全区资源呈现不均衡的分布状况，不易吸引与留住客源，需要集聚才能产生一定的效应。此外，博望区优质自然资源集中在北部横山片区，人文资源也集中在横山 - 灵墟山片区，北部是旅游资源密集地区，但北部各旅游资源点之间发展差异较大，且联系度还需进一步提升；交通驿站、道路节点小品、导视系统等基础服务设施缺乏；建筑立面、植物配置等景观要素混乱而缺少特色；文化体验、物质消费等旅游活动缺少策划，难以支撑文旅产业成为博望区的战略性支柱产业。总体而言，博望区优越的旅游资源还未被良好地开发利用，与规划目标有较大差距，迫切需要进行规划提升。

综上所述，如何利用区位优势吸引客源、增强与周边景点的合作、避免与周边景点的竞争、提升自身的旅游体验，是博望区旅游规划需要重点解决的问题。

4.1.3　重点城市客群锁定

2021 年，马鞍山全年实现旅游业总收入 184.6 亿元，与 2020 年基本相同。为了明确 2021 年马鞍山旅游的主要客群来源，研究基于百度网络平台上的百度指数工具，针对"马鞍山旅游"这一关键词进行了检索，时间跨度覆盖了 2021 年 1 月至 2021 年 12 月。根据百度指数搜索量对搜索兴趣的地域分布排名。研究发现，在省域层面，安徽、江苏、浙江等"长三角"重要的省份位列关注马鞍山的前三名（图 4.1.3-1）；在城市层面，关注马鞍山的人群主要来自马鞍山、合肥、上海、南京等周边城市（图 4.1.3-2）。因此，博望区的旅游市场应重点关注"长三角"旅游市场的客源，同时重视合肥、上海、南京溢出的游客，以及其他地区慕名而来的客群。

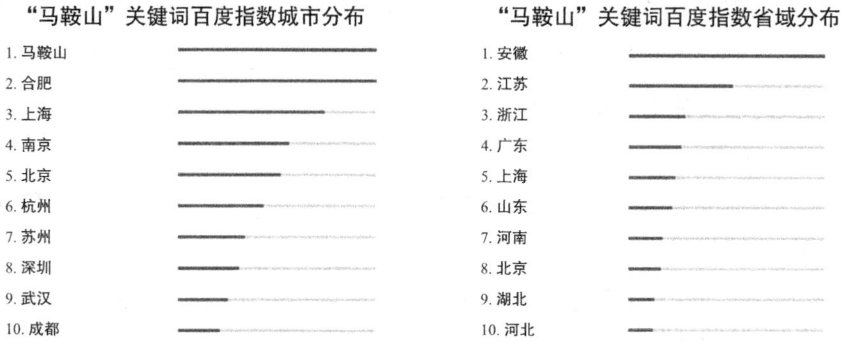

图 4.1.3-1 "马鞍山"百度指数城市、省域分布

资料来源：作者自绘。

城市	汽车车程（h）	2021 年人均地区生产总值（元）（以 2023 年各地统计年鉴数据为准）	2022 年人均地区生产总值（元）（以 2023 年各地统计年鉴数据为准）	综合评价
南京	1	173824	178781	5
芜湖	1	116570	121630	5
合肥	2	120974	125798	4
镇江	2	148204	155823	3
扬州	2	145340	155132	3
常州	2	170057	178243	3
上海	3.5	175400	179900	3
无锡	2.5	189017	198404	2
泰州	2.5	133543	141830	1

图 4.1.3-2 客源所在城市情况

综合评价是一个基于汽车车程时间和人均 GDP 数值的综合评估值，其数值范围从 1 到 5，
其中 5 代表最高评价水平。这个综合评价的结果为博望区的旅游市场提供了重点关注的客源所在城市的依据，
帮助博望区旅游市场精准定位目标客群，优化资源配置，从而推动旅游业的健康发展。

4.1.4 重点城市客群分析

1.南京游客出行特点

根据《南京旅游业发展情况报告》《2021 年南京市旅游经济发展统计公报》，目前南京以观光旅游为主，休闲度假、生态旅游、商务节庆等新兴旅游产品较少

（图 4.1.4-1）。同时，特色专项型产品种类不多，旅游供给不能很好地满足旅游者多样化的旅游需求（表 4.1.4-1）。而博望区旅游资源类型多样且积极开展各类旅游项目建设，能够为游客提供更加多元化的旅游体验。

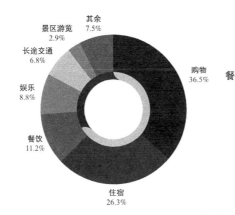

购物花费占 36.5%
住宿花费占 26.3%
餐饮花费占 11.2%、娱乐花费占 8.8%
长途交通花费占 6.8%
景区游览花费占 2.9%
其余花费占 7.5%，包括：
邮电通信花费占 1%
城市交通花费占 4.1%
其他杂费占 2.4%

图 4.1.4-1 南京游客花费汇总

资料来源：根据《南京旅游业发展情况报告》《2021 年南京市旅游经济发展统计公报》绘制。

南京旅客旅游倾向总结 表 4.1.4-1

旅游类型	旅游倾向
文化类旅游	古都文化：六朝石刻；古人类文明：汤山猿人溶洞；明清文化：明城墙、明孝陵、秦淮风光带；民国文化：中山陵、总统府、1912 街区
景观类旅游	金牛湖风景区；大江风光带：阅江楼、燕子矶
民俗类旅游	特色民宿体验：秦淮灯会、高淳老街、南京民俗博物馆；都市农业观光区：江心洲、八卦洲

资料来源：作者自绘。

2. 芜湖游客出行特点

芜湖游客出行以休闲为主要目的，为了放松身心。主要为以自驾游为主的短途出行，因为芜湖当地景点多为文化、景观类，一般是一日游类。芜湖出游高峰主群体是以家庭为单位出行。休闲住宿类的旅游目的地与 1 小时的车程可以很好地满足周末出行。同时需要加入更多的体验类（美食、运动）元素来留住游客。结合景观打造少量的高端旅游会所，以供部分经济能力较好的游客享受。博望区也在不断完善以"食、住、行、游、购、娱"为主题的旅游体系构建，充分顺应旅游市场的新需求（图 4.1.4-2）。

3. 重点城市客群休闲旅游需求分析

重点城市客群休闲旅游需求包括自然风光、特色餐饮、短途家庭游三个方面，其中，自然风光关注自然养生和乡村养生，以天然景色和景观为核心打造各级品质的休闲养生旅游点；特色餐饮能够在吸引游客和留住游客方面起重大作用，旅游中以"逛吃"为目的的比例超过 30%；短途家庭游注重的是亲情培养和寓教于乐两个方面，主题公园、文化景点是出行的首选。博望区在旅游开发中需要以客群需求为重要转型依据，有序推进特色品质旅游项目的落实。

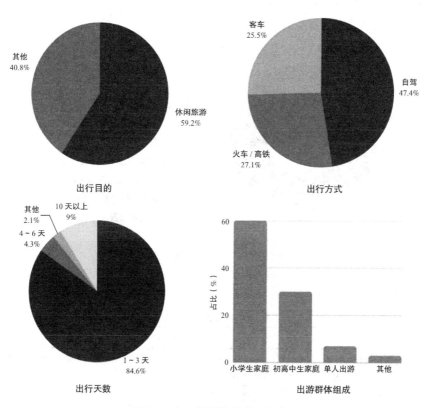

图 4.1.4-2　芜湖游客出行特点

资料来源：作者自绘。

4.1.5　博望区旅游市场情况

根据 2018 年百度数据显示，首次到访博望区的旅客占 70% 以上，旅客大多数以 30 ~ 39 岁的青年人为主，近 80% 的游客停留时间不超过 1 天，58% 的游客不超过半天，且到访博望区的旅客男性多于女性（图 4.1.5-1）。

从游客点评来看，在自然旅游点方面，大部分游客认为博望自然风景优美，既适合日常休闲游玩，又适合户外运动爱好者运动锻炼；在人文旅游点方面，游客认为体验感与参与感较强，设施一应俱全（图 4.1.5-2）。同时，一半左右的游客也认为景点的人流量较小，可见景点的吸引力与特色性打造仍有待提高（图 4.1.5-3）。

通过研究博望区旅客的出行行为，以及游玩点评，发现博望区的旅游总体呈现短途游的趋势，游客停留时间较短，现有的旅游产品模式较为传统，缺乏符合市场需求的创新旅游产品，旅游消费方式和消费层次缺乏多元化。

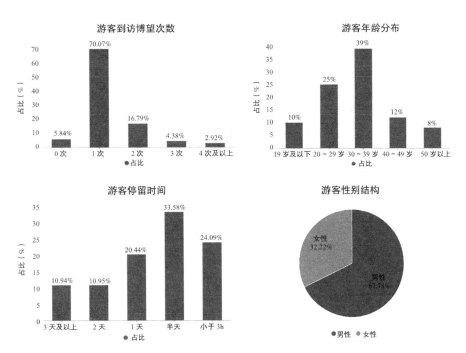

图 4.1.5-1　2018 年博望区旅游市场情况

资料来源：根据《博望全域旅游规划》绘制。

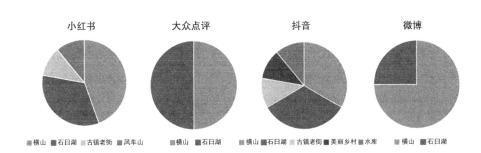

图 4.1.5-2　博望区旅游资源评价

资料来源：作者自绘。

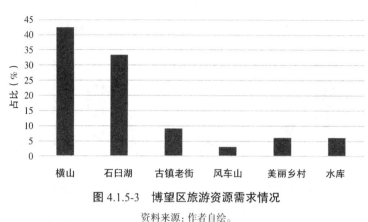

图 4.1.5-3　博望区旅游资源需求情况

资料来源：作者自绘。

4.2　乡村区域旅游规划

4.2.1　旅游发展战略规划

1. 旅游发展定位

（1）总体定位

认真贯彻落实党的二十大精神，完整、准确、全面贯彻新发展理念，坚持"绿水青山就是金山银山"的发展理念，紧扣南京 - 马鞍山一体化战略机遇，马鞍山市博望区旅游发展迎来了新局面，以"山—水—田—路—村—文"为主线，构建博望区域旅游新格局。

以推进区域旅游发展为主线，以游客感知为核心，以多元文化体验为重点，以养生度假为突破，深度挖掘并有效整合博望区的山水文化、民俗文化、乡村文化、古镇文化、爱情文化等优秀旅游资源，打造集"产、学、研、游"于一体的旅游产业，实现博望区旅游由单一"观光"时代向"观光、休闲、度假"多功能时代发展，做到从"引客"到"留客"最终"锁客"的转变。积极创新旅游产品和开发模式，着力提升旅游服务和配套设施，推动旅游产业转型升级，将博望区打造成为："长三角"一流的养生度假胜地、山水人文福地、生态休闲旅游目的地。

（2）形象定位

依托博望区山水观光、特色老街、养生度假、军营文化、天仙文化、乡村民俗体验等核心产品，立足消费市场，向消费者传达博望区独特的自然生态基地、历史人文内涵和旅游研学体验。

根据博望区的优秀自然本底和独具魅力的文化底蕴，将其形象定位为"山水诗意，情系博望"，该形象突出了博望区旅游资源的特质：一是"诗意"，不仅整个博望区的自然山水环境充满诗意，其在历史上更是留下了许多文人墨客的诗词佳作，契合马鞍山"诗城"的定位；同时，也将博望区与其相邻的溧水、高淳等区域区别开来。二是

"情"，以澄心寺、福缘寺、西林禅寺为核心，打造颐养身心、养生禅修的旅游区；依托董山里仙缘传说，归于对爱情的美好愿景，开发婚庆旅游产品，促进情景交融的旅游体验。

2. 旅游空间布局规划

（1）空间布局策略

立足博望区旅游业发展不平衡的现状，通过以点触发、以线串联、以面整合三大阶段，推动区域旅游有序发展。

旅游区景点是区域旅游的核心载体，旅游区是以旅游及其相关活动为主要功能的空间区域，是区域旅游的重要抓手。在不同环境背景中呈现出多种形态：旅游景区、特色展馆、旅游村镇、主题园区、旅游度假区。重点构建核心吸引物、配置旅游要素、完善服务设施、落实保障多规合一。

旅游廊道是区域旅游连接纽带，将交通廊道、景观廊道、产业廊道、服务廊道、文化廊道五合一。重点提升景观廊道、打造景观节点、建设休闲驿站、丰富文化内涵、集聚产业要素。

（2）旅游空间结构规划

根据博望区的旅游资源配置，其旅游空间布局为："一环、一廊、四板块、多极点"（图 4.2.1-1），即串联博望山水林田湖、协调城乡共同发展，打造看山游水体验乡村农业景观的博望山水人文风情环；依托穿境而过的东西省道形成苏皖旅游发展廊，东接溧水区、西接马鞍山；以魅力湖滨为特色打造亲水体验板块，以活力山林为特色打造山地休闲板块，以乡风民俗为特色打造生态农业板块，以古色风韵为特色打造文化游赏板块（表 4.2.1-1）。

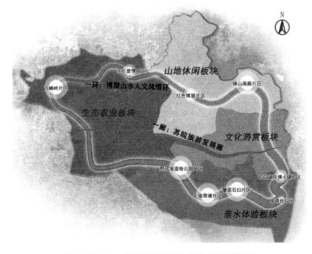

图 4.2.1-1　博望区域旅游空间结构图

资料来源：作者自绘。

突出博望示范区的"绿色生态"本底和"产城融合"定位，立足博望区的优秀生态资源和独具魅力的文化底蕴，依托博望区的山水观光特色，真正把生态优势转化为发展优势、竞争优势。

博望区空间布局表 表 4.2.1-1

空间布局方案		地域范围或依托资源	主要功能	主题特色
一环	博望山水人文风情环	依托横山、石臼湖，串联山、水、田、林景观	看山游水、生态康养、文化体验、乡村度假、美食寻味、农业体验	诗意山水
一廊	苏皖旅游发展廊	依托 S445 省道，东接溧水、西接马鞍山	缝合四区、以线带面	创新发展
四板块	山地休闲板块	横山、澄心寺，宗教文化、红色文化、体育文化、美食文化	生态休闲、矿坑观赏、山地越野、徒步体验、野外露营、军旅体验、生态采摘、美食养生	森林度假山地运动养心禅修耕读文化
	生态农业板块	龙泉山、灵墟山、福源寺，农业文化、古镇文化、爱情文化	军旅乐游、婚庆摄影、农场观光、作物采摘、美食休闲、亲子教育、民宿度假、户外攀岩	军垦文化现代农业田园民宿野外探索
	文化游赏板块	莲华寺、博望老街，非遗文化、工业文化	商品加工、文化展示、亲子研学、非遗传承	刃模具展博望打铁
	亲水体验板块	石臼湖、渔业文化	生态科普、户外露营、湿地观鸟、自然研学	研学旅游滨湖度假

资料来源：作者自绘。

4.2.2 旅游游线规划

1. 旅游游线体系

此次规划依托博望区"南湖圩，北双山，中农田"的自然格局和现有横山风景区、现代农业示范园、石臼湖生态保护区基础设施，主打三大休闲观光旅游游线——"横山风景路自驾游""石臼湖生态观光游""田园乡村休闲游"。同时，进一步发掘利用本土爱情传说、红色历史、归隐养生等优秀传统文化，推动文旅结合，开发三大文化体验旅游游线——"爱情文化浪漫游""红色文化豪情游""养生文化度假游"（图 4.2.2-1）。

六大核心游线涵盖"博望 520 美丽公路"各类特色景点，通过对全空间的旅游格局、旅游景观、旅游业态等进行统筹规划，优化与周边区域的关联度，构建均衡的经济发展格局。通过对全时间段、全体验模式的旅游线路分布、旅游活动策划等，使博望区实现全天候、全季节的旅游观光、休闲度假价值。致力于将博望区打造为以诗意山水田园为特色的区域休闲旅居目的地，长江三角洲一流的人文休闲旅游目的地。

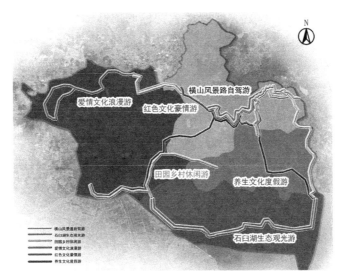

图 4.2.2-1　博望区六大主打路线

资料来源：作者自绘。

2. 六大主打旅游游线

（1）横山风景路自驾游游线

1）现状解读

横山风景路位于横山南麓，博望区东北部（图 4.2.2-2），全线约 28.16km。西起游客集散中心，东至土塘头村。紧靠国际空港，距离南京禄口国际机场仅有 26km，距离南京主城区约 75km，与南京江宁区接壤，区位优势明显，具有显著的旅游发展潜力。

图 4.2.2-2　横山风景路自驾游游线

资料来源：作者自绘。

横山风景路串联起沿线富有博望地域特色的山脉、矿坑、水库、溪流、密林、农田等，形成了以横山地景为特色，水库群为烘托的自然基底，其中废弃矿坑、杨山坳水库、迟村水库、草塘水库等原始景致颇具开发潜力（图4.2.2-3）。葛洪、陶渊明、"山中宰相"陶弘景、李白、吴筠等名家丰富了横山的人文资源。另有乡村民俗文化、工业文化、红色文化、宗教文化等文化交相辉映。澄心寺、龙王殿、西林禅院、李龙村等也提供了建筑基础（图4.2.2-4）。横山景区开发较早且功能相对完整，自然和人文风貌保存完整，未被过度开发、污染、破坏，这为多角度、多时间段、多感官游览提供了基础。

图 4.2.2-3　横山风景路自然资源

资料来源：作者自绘。

图 4.2.2-4　横山风景路人文资源

资料来源：作者自绘。

场地内建筑整体风貌较为杂乱，未形成统一的外观基调，部分建筑损坏情况严重、存在安全隐患。部分道路宽度、铺装等不能达到自驾行车的要求。场地内的基础设施主要为水库管理设施、污水净化设施、卫生所以及停车场，在场地内部分布较为零散，未形成服务体系，不能满足接待大量游客的需求。场地内植物种群丰富，以原生林为主，但植物种群杂乱，部分区域土地裸露，为荒地状态。部分景点知名度不高，缺少恰当的主题和特色。

2）游线定位

以自驾游为主，塑造盘旋在山水之间的"横山画廊"，博望"采菊东篱下，悠然见南山"的山水田园、诗情画意之旅。

3）核心功能

生态观光：横山景区是博望生态旅游的核心引擎，连绵的山脉、平整的农田、蓝色的湖泊是博望风景路所预期穿越的景观层次，通过对植物的配置、道路的更新、微景观的改造、天际线的重塑、观景气氛的营造等方式，近、中、远三景结合，打造博望风景路。核心景点有：向阳水库、天仙湖、鸳鸯湖、千亩茶田、同心湖、爱情秘境等。

文化观光：风景路上宗教艺术、神话传说、民俗文化等景点分布较为密集，可通过规划设计、旅游宣传等串联起类似景点，形成特色游线。文化类景点需下车体验，如基于横山陶弘景、陶渊明、李白、萧云从等诗画大家，可营建有世外桃源、隐居特色的旅游景点：澄心寺特色民宿、沉珠泉、西林禅院等；根据董永与七仙女传说为当代爱情之旅提供传统故事背景，设置旅游景点：蝴蝶谷、粉黛湖、天仙湖、同心湖、鸳鸯湖、爱情秘境等；基于当地白叶一号、水稻、虾蟹等特产，三月半庙会、农耕牧羊等农事活动，开发鸳鸯湖农家乐、马场精品民宿、李龙美丽乡村等景点。

户外活动：横山自然风景秀丽、空气清新，部分大型景点适合下车打卡、亲子游戏、运动健身、亲近自然。将原有废弃矿坑进行生态恢复，通过种植粉黛乱子草等形成花海景观，营造适合摄影、节庆、漫步的蝴蝶谷与粉黛湖景点，并用林间步道连通两大矿坑。在天仙湖矿坑空地设置儿童游乐场。连接同心湖现有千米大坝，新建环湖道路，设置爱情文化、红色文化打卡点。

4）横山风景路自驾游游线景点规划（图4.2.2-5、表4.2.2-1）

（2）石臼湖生态观光游游线

1）现状解读

石臼湖风景路位于石臼湖北岸，博望区南部，全线约47.15km。西起丹阳湖生态农场，东至杭村。与南京溧水区、安徽当涂县接壤（图4.2.2-6）。

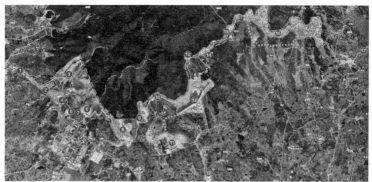

① 游客集散中心　⑤ 蝴蝶谷　　⑨ 鸳鸯湖　　　　　　　　　　⑬ 沉珠泉　　⑰ 东入口
② 横山风景区牌坊　⑥ 粉黛湖　　⑩ 龙王殿＋登山步道入口（休憩驿站）⑭ 西林禅院　⑱ 马场精品民宿片区
③ 向阳水库　　　⑦ 林间步道　⑪ 千亩茶田（白叶一号）　　　　⑮ 丁将军庙　⑲ 李龙美丽乡村
④ 澄心寺特色民宿　⑧ 天仙湖　　⑫ 同心湖　　　　　　　　　　　⑯ 爱情秘境

图 4.2.2-5　横山风景路自驾游游线景点规划图

资料来源：作者自绘。

横山风景路自驾游游线景点规划表　　　　　　　　　　表 4.2.2-1

序号	景点	位置	功能	进度
1	游客集散中心	横山风景区西入口广场	集散咨询	新建景点
2	横山风景区牌坊	横山风景区西入口	集散、地标	现有景点
3	向阳水库	向阳水库	生态观光、户外活动	现有景点
4	澄心寺特色民宿	澄心寺	寺观文化观光、康养度假	现有提升
5	蝴蝶谷	废弃小矿坑	生态恢复、生态观光、爱情文化观光、户外活动	新建景点
6	粉黛湖	废弃大矿坑	生态恢复、生态观光、爱情文化观光、户外活动	新建景点
7	林间步道	废弃大小坑间连接道	生态观光、户外活动	新建景点
8	天仙湖	杨山坳水库	生态观光、越野、儿童游戏等户外活动、集散咨询	现有提升
9	鸳鸯湖	绿林轩生态农庄	生态观光、农家乐	现有提升
10	龙王殿＋登山步道入口（休息驿站）	龙王殿	登山、集散咨询	现有提升
11	千亩茶田（白叶一号）	马场村以西、丁山村、丁山水库	农游展示体验、生态观光	现有提升
12	同心湖	迟村水库	生态观光、爱情与红色文化观光、集散咨询服务	现有提升
13	沉珠泉	西林禅院以东山泉水口	诗词文化观光	现有提升
14	西林禅院	西林禅院	寺观文化观光	现有提升
15	丁将军庙	丁将军庙	民俗文化观光	现有提升
16	爱情秘境	护林林场、华富林场	自驾游、打卡、露营	现有提升
17	东入口	横山风景路东端与江宁交界处	集散	现有提升
18	马场精品民宿片区	马场村	乡村文化体验、康养度假	现有提升
19	李龙美丽乡村	李龙村	乡村文化体验	现有景点

资料来源：作者自绘。

图 4.2.2-6　石臼湖生态观光游游线区位

资料来源：作者自绘。

　　现有博望河、野风港支流形成的两条生态廊道。观光路线沿石臼湖岸线，有半岛眺望点、宽阔的石臼湖面、荷塘、水上森林、生态农场、野风港湿地风景等（图 4.2.2-7），景观种类丰富。区域视野极佳，少有遮蔽，可眺望跨湖大桥和水天一色的胜景。人文资源涉及渔耕风情、宗教艺术、神话传说、民俗传统等，可通过规划设计、旅游宣传等策略将原有的丹阳湖生态农业示范点、荷塘、螃蟹养殖基地、东湖村观鸟点、杭村等节点（图 4.2.2-8）串联起来，形成特色游线。

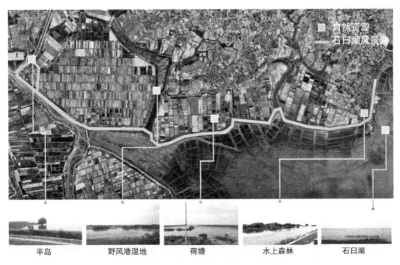

半岛　　野风港湿地　　荷塘　　水上森林　　石臼湖

图 4.2.2-7　石臼湖风景路自然资源

资料来源：作者自绘。

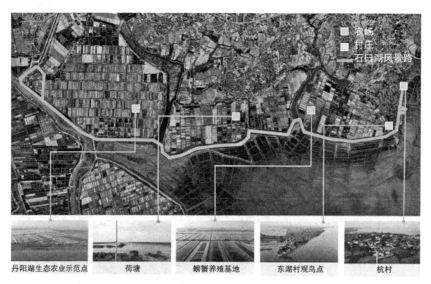

图 4.2.2-8　石臼湖风景路人文资源

资料来源：作者自绘。

场地内存在以下问题：部分道路尚未完成硬化、路段平整性较差、道路分级模糊、人车混行、存在安全隐患。路段现有节点主要涉及农耕景观、湿地景观、村落景观等，景观节点较为分散，缺乏整体性规划布局，且节点设计未能统一风格、整体串联。乡村功能单一，以居住农耕为主，未与旅游业结合。野风港湿地、千亩荷塘等仍处于自然状态，尚未开发利用。

2）游线定位

利用林、田、湖、草，保护自然基底，弘扬民俗风情，践行文旅融合。致力于营造湖光潋滟、水天一色的"石臼湖"，博望野趣、自然的生态之旅。

3）核心功能

湿地观光：根据《博望区总体规划（2010—2030）》：环石臼湖区域"构建以生态保护与修复为导向的生态格局，划定生态保护的刚性框架，建设流域型'生态海绵'体系"。故石臼湖生态游以保护性开发为主，新建野风港湿地公园、阆鸿台鸟类监测站等景点，保护湿地自然生态系统，建立越冬水鸟自然保护区，向游客科普宣传湿地知识，引导游客观察、欣赏、保护湿地，并在合理利用区适当开展观鸟、游船、亲水等活动。

农业观光：石臼湖风景路沿线有丹阳湖农场、千亩荷塘、邂逅石臼等富有江南水乡特色的景点。通过重建、安置、改造等方式提升现有杭村、聂村、长流村的设施，形成石臼湖风情民宿村，开展大地景观展示、农耕体验、农游采摘等活动。

高端度假：石臼湖风情民宿村定位滨湖高端度假村，提升现有慢行交通系统，新增研学夏令营、垂钓中心、亲子农庄、农耕文化园等度假服务设施（图 4.2.2-9）。

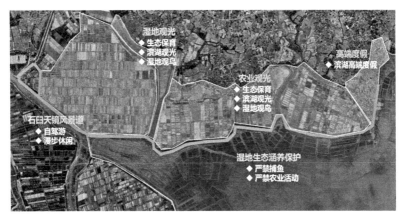

图 4.2.2-9　石臼湖生态观光游游线功能分区图

资料来源：作者自绘。

4）石臼湖生态观光游游线景点规划（图 4.2.2-10、表 4.2.2-2）

图 4.2.2-10　石臼湖生态观光游游线景点规划图

资料来源：作者自绘。

石臼湖生态观光游游线景点规划表　　　　　　　　表 4.2.2-2

序号	景点	位置	功能	进度
1	相遇驿站	新农村委会公交站	集散咨询	现有提升
2	丹阳湖生态农场	博望横山省级现代农业示范区	生态农业观光	现有提升
3	野风港湿地公园	野风港	生态保育、生态观光生态科普、集散咨询	新建景点
4	千亩荷塘	青龙宝寺周边水田	生态农业观光	现有景点
5	邂逅石臼（相爱驿站、公交站）	徐公村及徐家村以南水田	生态农业观光、拍照打卡	现有景点
6	阅鸿台	东湖村南部	观鸟监测、生态科普、集散	新建景点
7	石臼湖风情民宿村	杭村、聂村、长流村	农业观光、康养度假	现有提升

资料来源：作者自绘。

（3）田园乡村休闲游游线

1）现状解读

博望区乡村资源丰富，田园林湖众多，"520美丽公路"规划现有15个特色乡村和产业园游，涉及美丽乡村展示、特色农游生产、当地文化宣传、农家美食体验等各个方面。横山脚下乡村幽静空灵、石臼湖畔乡村恬静雅致、中部水网地带富饶的土壤则孕育出草莓、葡萄、水稻等优质农产品。

但现有单个乡村产业较为单一，村容杂乱、服务设施落后，不能承担一定规模游客高端度假旅游的多元需求。乡村和农产品品牌知名度低，未能形成当地文化名片。

2）游线定位

形成产业依托型农业园、民俗文化型村落、休闲度假型村落等主题鲜明、定位明确的乡村旅游度假目的地。

3）核心功能

农业产业观光：依托草莓、葡萄、桃树、白叶一号、湖蟹等特色产业，结合线下农产品采摘、科普等活动，线上"大数据+农业"的技术，建设"云上教室、云上农场"等，形成集种、产、供、销、研为一体的大数据农旅示范基地。

民俗文化观光：深度挖掘"七仙女"、博望百年集会等民俗文化，将农业、文化产业进行延伸，将董山里、双尹村等打造成一个以文创研学为主要特色的世外桃源休闲基地。依托保留完好的徽派建筑和街巷空间，打造精品化的民宿古村。

休闲度假：以博望区禅修养生文化、农耕田园文化为根基，山水田园风光为载体，通过"文化体验+休闲农业+田园观光"游结合，打造马场精品民宿、石臼湖精品度假村等都市近郊田园休闲旅游度假目的地。

4）田园乡村休闲游游线景点规划（图4.2.2-11、表4.2.2-3）

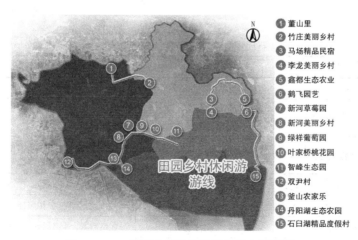

图4.2.2-11　田园乡村休闲游游线景点规划图

资料来源：作者自绘。

田园乡村休闲游游线景点规划表 表 4.2.2-3

序号	名称	位置	功能	进度
1	董山里	董山里村	民俗观光	现有景点
2	竹庄美丽乡村	竹庄村	美丽乡村示范点	现有景点
3	马场精品民宿村	马场村	康养度假、生态农业观光	现有提升
4	李龙美丽乡村	李龙村	美丽乡村示范点	现有景点
5	鑫都生态农业	山宁村	生态农业观光	现有景点
6	鹤飞园艺	华富村	生态农业观光	现有景点
7	新河草莓园	新河村以北	农产品采摘体验	现有景点
8	新河美丽乡村	新河村	美丽乡村示范点	现有景点
9	绿祥葡萄园	绿祥葡萄园	农产品采摘体验	现有景点
10	叶家桥桃花园	叶家桥村	农产品采摘体验	现有景点
11	智峰生态园	彭塘村	生态农业观光	现有景点
12	双尹村	双尹村	徽派乡村展示	现有景点
13	釜山农家乐	釜山村	生态农业观光	现有景点
14	丹阳湖生态农园	博望横山省级现代农业示范区	生态农业观光	现有提升
15	石臼湖精品度假村	杭村、聂村、长流村	康养度假、农业体验	现有提升

资料来源：作者自绘。

（4）爱情文化浪漫游游线

1）现状解读

"520 美丽公路"建设意为 5 条主题公路，20 多个主打景点，"5·20"也是网络情人节，故将爱情主题融入区域游，致力于结合网络媒体宣传，形成爱情旅游新型目的地。

丹阳花谷风景路全长 21.22km，西接百峰岭，东接横望山，与江宁区"七仙大福村"邻近，董山里相传为董永与七仙女传说发源地，《董氏宗谱》有"董永丧母养父，父亡，贷资以葬"的记载。2015 年，董山里开始启动美丽乡村建设。片区内种植有万亩樱花作为核心吸引物，聚集人气。

横山风景路全长 28.16m，有废弃矿坑和多处优美的水库可供营建浪漫氛围。

现有七仙女、龙女文化未被充分利用，除董山里外，其他景点与爱情缺乏关联，现有产业功能单一，婚庆产业、爱情产业仍处于未开发状态。

2）游线定位

穿越百峰岭、探幽横望山、留恋石臼湖、聆听七仙女的传说，打造一片花香弥漫的东方浪漫之旅。

3）核心功能

情侣打卡：天仙湖、爱情秘境、石臼湖四处驿站等多处景点设计有爱心互动景墙，爱情主题雕塑、构筑物便于情侣打卡，结合"5·20"、七夕、情人节等节日进行网络宣传，保护古镇风貌，展现生态风光，带动区域经济。

婚庆活动：通过种植粉黛乱子草对现有矿坑进行生态修复，现有丹阳樱花林、龙猫草原等易形成壮观而浪漫的大地景观，可以作为婚纱摄影及各类婚庆活动的背景。

4）爱情文化浪漫游游线景点规划（图 4.2.2-12、表 4.2.2-4）

图 4.2.2-12　爱情文化浪漫游游线景点规划图

资料来源：作者自绘。

爱情文化浪漫游游线景点规划表　　　　　　　　　　表 4.2.2-4

序号	景点	位置	功能	进度
1	仙女山露营点	仙女山山顶平坦处	生态观光、露营	新建景点
2	丹阳花谷	丹阳镇	赏花、婚庆、摄影	现有景点
3	董山里	董山里村	民俗观光	现有景点
4	蝴蝶谷	横山西部废弃小矿坑	生态恢复、生态观光、婚庆、摄影、露营	现有提升
5	粉黛湖	横山西部废弃大矿坑	生态恢复、生态观光、婚庆、摄影	现有提升
6	天仙湖	杨山坳水库	生态观光、打卡	现有提升
7	鸳鸯湖	绿林轩生态农庄	生态观光、农家乐	现有提升
8	爱情秘境	护林林场、华富林场	自驾游、打卡、露营	现有提升
9	石臼湖"爱情旅程——相遇"驿站	新农村委会公交车站	打卡、休憩	新建景点
10	石臼湖"爱情旅程——相知"驿站（野风港湿地公园站）	野风港	打卡、休憩	新建景点
11	石臼湖"爱情旅程——相爱"驿站（邂逅石臼站）	徐公村及徐家村以南	打卡、休憩	新建景点
12	石臼湖"爱情旅程——相守"驿站（阅鸿台站）	东湖村南部	打卡、休憩、观鸟、露营	新建景点
13	石臼湖精品民宿	杭村、聂村、长流村	住宿、婚庆摄影	现有提升

资料来源：作者自绘。

（5）红色文化豪情游游线

1）现状解读

就红色文化而言，博望自古以来为战略要冲之地，是新四军战斗过的地方，红色博望风景路位于横山景区最西部，现存有抗日英雄纪念碑。李龙村亦留有革命先烈纪念碑。

新四军抗日烈士费明龙家住小丹阳镇东库村、"横山事件"（1940 年江当溧地区日伪和地方反动势力制造暴乱，称作"横山事件"。后新四军成功突围）以横山为背景，"博望伏击战""南岗反击战"等靠近老 S314 省道附近（横山景区入口），这些新四军历史人物、事件在相关地点缺少纪念碑、纪念牌等，供游客铭记和瞻仰。

2）游线定位

宣传博望新四军抗战光辉历史，建设博望红色记忆旅游路线，红色教育基地。

3）核心功能

红色文化宣传教育：以标志物为载体，人们通过缅怀学习、参观游览革命英雄和战争事件的纪念地，既能体验山林、村落风光，又能铭记革命事迹、传承革命历史、培养革命精神。

4）红色文化豪情游游线规划（图 4.2.2-13、表 4.2.2-5）

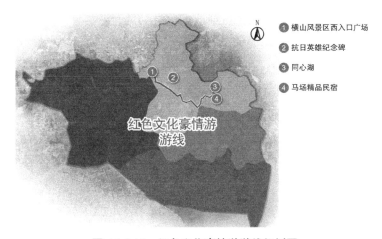

图 4.2.2-13　红色文化豪情游游线规划图

资料来源：作者自绘。

红色文化豪情游游线景点规划表　表 4.2.2-5

序号	景点	位置	功能	进度
1	横山风景区西入口广场	横山风景区西入口	新四军英雄及事件科普	现有提升
2	抗日英雄纪念碑	向阳水库以东	纪念缅怀	现有景点
3	同心湖	迟村水库	红色文化打卡点	现有提升
4	马场精品民宿	马场村	新四军英雄及事件科普	现有提升

资料来源：作者自绘。

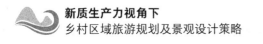

（6）养生文化度假游游线

1）现状解读

"山中宰相"陶弘景年逾八旬进入横山，陶醉山景不想离去，于是建堂读书、栽种树木、挖井引泉、潜心炼丹、自得其乐。横山遂成为黎民百姓与历代高官名士上山观景、游憩修养的主要去处。横山是陶渊明的故里，据《太平府志》及姑孰陶氏有关族谱记载，陶渊明是横山脚下丹阳人，他在诗中多次提及横山的"山泽""田园"，如"井灶有遗处，桑竹残朽株""寒气冒山泽，游云倏无依"等，描绘横山"丹灶灰井""丹灶寒烟"等景致，横山自古以来养生隐居文化底蕴浓厚，但相关高端度假设施欠缺。

除横山外，石臼湖沿岸及各乡村腹地也有开发多空间、多维度养生度假产业的潜力，可以与日光、花卉、水疗等新兴康养方式结合。

2）游线定位

形成山水田村四处可居的度假村群落，打造山间、水间、人间的桃花源地。

3）核心功能

自然养生："峡里谁知有人事，世中遥望空云山。"横山景区山林溪谷生态本底保存完好，丰富负氧离子、优美景色、湿润空气、适宜温度、矿泉水质、珍贵中草药等条件，适宜开展森林氧吧、森林日光浴、竹海漫步、矿泉浴、生态食疗等活动。石臼湖沿线则视野开阔，水天一色，适宜洗涤心灵，运动健身。

文化养生：陶弘景及后人发展的道教养生文化推崇春生夏长，秋收冬藏、道法自然，诗意栖居。佛教文化亦通过禅修等端正身心，去污除垢。可结合澄心寺、石臼湖等精品民宿，开展药膳、耕读、水疗 SPA 等活动。

乡村养身：田园乡村是中国人的心灵故乡，规律的作息、适当的耕作、天然的饮食、收获的满足等都符合现代人对于健康生活的期待。依据不同乡村特有的宗族祭祀、民俗传说、农副产品等，也可打造多样化的养生村落，如马场村的茶饮养生、董山里的樱花养生等。

4）养生文化度假游游线景点规划（图 4.2.2-14、表 4.2.2-6）

4.2.3　旅游产品策划

1. 旅游线路组织

为促进"长三角"、全省域一体化、高质量发展，博望区旅游路线设计在便于马鞍山本地居民日常休闲娱乐的基础上，积极与附近的南京、芜湖、合肥等城市交通相衔接，致力于吸引"长三角"长期稳定客源（表 4.2.3-1、图 4.2.3-1）。

（1）一日精品游

一日精品游涉及六大游线的前五大主题，即横山画廊线路、石臼天镜线路、田园乡村线路、红色教育线路、爱情文化线路（表 4.2.3-2、图 4.2.3-2）；并根据博望本地

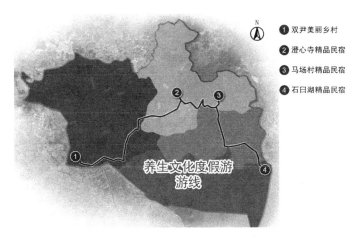

图 4.2.2-14　养生文化度假游游线景点规划图

资料来源：作者自绘。

养生文化度假游游线景点规划表　表 4.2.2-6

序号	景点	功能	进度
1	双尹美丽乡村	赏花、美食养生	现有景点
2	澄心寺精品民宿	游山、道教、佛教文化养生	现有提升
3	马场村精品民宿	茶道、乡村养生	现有提升
4	石臼湖精品民宿	观湖、乡村养生	现有提升

资料来源：作者自绘。

博望周边城市至博望的自驾及公交路线表　表 4.2.3-1

出行方式	出发地	时长	路线
自驾游	马鞍山	约 1h	市区—马向路—S313 省道—博望（北部入口）
			市区—湖东南路—S445 省道—博望（西部入口）
			市区—马向路—018 县道—S445 省道—博望（西部入口）
	芜湖	约 1～1.5h	宁芜高速—当涂、博望出口（下）—新 S314 省道（往东方向）—博望（西部入口）
			北京大道—新马线—062 乡道—山太道—山水大道—S445 省道—博望（西部入口）
			宁芜高速—沪武高速—S126 省道—宁阳街—博望（北部入口）
	南京市区	约 1.5～2h	宁马高速—当涂、博望出口（下）—S445 省道（往东方向）—博望（西部入口）
			宁宣高速—宁丹大道—S126 省道—宁阳街—博望（北部入口）
			宁宣高速—影视大道—G235 国道—明觉路—博望（东部入口）
			沪蓉高速—长深高速—沪武高速—影视大道—G235 国道—明觉路—博望（东部入口）
	南京溧水	1h 以内	金牛北路—平安西路—G235 国道—明觉路—博望（东部入口）
			金牛北路—老何线—S341 省道—博望（东部入口）
	南京高淳	1h 以内	宁高公路—石臼湖特大桥—汤家线—博望（长流村）
公交	马鞍山	约 2h	马鞍山—丹阳—博望（25min 一班），首班 6：00，末班：17：40

资料来源：作者自绘。

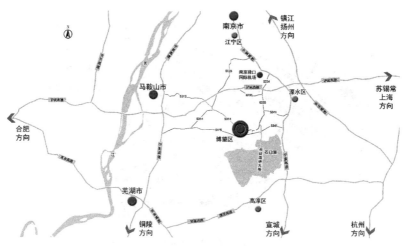

图 4.2.3-1 博望区对外交通线路示意图

资料来源：作者自绘。

一日精品游线路表 表 4.2.3-2

序号	名称	路线
1	横山画廊线路	①游客集散中心——横山风景区牌坊——向阳水库——澄心寺特色民宿群——蝴蝶谷、林间步道、粉黛湖——天仙湖——鸳鸯湖——龙王殿+登山步道入口（休息驿站）——沉珠泉——西林禅院——丁将军庙——爱情秘境——东入口 ②游客集散中心——横山风景区牌坊——向阳水库——澄心寺特色民宿群——蝴蝶谷、林间步道、粉黛湖——天仙湖——鸳鸯湖——龙王殿+登山步道入口（休息驿站）——千亩茶田（白叶一号+丁山水库）——同心湖——马场精品民宿片区——西林禅院——丁将军庙——爱情秘境——东入口
2	石臼湖线路	相遇驿站（新农村委会公交站）——丹阳湖农场——野风港湿地公园——千亩荷塘——邂逅石臼——阅鸿台——石臼湖风情民宿村
3	田园乡村线路	①龙美丽乡村——马场精品民宿——鑫都生态农业——鹤飞园艺 ②双尹美丽乡村——新河美丽乡村——新河草莓园——绿祥葡萄园——叶家桥桃花园——智峰生态园
4	红色教育线路	横山风景区西入口（横山事件遗址）——横山抗日英雄纪念碑——同心湖
5	爱情文化线路	①仙女山——丹阳花谷——董山里——游客集散中心——横山风景区牌坊——澄心寺——蝴蝶谷、林间步道、粉黛湖——天仙湖——鸳鸯湖——西林禅院——爱情秘境——东入口 ②相遇驿站（新农村委会公交站）——相知驿站（丹阳湖农场）——千亩荷塘——相爱驿站（邂逅石臼）——相守驿站（阅鸿台）
6	美食体验线路	薛津老街（谢家馄饨）——新河草莓园——绿祥葡萄园——叶家桥桃花园——智峰生态园——博望老街

资料来源：作者自绘。

的传统特色美食及丰富的农副产品打造了美食体验线路。线路景点布置较为密集，使游客在同一路线上有更为灵活和多样的游玩选择，亦为"重游故地、再玩再新"打下基础。

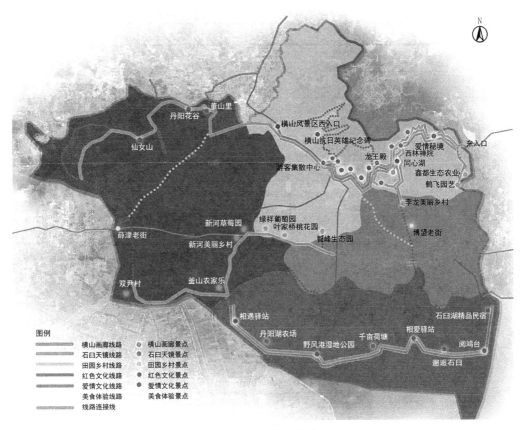

图 4.2.3-2　一日精品游路线图

资料来源：作者自绘。

（2）双日休闲游

双日休闲游为家庭、情侣等群体打造，以山水和爱情为主题（表 4.2.3-3、图 4.2.3-3）。横山画廊和石臼湖是博望最具吸引力的旅游资源聚集地，山水诗意路线涵盖一山一湖核心景点。推荐乡村民宿、高端酒店两种住宿方式，使游客无论向往清新田园茶场还是希望享受舒适精致生活，都能在博望留下美好回忆。爱情民宿线路提供有七仙女传说的董山里和有龙女传说的石臼湖精品民宿作为休憩点。爱情露营线路共配置 5 处露营点，线路上景点相对较少，留出更多时间开展露营活动，可结合篝火晚会、烟火表演、灯光秀等夜间活动营造梦幻露营氛围。

双日休闲游线路表　　　　　　　　表 4.2.3-3

序号	名称	线路	休憩点
1	双日山水诗意游线路	①游客集散中心——横山风景区牌坊——向阳水库——澄心寺——蝴蝶谷、林间步道、粉黛湖——天仙湖——同心湖——马场精品民宿片区或博望老街高端酒店（住宿）——邂逅石臼——千亩荷塘——野风港湿地公园——相遇驿站	马场精品民宿片区或博望老街高端酒店

续表

序号	名称	线路	休憩点
1	双日山水诗意游线路	②东入口——爱情秘境——沉珠泉——西林禅院——同心湖——马场精品民宿片区或博望老街高端酒店（住宿）——邂逅石臼——千亩荷塘——野风港湿地公园——相遇驿站	马场精品民宿片区或博望老街高端酒店
2	双日爱情民宿体验线路	①董山里美丽乡村——丹阳花谷——游客集散中心——横山风景区牌坊——澄心寺——蝴蝶谷、林间步道、粉黛湖——天仙湖——鸳鸯湖——西林禅院——爱情秘境——东入口——石臼湖风情民宿村（住宿）——阅鸿台——邂逅石臼（相爱驿站）——千亩荷塘——相遇驿站	石臼湖风情民宿村
		②薛津老街——仙女山——董山里美丽乡村（住宿）——丹阳花谷——游客集散中心——横山风景区牌坊——澄心寺——蝴蝶谷、林间步道、粉黛湖——天仙湖——鸳鸯湖——西林禅院——爱情秘境——东入口	董山里美丽乡村
3	双日爱情露营体验线路	①薛津老街——仙女山（露营点）——董山里美丽乡村——丹阳花谷	仙女山露营点
		②游客集散中心——向阳水库——澄心寺特色民宿群——蝴蝶谷（露营点）——林间步道、粉黛湖——天仙湖——鸳鸯湖——沉珠泉——西林禅院——爱情秘境（露营点）——东入口	蝴蝶谷露营点、爱情秘境露营点
		③双尹村——釜山农家乐（露营点）——相遇驿站（新农村委会公交站）——相知驿站（丹阳湖农场）——千亩荷塘——相爱驿站（邂逅石臼）——相守驿站（阅鸿台、露营点）——石臼湖风情民宿村	釜山农家乐露营点、相守驿站（阅鸿台、露营点）

资料来源：作者自绘。

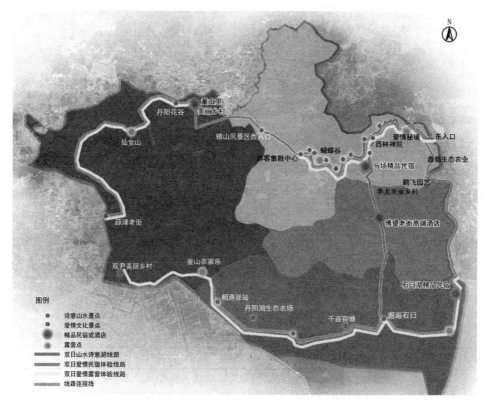

图 4.2.3-3　双日休闲游路线图

资料来源：作者自绘。

（3）三至七日康养游

根据养生康养游自然、文化、乡村的三大功能定位和博望现有的精品民宿项目，以澄心寺、马场村、石臼湖畔杭村、双尹村四地为核心，打造丰富多彩的三至七日康养旅游线路（表 4.2.3-4、图 4.2.3-4）。澄心寺有佛教及陶弘景道教文化，靠近横山登山入口，便于游山悟道、养身养心。马场村附近有白叶一号茶场、沉珠泉直饮山泉，是体验采茶、茶艺等的绝佳去处。田园观湖线路不仅包含了石臼湖畔的核心景点，亦涉及向阳水库、鸳鸯湖等人工水库和自然小湖泊。美食康养路线上既有谢家馄饨、博望老鹅等传统博望美食，又有新河草莓园、邂逅石臼等提供新鲜农场蔬果、河鲜，可结合药膳食疗，实现康养的目的。

三至七日康养游路线表　　　　　　　表 4.2.3-4

序号	名称	线路	休憩点
1	游山悟道康养游线路	①澄心寺——游客集散中心——横山风景西入口（登山道入口）——登山道——太阳宫——登山道——龙王殿+登山步道入口（休息驿站）——澄心寺	澄心寺精品民宿
		②澄心寺——蝴蝶谷、林间步道、粉黛湖——天仙湖——鸳鸯湖——龙王殿——沉珠泉——西林禅院——丁将军庙——爱情秘境——东入口	
		③澄心寺——龙王殿——千亩茶田（白叶一号+丁山水库）——同心湖——马场精品民宿片区——李龙美丽乡村	
2	田园品茶康养游线路	①马场村——千亩茶田（白叶一号+丁山水库）——同心湖——沉珠泉——西林禅院——爱情秘境	马场村精品民宿
		②马场村——龙王殿+登山步道入口（休息驿站）——鸳鸯湖——天仙湖——蝴蝶谷、林间步道、粉黛湖——澄心寺——向阳水库	
		③马场村——李龙美丽乡村——智峰生态园——邂逅石臼——石臼湖大坝	
3	田园观湖康养游线路	①石臼湖民宿——阅鸿台——邂逅石臼（相爱驿站）——千亩荷塘——野风港湿地公园——丹阳湖农场——相遇驿站	石臼湖精品民宿
		②石臼湖民宿——智峰生态园——叶家桥桃花园——绿祥葡萄园——新河草莓园——新河美丽乡村	
		③石臼湖民宿——阅鸿台——邂逅石臼——博望河湿地公园——同心湖——沉珠泉——天仙湖——鸳鸯湖——向阳水库	
4	博望美食康养游线路	①双尹美丽乡村——薛津老街（谢家馄饨）——新河草莓园——绿祥葡萄园——叶家桥桃花园——智峰生态园——博望老街	双尹美丽乡村
		②双尹美丽乡村——薛津老街（谢家馄饨）——丹阳花谷——董山里美丽乡村	
		③双尹美丽乡村——釜山农家乐（露营点）——相遇驿站（新农村委会公交站）——丹阳湖农场——千亩荷塘——邂逅石臼（相爱驿站、公交站）——石臼湖风情民宿村	

资料来源：作者自绘。

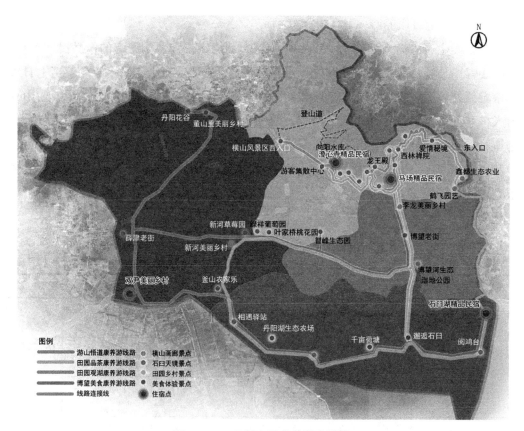

图 4.2.3-4　三至七日康养游路线图

资料来源：作者自绘。

2. 旅游时空拓展

（1）全时间段旅游

1）全天候旅游拓展

2019 年，马鞍山和县林海生态园举办梦幻灯光嘉年华美食灯光节，发展"夜游"新业态。

2021 年，安徽夜间文旅消费宣传推广大会在安徽省马鞍山市举行，以"夜游安徽，迎客天下"为主题，由安徽省文化和旅游厅、马鞍山市人民政府联合主办，旨在宣传推广安徽省十佳"夜游街区"、十佳"夜娱活动"、十佳"夜读空间"、十佳"深夜食堂"等夜间文旅消费游，相继宣传"创客＋文创园"、万达太白金街等夜市街区。

2022 年 7 月 18 日，马鞍山市雨山区采石古镇即长江不夜城项目进入实质性施工阶段。7 月 29 日—10 月 16 日，马鞍山举办首届夜游狂欢季活动，地点为马鞍山当涂县太白镇大青山野生动物世界。

马鞍山"夜游"产业进入上升发展阶段，但现有布局集中在马鞍山西部与中部市区，东部博望区缺乏与之相匹配的夜间文旅消费地。因此，在六大核心游的基础上，设计以下夜游产品，从而点亮夜游经济，促进安徽文化旅游高质量发展。

①夜景观：可结合博望丹阳花谷、蝴蝶谷、天仙湖花海等景点，组织多种主题花海灯光秀。利用水面自然反射，在迟村水库、杨家坳水库、鸳鸯湖等处设计水上灯光秀、水上剧场。

②夜运动：在提升现有场地灯光基础设施，保证道路安全的基础上，可组织夜登横山、共赏日出、寻找萤火虫活动；利用广袤平坦乡村，组织田园荧光夜跑活动、湖泊夜钓等活动。

③夜娱乐：可在房车营地组织篝火晚会；结合"七仙女"等神话传说举办乡村夜剧场；在博望市区设置美食夜市；在董山里、石臼湖风情民宿村等组织"博望记忆"等传统美食集会；结合澄心寺民宿、马场村民宿等研学活动组织亲子夜读。

为避免城市光污染及灯光、噪声等对横山、石臼湖、农田动植物生态的不良影响，应在各类夜游区与生态核心保护区中间设置充足的缓冲区域，必要时采取搭建隔声板或增加绿化林带等防护措施，具体标准参照《LED夜景照明应用技术要求》GB/T 39237—2020、《室外照明设施干扰光影响限制指南》CIE 150：2017等。

2）全季节旅游拓展

横山风景区植物种群丰富，春野花、夏青竹、秋枫林、冬香樟，有鲜明的季相特征。春游博望有丹阳花谷、叶家桥桃花园等提供春花烂漫的背景，又有七夕、三月半等传统节日提供独一无二的民俗体验；博望夏季是山水旅游、避暑消夏的好去处，名刹古迹则带来内心的清凉熨帖；秋游博望，全区各乡村和农业生态园丰收以待；博望的冬季则适宜食疗康养养生、洗涤尘埃、放松身心。全季节皆有景可赏、有食可尝、有文化可体验（表4.2.3-5）。

四季特色风景及活动

表4.2.3-5

季节	特色风景	特色活动
春	横山风景路"野花烂漫"段：爱情秘境、丹阳花谷、叶家桥桃花园、新河草莓园	董山里七夕节节庆、博望新市镇三月半百年庙会
夏	横山风景路"茂林修竹"段：西林禅院、丁将军庙；石臼湖风景路：野风港湿地公园、龙猫草原、千亩荷塘、阅鸿台；马场精品度假村；抗日英雄纪念碑	山林避暑、亲水消暑、探访名刹古迹、重访红色景点
秋	横山风景路"枫林尽染"段：粉黛湖（废弃大矿坑）、天仙湖（杨山坳水库）、同心湖（迟村水库）、鸳鸯湖（横山农家乐）、沉珠泉（取水口）、龙王殿；石臼湖风景路：野风港湿地公园、邂逅石臼、阅鸿台；绿祥葡萄园、鑫都生态农业（山宁村）、智峰生态园、石臼湖精品度假村	赏红叶、品河蟹、湿地宣传、秋收农业农产品体验
冬	横山风景路"冬绿晴阳"段：澄心寺民宿片区、太阳宫雾凇	食疗、养生、观雾凇奇景

资料来源：作者自绘。

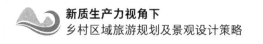
（2）户外旅游产品

为彰显博望独特的原生态资源优势，促进全民健身运动的蓬勃发展，深度融合体育文化和区域旅游，塑造具有博望特色的运动康养旅游品牌，设计了以下户外运动产品：

1）徒步

"横山登顶"活动是博望历史悠久的文化传统，陶弘景、陶渊明、李白、萧云从等诗画大家皆在此登山创作。横山主峰海拔459m，为博望区最高点，相传"如日出坳"，又称"太阳拱"或"太阳宫"，如今修有博望国家天气雷达站，是一处集气象监测、气象科普、防火瞭望、旅游观光等功能为一体的标志性建筑。自太阳宫环视，三十五座山峰连绵环绕，似卧似横，森林溪谷水库，处处胜景。横山徒步登顶路线为：原S314省道博望区林场入口——澄心寺沿环山路——横山石门广场——登山道——太阳宫——登山道——龙王庙驿站，全程2h左右。

设置横山徒步古道、石臼湖大坝慢跑步道、湿地亲水栈道、乡野散步道、古村落文化街、博望马拉松跑道等，与观光、健身、比赛等结合，形成区域慢行绿道系统。

2）自行车

"长三角城市·博望山地自行车越野邀请赛"自2011—2019年已举行九届，参赛国家和人数逐年增长，截至2019年已有5个国家、600余选手参与。该项赛事由安徽省体育局、安徽省文化和旅游局、马鞍山市政府主办，博望区政府、马鞍山市体育局承办。时间为每年5月初及8月末，赛道设置在横山风景区向阳水库、杨家坳水库（天仙湖）等核心景点的崎岖起伏路段、爬坡山道和公路段，全长约8km。比赛除专业山地自行车赛手外，另设有幼儿滑步车大赛。

自行车越野又称小轮车（Bicycle Motocross，BMX），2017年国际奥委会宣布BMX公园赛成为2021年东京奥运会正式比赛项目，预示着自行车越野运动在世界范围内的流行。

博望自行车越野文化已初具雏形，依托于横山独特的天然地势，可扩大比赛宣传力度，形成"横山自行车越野"品牌，在横山及附近度假村开辟更多教学、练习、交流、休憩场所，如不同等级难度的越野赛道、越野公园、自行车租赁站点、自行车修理屋、越野文创游商店等。结合天仙湖、同心湖、马场等地的儿童区域，增添幼儿滑步车练习场地。

组织"环博望自行车赛"等活动，联动石臼湖风景路及各乡村步道，构建区域自行车道路系统与自行车文化。

3.旅游活动策划

博望区旅游活动策划紧扣"520美丽公路""山水诗意，情系博望"等旅游品牌，联动传统的电视、纸媒等宣传平台与新媒体宣传方式，形成全视听的信息宣传网络，填补马鞍山市博望区旅游活动地图现有空白。并利用重要节事活动等活化旅游线路，从时间上统筹各主题游线配套资源，有利于旅游从业者整合输出高质量产品，又有利于自然资源间歇利用、自净恢复。

（1）宣传方式

1）新媒体营销

①旅游资讯门户网站：在地方官网平台增加"山水诗意，情系博望"等主题旅游板块，提供旅游公共服务集散中心、吃喝玩乐旅游专线等电子布局图的下载功能，标注官方微信公众号的二维码链接，联动"一部手机游安徽"等旅游 APP，实现线上线下的对接。

②新媒体平台：充分利用已有的官方公众号，及时公布活动主题、时间、地点、线路等旅游信息；积极开展微信、微博推广传播粉丝互动活动。利用网络知名博主等对博望区举办的活动进行现场直播或拍摄旅行 Vlog，提高博望各景点知名度，吸引游客。

③电子商务平台：积极对接 Airbnb 等国际住宿服务的线上预订网站，联合百度、美团、大众点评等知名团购网站，推出博望旅游景区团购玩法，吸引年轻客群。各农业产业园、特色乡村等可进行线上直播销售，宣传本地优秀特产和风光。

④微电影拍摄：围绕博望区旅游线路与产品，如"浪漫爱情文化游""红色文化豪情游""博望不夜城"等，邀请优秀导演执导博望系列微电影，题材不限，联手优酷、哔哩哔哩等视频网络平台共同出品。

2）传统媒体营销

①电视：选择安徽、南京等重要城市的交通广播和著名生活类电台，组织资深记者对博望区进行采风，传播博望区域旅游产品和旅游活动，重点介绍博望山水和人文资源。

②报纸杂志：投放客源市场的地方报刊和旅游学刊等纸媒，选择文化、旅游、休闲等类型中的著名杂志进行广告宣传，与著名作家、摄影师、文字爱好者、学校等合作，刊发博望区域旅游主题的散文、游记、精美图片，塑造博望区域旅游的权威性。

③广告：利用马鞍山、芜湖、南京等路边广告牌、地铁、高铁、公交、出租车、车体、灯箱、霓虹灯广告牌、LED 看板、户外电视墙等多种形式，实现博望区域旅游形象的最佳营销效果。

（2）重要活动策划

"博望区乡村旅游节"至 2021 年已举办 7 届，时间为每年 3 月或 4 月开始，历时 7 个月左右，以"赏浪漫樱花，品博望美食，享健康生活"为主题，包括浪漫樱花节（丹阳镇百峰村）、寻找七仙女（丹阳镇董山里）、丹阳湖垂钓争霸赛（丹阳生产养殖基地）、博望味道·大厨 PK 赛等活动，是博望区现有规模最大、持续最长的旅游活动（表 4.2.3-6）。

重要活动策划表 表 4.2.3-6

序号	名称	时间段	地点	活动
1	博望农产品展览经销会	9月、10月	博望中部乡村	农产品展览、现场小吃美食制作、文创产品制作、有机农商店销售等
2	"诗情画意，博望山水"写生、摄影活动	3月、4月	横山、石臼湖大坝	写生、摄影
3	"陶弘景"澄心养身节	12月、1月、2月	澄心寺等民宿	徒步、登山、陶弘景讲堂、太极拳教学、水疗、茶艺、美食体验等
4	"5·20"爱情文化旅游节	元宵节、三月初三上巳节、七夕节、网络情人节（5月20日）、西方情人节（2月14日）	横山、石臼湖、董山里等	爱情打卡、寺庙祈福、蜜月度假、服装租赁、婚庆摄影、"5·20"晚会、夜市庙会、线上直播、烟火表演等
5	博望湿地宣传周	11月第一周	野风港湿地公园	科普打卡、学术会议

资料来源：作者自绘。

博望区的重要活动策划是时空上的衍生和补充，一方面将主要活动地点由丹阳往东、南方向扩展到横山景区、石臼湖景区及新市镇；另一方面又弥补了"乡村旅游节"举行时间外的活动欠缺，力图形成"月月有活动，周周有精彩"的博望旅游活动格局，使博望知名度与美誉度进一步提升。根据博望现有旅游资源，策划以下活动：

1）博望农产品展览经销会

马鞍山市农产品展示展销中心位于雨山区，往届农产品展示活动举办地点有丹阳镇百峰村、智峰生态园、刘山村等，未能广泛涉及博望中部的各个乡村及农业产业园。农产品采摘、展示、经销活动可在各核心村落和产业园轮流举行，尤其是精品民宿区域可做室内长期展览。博望香菜、黄金梨、米酒、皖金软籽石榴、猕猴桃、瓜蒌子系列炒货等产品可结合现场小吃美食制作、现场文创产品制作等活动进行宣传与销售。抓住有机农产品等热点，推动高端健康农产品销售。

2）"诗情画意，博望山水"写生、摄影活动

马鞍山是名副其实的中国诗歌之城，现有"李白杯"全国诗歌大赛（国际吟诗节），1989—2022年已举办34届。诗画不分家，一代画祖明末清初著名画家萧云从，作为姑孰画派创始人，亦在横山、当涂山等地留下过作品，收录入《太平山水图》。博望山水形态独具特色，且拥有横山制高点、石臼湖大坝等绝佳观景点，乡村众多，一村一韵，适合组织学生写生及各类书画、摄影、微电影大赛。

3）"陶弘景"澄心养身节

"山中宰相"陶弘景是南朝齐、梁时道教学者、炼丹家、医药学家，年逾八旬进入横山，潜心炼丹、自得其乐，后人多有赋诗提及，如宋代苏轼"归来趁别陶弘景，看挂衣冠神武门。"、明代袁宏道"青山好共陶弘景，歌枕闲听带雪风。"等文人墨客。陶弘景与横山养生文化密不可分。传统康养旅游以中老年群体为主要客源，现在，越来越

多年轻人也关注到养生的重要性。"陶弘景"澄心养身节可以整合联动横山风景路、澄心寺民宿、石臼湖民宿、户外运动、各类天然农副产品、各类食补药膳等，提供陶弘景讲堂、太极拳教学、水疗、茶艺、美食体验等服务。

4）"5·20" 爱情文化旅游节

节日期间可在"爱情文化浪漫游"的各个景点及周边酒店提供更集中和更优惠的爱情打卡、寺庙祈福、蜜月度假、服装租赁、婚庆摄影等服务，并结合线上宣传，举行 "5·20" 晚会、"5·20" 微电影大赛等活动，吸引更多专业人士参与。中国情人节（元宵节、三月初三上巳节、七夕节）、网络情人节（5 月 20 日）、西方情人节（2 月 14 日）亦可分别举行相应的活动，如传统礼乐仪式、夜市庙会、线上直播、烟火表演等。

5）博望湿地宣传周

每年 11 月 6 日为安徽湿地日，安徽现有重要湿地目录记载有 52 处，石臼湖更是中国重要湿地。野风港湿地公园及观鸟点为石臼湖沿岸新建项目，并且除了传统的科教宣讲、分发宣传册等方式，石臼湖博望段的优势在于石臼湖大坝西端有双尹村和釜山农家乐，东端有石臼湖精品度假村（杭村、聂村、长流村），适合短期居住，可提供游客及科研人员居住、专家会议等场所。石臼湖大坝全长 20 多千米，亦可结合沿线驿站举行更多样的科普打卡活动。民宿、运动、网络打卡等结合，将"安徽湿地日"发展为"博望湿地宣传周"。

4.旅游服务设施规划

旅游服务设施是博望建设南京都市圈养生度假胜地、山水人文福地、生态休闲旅游目的地最重要的支撑，是博望区建设区域旅游示范区的主要衡量要素之一。目前博望区的旅游业态不足以支撑全区旅游发展，需要进行转型升级，落实全业态理念。

（1）旅游交通设施规划

1）便捷交通网络构建

加强旅游交通服务与旅游住宿、餐饮、娱乐、购物配套组合，提升沿线景观、串联旅游景区。覆盖区域旅游交通路网体系，实现景区与交通干道、景区与景区、景区与城镇间的自然衔接（图 4.2.3-5），丰富旅游交通方式。

2）自驾游风景路体系规划

依托村庄、景区、山水等丰富的资源，结合当地现有的旅游交通体系，建设自驾车营地、自驾车服务点、汽车租赁点等，满足自助、自驾游客的需求；积极推进汽车租赁行业、汽车服务行业、汽车运输行业等与旅游业的融合，开展自驾车维修保养、汽车租赁等服务。推进自驾车旅游，规划建设两大主题自驾游风景路：田园风情自驾游风景路和古色风韵自驾游风景路（图 4.2.3-6）。

完善自驾服务配套设施，在风景路沿线增设驿站服务体系，在横山风景区、石臼湖、

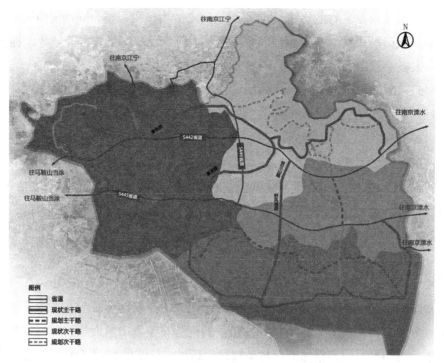

图 4.2.3-5　博望区域旅游交通网络规划图

资料来源：作者自绘。

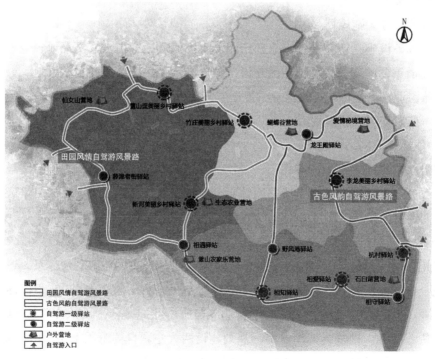

图 4.2.3-6　博望区域旅游自驾游规划图

资料来源：作者自绘。

灵墟山等重点旅游景区及乡村旅游区建设自驾车营地，积极推进自驾旅游发展，丰富旅游产品体系。营造丰富的旅游景观和优质的环境，通过风景路串联景观节点，打造生态旅游廊道。

3）旅游停车场体系规划

旅游停车场体系的建设不仅要考虑当地居民停车需求，还要服务自驾游客的泊车需求。在规划时要充分考虑停车场与重要景区景点之间的关系，营造良好的交通组织秩序。加强停车场系统的智能化管理，促进信息共享、互联互通。

空间上，分两级进行生态停车场建设（图 4.2.3-7）。一是重点旅游景区、景点、交通集散点、驿站等大型旅游项目配套服务设施区域主要集中于博望风景路沿线，规划采用大型旅游停车场与普通小车位相结合的形式，可停放房车、私家车，设置停车场标识指引、分设出入口，引进智慧管理设备并安排专人管理；二是在各次要景观节点、旅游酒店、旅游餐馆、休闲游憩片区、旅游娱乐场所、服务驿站等设施附近设置小型停车场。

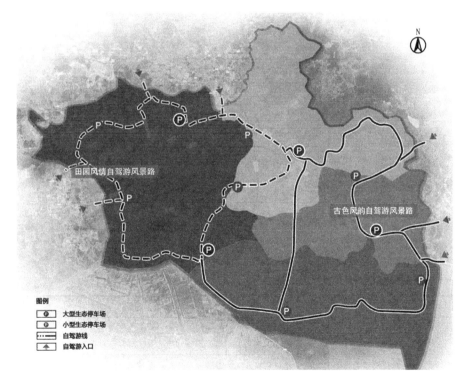

图 4.2.3-7　博望区域旅游停车场规划图

资料来源：作者自绘。

4）绿道体系规划

博望区多山多水，绿道体系是博望区旅游服务设施的重要组成部分，可将博望区的自然山水资源和人文资源串点成线，构建博望区域旅游绿道系统，连接旅游景点、美丽乡村、康养山地、旅游度假区、滨水体验点、老城文化型旅游资源等，完善博望区域旅游体系。依托博望区现有道路网络，组织慢环线，局部新建道路，在博望范围内建立"骑行＋徒步"的绿道系统（图4.2.3-8）。博望区绿道沿风景路、城市主要道路和水系布局，串联山地休闲板块、生态农业板块、文化游赏板块、亲水体验板块，可以划分为美丽乡村骑行道、文化体验骑行道、滨水休闲步道和登山步道（表4.2.3-7）。

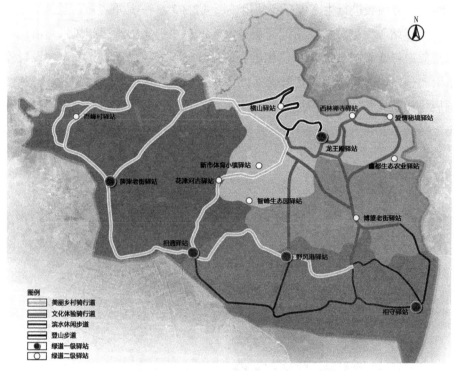

图4.2.3-8 "骑行＋徒步"的绿道系统

资料来源：作者自绘。

博望区绿道体系规划表　　　　　　　　　　　　　　　　　　　　表4.2.3-7

绿道类型	地域范围或依托资源	功能
美丽乡村骑行道	主要位于生态农业板块	基于乡村自然风光展开，是城镇休闲的重要延伸线，是美丽乡村旅游业发展的重要承载物，是乡村与都市旅游客群对接的重要载体
文化体验骑行道	依托博望老街历史文化街区	是对乡村人文资源的大力开发。通过文化体验绿道的建设，打造博望文化会客廊道，传承历史记忆，促进乡村旅游发展，推动美丽乡村建设
滨水休闲步道	依托石臼湖片区的水域资源	是乡村休闲、生态科普、自然研学的重要载体，有利于打造以渔文化为主题的特色滨水绿道，实现水域景观与乡村旅游的联动发展
登山步道	依托横山风景区	登山步道位于山林之间，基于博望山脉资源，沿途自然风光秀丽，促进生态旅游开发。营造原生态徒步氛围，同时还有康体健身的功效

资料来源：作者自绘。

5）旅游驿站体系规划

结合美丽乡村建设现状、特色资源及大型人流聚集点，设置 7 处一级驿站，5 处二级驿站，休息点 9 处（图 4.2.3-9）。一级驿站依托重点美丽乡村，按照 10 ~ 20km 布置，主要为本市市民和游客服务，是展示博望形象的重要窗口。具体功能有餐饮、公共厕所、消防点、给水、排水、供电、照明等。二级驿站结合游乐设施节点，按照 5 ~ 10km 服务半径布置，是一级驿站的补充，由游览服务和管理服务两部分组成，具体功能设施有公共停车场、零售亭、自行车服务区、行人休憩点、公共厕所、治安点等。休息点结合绿道，按照 3 ~ 5km 服务半径布置。

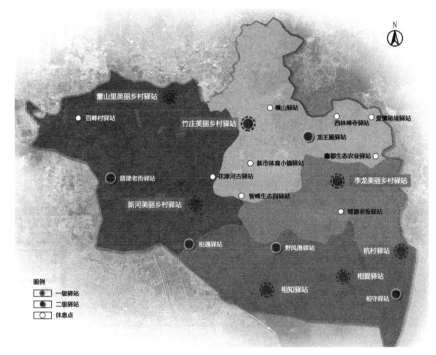

图 4.2.3-9　博望区域旅游驿站规划图

资料来源：作者自绘。

通过旅游驿站的规划布局，供游客途中休憩、交通换乘，提供公共设施服务。驿站结合各风景路的特色，在方便游客使用设施时，能感受到不同风景路的景色，以"点"串"线"，打造系统风景路体系。同时，驿站的设计也能带动当地相关产业，其中的零售功能能够带动当地特产的销售，推动旅游发展。

（2）旅游标识系统规划

迎合自驾游等旅游市场发展趋势，在交通干线主出入口、重要景区景点等处设置展示博望旅游实时信息的电子屏幕，主要体现各个景区游客量、周边交通压力、停车位等信息；重点打造乡村旅游以及自驾营地标识系统，在景区出入口、选取合适位置设置该全区乡村导览牌及自驾营地导览牌，牌面信息应包括交通干线、旅游服务设施、精品乡村、特色农庄、露营地等。

通过设立标准化、个性化的旅游公共服务标识系统，进一步完善博望区旅游交通、公共信息指引和景区导引的便捷和个性服务，包括识别性标识、导向性标识、空间性标识、信息性标识、管理性标识（表 4.2.3-8）。

博望区旅游标识体系规划表   表 4.2.3-8

标识系统类型	功能	图例
识别性标识	又称"定位标识"，用于命名路段主要景点：如天仙湖、蝴蝶谷、同心湖驿站、野风港湿地公园等	
导向性标识	通过标识方向来说明环境，在主要景点、服务站、路口等设置	
空间性标识	通过地图或道路图等工具，描述环境空间构成，放置在景点出入口醒目处	
信息性标识	以文字形式呈现，概述该景点历史等信息，为其进行补充。在有诗词、神话渊源的小节点设置，如杭村、陶公湖、探珠泉等	
管理性标识	以提示法律法规和行政规划为目的，如草坪、树林、水边等的警示牌	

资料来源：作者自绘。

（3）旅游餐饮设施规划

整合博望美食资源，以旅游发展需求为导向，凭借乡土美食、原生态食材、主题文化体验、舒适用餐氛围、高品质美食服务，推出博望小吃、美食节庆、美食街、美食城、美食礼品，打造健康生态、经济实惠、风情特色的旅游餐饮产业，丰富博望餐饮业态。

1）推出特色美食系列

引导餐饮行业开发美食榜，挖掘、改良民间小吃和特色名菜；引入商贸、文创等相关企业，研发时尚化美食产品。遵循"本土化、特色化、精品化"的原则，结合农产品、渔产品、果蔬食材、历史文化，根据不同客群需求推出不同美食系列（图 4.2.3-10），以特色品牌餐饮带动博望区旅游消费。

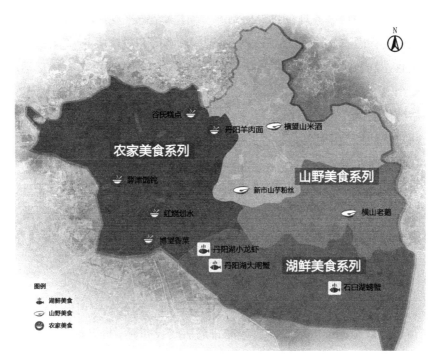

图 4.2.3-10 博望区域旅游餐饮规划图

资料来源：作者自绘。

①湖鲜美食系列

以博望区渔业文化为依托，发挥丹阳湖和石臼湖渔业养殖资源优势，打造以秋蟹、鱼虾、水禽、芡实、茭茹等水产品为特色的湖鲜美食系列，挖掘本土饮食文化，研发湖鲜新菜品，推出湖鲜特色美食盛宴。

②农家美食系列

主要分布于薛津老街和董山里。以皖南文化为地缘，挖掘薛津馄饨等地方老字号小吃，在薛津老街内部打造精品老字号美食一条街；依托董山里乡村饮食文化，打造农家土菜体验街区。以绿色蔬菜、精品果蔬等绿色产品为主题，结合博望区传统饮食制作方法，打造绿色、健康的田园农家美食，激活乡村旅游市场。

③山野美食系列

主要分布于横山风景区和博望老街。以山味和野菜为特色，在横山风景区打造一条山野养生美食街；在博望老街内建设特色美食城，集聚苏皖地区特色美食，使其成为享誉"长三角"的特色美食体验基地。

2）完善餐饮服务制度

鼓励个体餐饮店改造，塑造特色菜系，根据相关部门制定的餐饮示范点标准，将美食店分布在博望区主要景区内，并对入选单位提供优惠政策，通过网络媒体进行宣传，以此推进博望区旅游餐饮行业的高质量发展。

制订博望旅游餐饮服务规范化管理制度、创建食品安全示范，根据不同主题餐厅分别制订相应的管理规范，不定期抽查，依据游客满意度和餐饮服务质量评定信誉等级，重点管理美食主题特色、餐饮文化礼仪、厨师技艺等。通过举办美食评选活动，保障舌尖上的安全。

（4）旅游住宿设施规划

1）旅游住宿设施策略

①多元化发展住宿业态

一是针对知名酒店集团进行专项招商；二是出台支持住宿设施发展的扶持政策，特别要扶持高端酒店入住城区、特色酒店入住博望；三是推动住宿设施与地方文化的融合，打造一批具有地域文化特色的主题文化住宿设施；四是培育主题度假设施的集聚化发展；五是鼓励支持农民用自有住房、闲置民房经营民宿客栈。

②优化住宿接待设施的类型与等级结构

考虑到游客不同层次的消费需求，经过充分调研、评价，规划出不同档次、不同类型的住宿接待设施。发展星级酒店，完善酒店建设指标；提升商务会议酒店品质，加快发展经济型酒店；创新发展一批精品度假酒店、野奢型酒店、主题文化客栈、度假庄园、主题民宿、乡村低碳酒店、露营基地。增加综合服务功能，构建多元化的旅游住宿设施组合突出博望地区特色，吸引众多旅游者。

③引导住宿业态的标准化发展和品质提升

推出针对度假酒店、主题民宿、度假庄园、露营地、乡村客栈等多类业态的标准，以标准培育、引导、规范新型酒店的发展，培育博望特色的高品质酒店服务体系。制定酒店服务标准和规范管理标准，强调个性化服务和质量检测体系，强化日常督导检查，提升酒店宾馆的服务水平和运营管理水平。

2）旅游住宿设施规划

根据博望区旅游产品特点，合理布局区域旅游住宿设施。住宿设施类型以星级酒店、经济型酒店、特色客栈和民居民宿设施为主（表 4.2.3-9）。在住宿设施规划布局上，乡镇重点完善高端酒店和经济型酒店；核心景区引入主题文化酒店、精品度假酒店；村庄结合当地特色文化建设客栈、民宿；依托公路交通与重点景区完善自驾车营地体系构建，依托山林、湖滨等户外地区打造森林型、湖畔型、野奢型帐篷营地（图 4.2.3-11）。

博望区拥有较多传统民居资源，树立"旅居博望"旅游住宿品牌，可以增加游客的停留时间，建设全天候全年度的全时旅游，丰富游客的旅游体验；同时注入旅游住宿业态，形成未来旅游住宿的核心产品，实现住宿品质的提升。

博望区旅游住宿设施规划表   表 4.2.3-9

类型	设施	特点	选址
高端酒店	野奢酒店、商务酒店	轻奢雅致	乡镇重点旅游景区、度假村附近布局
经济型酒店	连锁酒店、便捷酒店	轻松休闲	根据游客需求和旅游发展需要，在村镇范围内合理布局
主题酒店	康养酒店、山地酒店、滨湖酒店	特色新颖	依托景观片区的主题特色而布局
精品民宿	特色民宿、乡村客栈、民宿综合体	品味生活	富有充沛的山水生态资源和人文资源，景观要素多样，区位便捷交通完善之地。如横山风景区、石臼湖片区
户外营地	汽车营地、主题营地	自由野趣	以重点项目选址为主，结合徒步线路、骑行线路、自驾线路、风景路布局

资料来源：作者自绘。

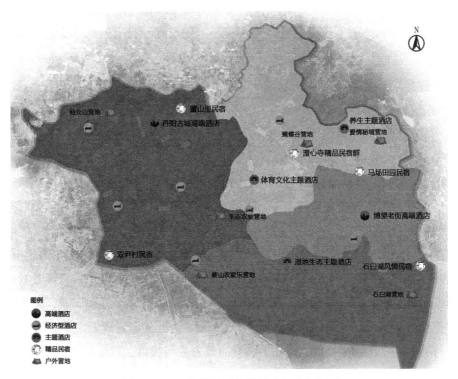

图 4.2.3-11   博望区域旅游住宿设施规划图

资料来源：作者自绘。

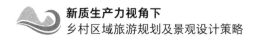
（5）旅游环卫设施规划

《公园设计规范》GB 51192—2016规定：游人使用的厕所男女厕位比例宜为1∶1.5；服务半径不宜超过250m，即间距500m；宜采用有明确标识的分类垃圾箱；垃圾箱设置间隔距离宜在50~100m之间。

1）旅游厕所体系规划

《旅游厕所质量要求与评定》GB/T 18973—2022中规定：旅游厕所质量等级划分为3个等级，由低到高依次为A级、AA级、AAA级。

大力实施旅游厕所提升工程，推进旅游景区"厕所革命"。一方面，优先安排人流量较大的景区厕所按照AA级和AAA级旅游厕所标准新建或改造提升；另一方面，对各景区现有公厕进行提升改造，按照A级厕所标准对内部的坑位、环境进行整改，倡导文明用厕。

完善旅游厕所的运营管理机制，厕所设专人服务，洁具洁净、无污垢、无堵塞。室内整洁、有文化气息，符合国家标准《旅游厕所质量要求与评定》GB/T 18973—2022，尽量不低于AA级。注重设施完备、功能实用、通风良好、清洁卫生。同时兼顾外观，要与周边环境及景区整体设计相协调，实现"一厕一景"。

2）垃圾桶、垃圾收集站规划

采用科学、先进的技术措施和管理手段，合理设置环卫设施，建立与博望区建设相适应的环境卫生管理体系，采用"统一收集、集中处理"的方式，对于垃圾处理要做到分类处理，实现无害化、减量化、资源化，提高综合利用率，保障高品质的环境和景观。

（6）智慧旅游设施规划

1）智慧服务体验

建立智慧旅游体验系统，在游客服务中心、旅游度假区等各大景区景点提供全方面覆盖Wi-Fi，大量推广二维码识别，开发以自助导览为核心的服务体系。

旅游前，网盟系统通过游客搜索的关键词，智能推送旅游活动相关的服务内容。游客可通过官网查询或公众号搜索了解景点，通过手机APP进行在线预订、线路规划、文化旅游主题自驾攻略查询等。

旅游中，游客可通过微信小程序享受智能导览、虚拟体验等一体化的旅游服务。旅游管理指挥平台实时更新景区流量数据动态，将景区拍摄的照片、视频及景点推文上传至平台。游客可通过个性化、移动化的自助导览体系对客流量、搜索热度、美食攻略、住宿、附近厕所等相关信息进行实时查询；对景区位置随时定位，方便了解整个游览行程；还可以随时对旅游服务不满意的地方进行投诉，以便完善智慧服务体系。

旅游后，通过游客在朋友圈、大众点评、小红书等社交平台对景区的体验感受进行点评，以及用旅游APP对企业服务人员的工作能力、服务态度进行意见反馈，完善旅游景区和智慧服务的评价体系。

2）智慧营销管理

①数据监管

在旅游官网和微信公众号上建设景区协同门户系统或者智慧旅游 APP、旅游大数据分析系统。通过大数据精准定位博望区客源市场、游客兴趣点、游客行为习惯，实现博望区旅游大数据精准营销，及时发现并处理游客咨询、投诉、举报、紧急救助，促进博望区智慧旅游水平提升。

②景区监管

建立区域旅游应急指挥平台票务管理系统、景区游客流量监控预警系统、旅游地理信息数据库、旅游安全智能预警系统、旅游动态监管系统，用旅游大数据对博望区进行旅游分析监管。通过健全视频会议系统、项目审批管理系统、景区服务质量控制管理系统、移动办公应用系统，对旅游资源进行统计、完善旅游人员线上培训，从而对旅游项目建设进行管理，逐步实现对博望区域旅游资源和服务的智慧管理。

4.3　乡村景观设计

根据安徽省马鞍山市博望区旅游资源配置，其旅游空间布局为："一环一廊四板块多极点"。通过以点连线、以线串联、以面整合三大阶段，推动区域旅游有序发展。下文在区域旅游总体规划的基础上，选取 5 种典型旅游空间进行详细景观设计，分别是：（1）博望 520 美丽公路景观设计项目实践；（2）马场村村庄景观设计项目实践；（3）澄心寺寺观园林景观设计项目实践；（4）野风港湿地公园景观设计项目实践；（5）博望矿坑公园景观设计项目实践。

博望 520 美丽公路的作用是打通博望区区域尺度上各个旅游目的地之间的贯通性，提高区域的可达性。马场村、澄心寺、野风港湿地公园、矿坑公园分布在博望区的各个板块，乡村景观设计识别和利用这些资源特征，运用不同的设计手法和元素，结合乡村的休闲、娱乐、体验等多元化活动，创造出丰富多样的景观形态，塑造更多元化的景观，合理串联多元的景观节点。

4.3.1　博望 520 美丽公路景观设计项目实践

博望 520 美丽公路景观设计项目串联整个博望片区，以横山、石臼湖为主体，串联山、水、田、林景观，打造看山游水体验乡村农业的风景线，例如环山特色风景路、亲水游步道、特色民宿乡村群等。将现有的自然资源、人文要素分为五大特色区域，分别是：丹阳花谷、横山画廊、田园水乡、石臼天镜、红色博望，并且起到串联其他景观节点的作用。

1. 博望 520·爱情天路：博望一号风景路概念性总体规划

（1）背景解读

1）政策背景

自国家乡村振兴战略实施以来，安徽省发布了多项地方性文件，积极推进乡村建设，乡村旅游精品路线和乡村旅游特色产业集群的提出，大大加速了文旅融合发展。2016 年 8 月，国家发展改革委、国家旅游局印发《全国生态旅游发展规划（2016—2025）》，这是政府文件中首次提出风景路的概念，随后，全国各地兴起风景路建设。2018 年，安徽省与浙江省联合推进的一号风景公路建设即为本次规划开始的契机，风景路的建设大大加速了区域旅游的发展。此外，2018 年初，上海市、浙江省、江苏省、安徽省联合发布《长三角地区一体化发展三年行动计划（2018-2020 年）》，"长三角"一体化发展加速了博望融入南京都市圈。基于上述政策背景，项目坚持以党的十九大、二十大精神为指导，全面贯彻落实创新、协调、绿色、开放、共享的新发展理念，牢固树立"绿水青山就是金山银山"的发展理念，积极融入双循环新发展格局，依托博望山水资源禀赋和历史文化资源优势，以文旅融合、现代乡村产业发展助推乡村全面振兴。

2）项目背景

博望区位于安徽省马鞍山市，地处江苏省和安徽省的交界带，是"长三角"地区的重要门户；规划片区北临南京江宁区，东接南京溧水区，南抵南京高淳区，西达马鞍山市区和当涂县，位于南京都市圈 1 小时范围内，与南京禄口国际机场最近距离仅 12km，有多条主要道路贯穿经过，其优越的经济区位和交通区位奠定了其旅游发展的良好基础（图 4.3.1-1）。博望区周边呈现"北山、东湖、南田、西江"的生态格局，在 1 小时交通等时圈内，其自然、人文景观都十分丰富（图 4.3.1-2），在构成区域整体的优质旅游环境的同时，也对基地内部的旅游资源的联动发展提出了新要求。

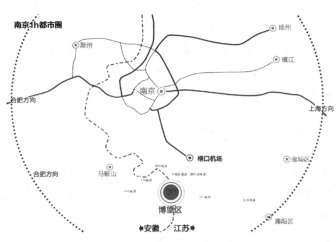

图 4.3.1-1　博望区区位示意图

资料来源：作者自绘。

规划区周边的风景路已有初步发展，各区域之间拥有资源特色各不相同的风景路。如江宁的美丽乡村类风景路"最美 17km"和自然风光类风景路"小川藏线"；溧水的自然风光类风景路"无想山竹海大道"和城市景观类风景路"天生桥大道"等。南京都市圈内风景路之间相互资源互补，各具特色，共同构成了区域之间的线性生态廊道和风景点（图 4.3.1-3）。

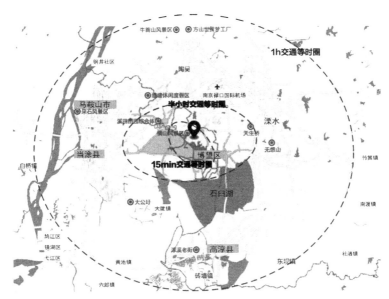

图 4.3.1-2　博望区周边旅游资源示意图

资料来源：作者自绘。

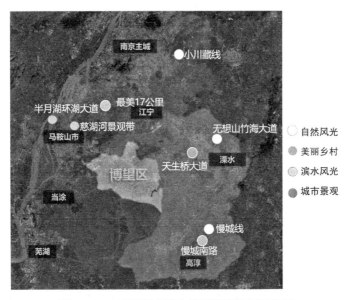

图 4.3.1-3　南京都市圈内景观道路规划对比图

资料来源：作者自绘。

3）上位规划解读

在"长三角"文旅一体化发展的背景下，安徽省着重建设高品质休闲度假旅游区。根据《安徽省国民经济和社会发展第十四个五年规划和2035远景目标纲要》和安徽省《2021年政府工作报告》可知，文旅融合发展是大势所趋，要把文化产业和旅游业培育成为战略性支柱产业。《马鞍山市城市总体规划（2002—2020）》指出要加强博望区旅游与芜湖、南京和合肥的联动发展。《博望区总体规划（2010—2030）》也指出博望区要依托禄口空港经济，环横山周边发展经济林果、苗木花卉、观光休闲农业、空港创意文化产业，环石臼湖发展水产养殖、观光休闲农业、旅游休闲产业。镇级层面上，博望镇以观光旅游、休闲度假、会议展览为旅游发展目标；丹阳镇着重开发董山里村，打造爱情主题旅游规划；新市镇则将旅游发展定位为观光、休闲、度假、美食。

根据《博望区全域旅游专项规划（2019—2035）》，博望区旨在打造为以"诗意山水"为特色的区域休闲旅居目的地，南京都市圈一流的山水人文休闲旅游目的地。其形象定位为山水福缘、诗意博望（山水胜境、田园休闲、天仙故里、道源福地）；产业定位为国民幸福提升的幸福产业、地区经济发展的支柱产业和产业转型升级的动力产业。

（2）前期调研

1）现状分析

设计风景路段覆盖博望全区，南北向高速路、快速路畅通，北直达南京主城区，南抵高淳；东西向省道穿境而过，东接溧水区，西至马鞍山市区；紧靠国际空港，距离南京禄口国际机场仅有26km。该景观路的建成将串联博望山、水、林、田、湖，协调乡村、城镇发展。

风景路周边有李龙村、石臼湖、野风港湿地、迟村水库等自然资源，山水丰富、生态完整，但各自然景观缺乏体系，景观特色不突出。人文资源与自然资源交相辉映，富有地方特色，可利用空间广阔；风景路历史文化、民俗文化、红色文化等文化基因交相生辉，为博望区域旅游提供了丰富的人文要素；博望打铁、博望老街、董山里爱情文化等人文资源也具有极大的文化价值（图4.3.1-4）。

图4.3.1-4 风景路自然与人文资源示意图

资料来源：作者结合网络图片整理绘制。

2）优势与问题分析

基于现状调研可总结场地的优势：文化资源丰富，拥有大量历史文物遗迹、当地特色文化等人文旅游资源。旅游资源丰富，拥有横山、石臼湖、森林公园等多种自然景观，山水资源富集，且已有"天空之镜"等网红打卡地。区位条件得天独厚，有较好的区位以及交通优势，可以吸引南京都市圈周边的客源。

同时，风景路也存在着一些发展劣势：旅游风景线路尚未形成特色，现有旅游风景线开发程度不高，未形成特色线路，需要打造品牌、凸显特色。风景路缺乏整体打造，现有道路视觉景观参差不齐，缺乏完整的景观形态。道路配资源配套服务设施缺乏体系，博望地区各类自然资源、人文资源较为分散，缺乏集聚效应；相应的配套设施不够完善。

3）案例借鉴

通过对现状的解读后查找案例，从南京江宁西部乡村旅游风景路中学习如何充分利用现状资源和如何将风景路与风景点相结合；从美国大沙斯塔铁路小道（GSRT）中学习风景路的规划设计原则及细部设计。

（3）总体规划

1）规划理念及目标

项目从生态理念出发，以山为载体，打造环山特色风景路、山泉取水点、森林氧吧；以水为载体，打造水上游乐项目、亲水游步道、观湖垂钓；以村为载体，打造特色民宿乡村群与乡土特产集市，弘扬乡土文化。项目旨在于打造博望首个特色打造的"道路典型示范段"、博望首个串联片区的"多元观光风景线"、博望首个深度体验的"线型旅游目的地"。

2）规划策略及原则

项目以"近精远借、采藏拙显"为导则，分别采取景区营造策略、产村融合策略、景观提升策略和设施完善策略，在遵循功能性、生态性、艺术性、适宜性原则的基础上，串联景观节点，联通特色乡村形成产业品牌。

3）风景路选线

项目选线方案以风景路串联博望主要景观点、网红点和博望山、水、林、田、湖，协调乡村城镇共同发展（图 4.3.1-5）。博望风景线以横山、石臼湖为主体，串联山、水、田、林景观，打造看山游水体验乡村农业的风景线，并打通内部连接道路，形成通达、美观的风景路系统。依托省道打造风景线连接线，主要以打通博望与外界联系、发挥博望区位优势、加强南京都市圈互动为主要目的，连接南京溧水、南京江宁、马鞍山当涂县等地区，吸引客流、打造博望风景线品牌特色。

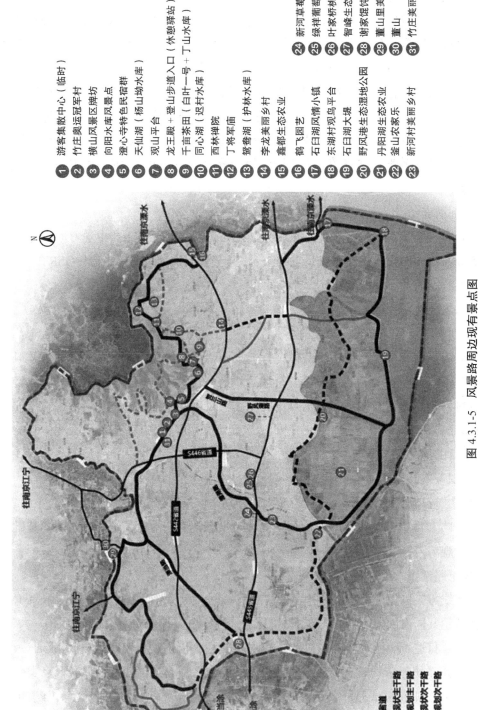

① 游客集散中心（临时）
② 竹庄奥运冠军村
③ 横山风景区牌坊
④ 向阳水库风景点
⑤ 澄心寺特色民宿群
⑥ 天仙湖（杨山坳水库）
⑦ 观山平台
⑧ 龙王殿+登山步道入口（休憩驿站）
⑨ 千亩茶田（白叶一号+丁山水库）
⑩ 同心湖（迟村水库）
⑪ 西林禅院
⑫ 丁将军庙
⑬ 鸳鸯湖（护林水库）
⑭ 李龙美丽乡村
⑮ 鑫都生态农业
⑯ 鹤飞园艺
⑰ 石臼湖风情小镇
⑱ 东湖村观鸟平台
⑲ 石臼湖大堤
⑳ 野凤港生态湿地公园
㉑ 丹阳湖生态农业
㉒ 釜山农家乐
㉓ 新河村美丽乡村
㉔ 新河草莓园
㉕ 绿祥葡萄园
㉖ 叶家桥桃花园
㉗ 智峰生态园
㉘ 谢家馄饨
㉙ 童山里美丽乡村
㉚ 童山
㉛ 竹庄美丽乡村

图 4.3.1-5 风景路周边现有景点图

资料来源：作者自绘。

图例
省道
现状主干路
规划主干路
现状次干路
规划次干路

4）风景路环线分区

项目依托现有的景点，根据道路周边自然资源、人文要素特征打造博望风景的五大 IP，形成各具特色的五大分区（图 4.3.1-6）：

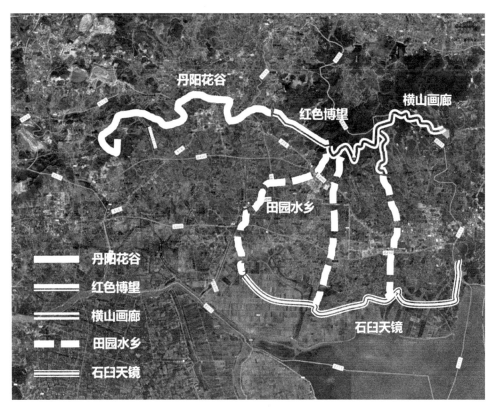

图 4.3.1-6　风景路分区图

资料来源：作者自绘。

丹阳花谷——穿越百峰岭，聆听七仙女的传说，走进一片花香弥漫的东方浪漫之地；

横山画廊——踏上曲折横山路，登高望远，感受山峦更迭、野趣横生的十里画廊；

田园水乡——巡游美丽乡村，体验农家风情，欣赏一张自然与人文相融的田园画卷；

石臼天镜——越过石臼湖大堤，观群鸟飞入天际，在特色民宿中远眺天空之镜的辽阔；

红色博望——寻迹红色文化，缅怀革命先烈，在横山抗日英雄纪念碑下重温百年党史。依据地方特色规划特色景点和网红景点（图 4.3.1-7），结合沿线周边资源形成各具特色的风景片区（图 4.3.1-8）。

（4）分区概念设计

1）丹阳花谷区

丹阳花谷区基于"天仙配"和"浪漫爱情"的主题，以"叶橙色＋粉红色"为主色调，通过植物配置与部分路段的建筑立面改造，形成色彩缤纷的道路景观，打造特

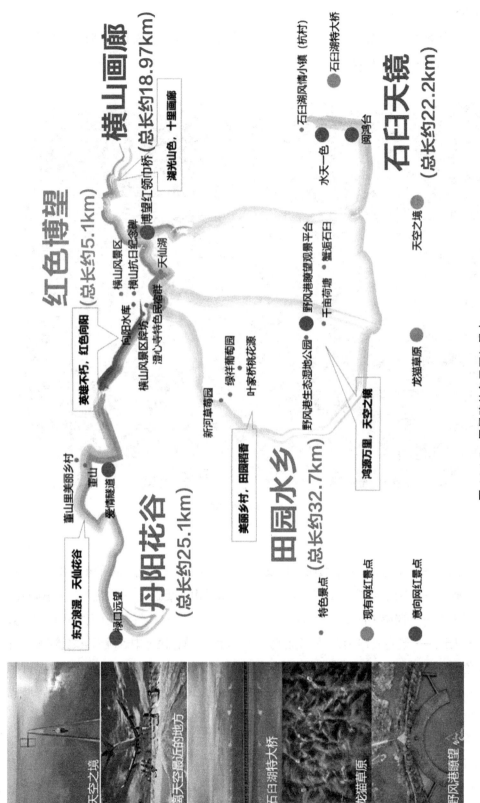

图 4.3.1-7 风景路特色及网红景点

资料来源：作者自绘。

色浪漫道路沿线风景。重点规划路段距离董山、董山里美丽乡村约 500m，是通往美丽乡村的门户路段，拟通过增加植物层次、策划不同季相的景观变化、植入"浪漫"主题景观小品等方式提升景观效果（图 4.3.1-9）。

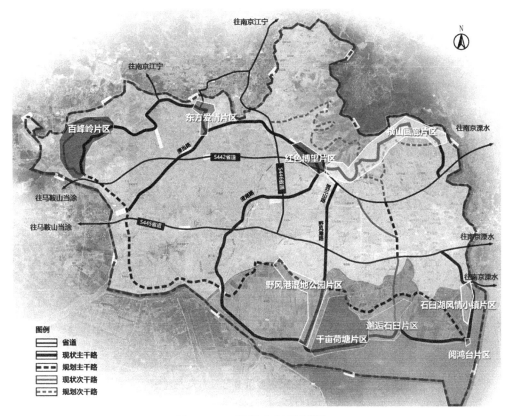

图 4.3.1-8　风景路主要风景片区

资料来源：作者自绘。

图 4.3.1-9　丹阳花谷区重点路段改造意向图

资料来源：作者自绘。

2）田园水乡区

田园水乡区基于现状特征又再分为三大分区：新市田园区为博望主要交通道路，

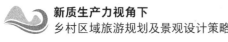

连接 445 省道，承载运输功能，道路基础较好，主要经过新河村美丽乡村和釜山农家乐；风港湿地区为连接横山与石臼湖的重要通道，具有良好的景观要素，包括叶家桥桃花园、绿祥葡萄园、新河草莓园、智峰生态园等生态农场；潮河水乡区为沿高潮河、博望河向南，滨河景观要素明显，主要经过李龙村美丽乡村和博望河农家乐（图 4.3.1-10、图 4.3.1-11）。

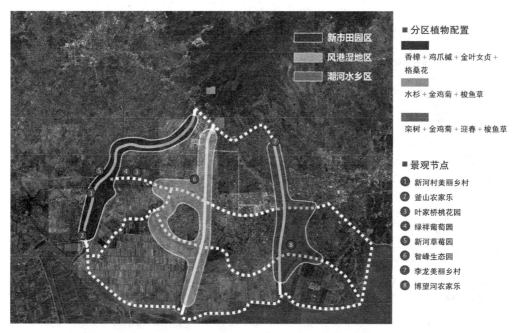

图 4.3.1-10　田园水乡区分区及节点布置图

资料来源：作者自绘。

图 4.3.1-11　田园水乡区改造意向图

资料来源：作者自绘。

3）红色博望区

红色博望区利用场地的自然人文资源，强化红色文化主题，打开道路两侧空间，充分利用现有的路边广场、植被设施和村庄建筑进行景观整合，将红色文化与景观创设进一步结合（图 4.3.1-12）。策划红色之旅——缅怀英雄先烈，向奥运冠军学习活动，充分发挥横山英雄纪念碑红色文化和刘山奥运冠军的资源优势，深入挖掘文化内涵，在风景路中体现红色文化元素，推动红色旅游与当地旅游文化相结合。

图 4.3.1-12　红色博望区改造意向图

资料来源：作者自绘。

4）石臼天镜区

基于沿线的农田、湖体、村庄分布，石臼天镜区又细分为田间野趣区、滨水景观区和风情旅游民宿区（图 4.3.1-13、图 4.3.1-14）。对石臼天镜现有景观进行周围环境、设施优化，增加其观赏可达性，利用优质湖岸滩涂种植形成宫崎骏动漫同款龙猫草原，利用石臼天镜天然湖湾优势与候鸟迁徙景观，打造观赏鸿鹄飞天之处。沿线策划环湖自驾活动，游客在此或驾车缓行，或逍遥漫步，享受湖泊之静谧、道路之川流不息、房屋之色彩缤纷。

图 4.3.1-13　石臼天镜区分区及节点布置图

资料来源：作者自绘。

图 4.3.1-14　石臼天镜区改造意向图

资料来源：作者自绘。

5）横山画廊区

横山画廊区结合实际进行再分区规划（图 4.3.1-15），以"四季"为主题，分别以"樱、竹、枫、柏"为特色，借助自然如画风景，打造横山四季画廊。以"禅意"为主题，建造澄心寺周边的民宿休闲区域。通过植物配置、部分活动安排、道路改造对横山画廊起伏路段进行以"秘境"为主题的探险路设计；滨水路段则进行亲水平台等景观小品设计，增加人与自然的亲近性，打造景观的可进入性（图 4.3.1-16）。

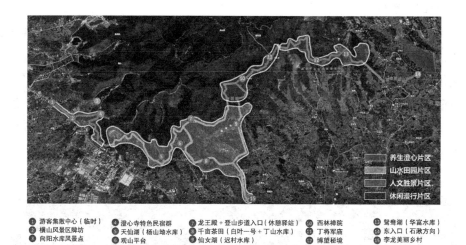

① 游客集散中心（临时）　④ 澄心寺特色民宿群　⑦ 龙王殿＋登山步道入口（休憩驿站）　⑩ 西林禅院　⑬ 鸳鸯湖（华富水库）
② 横山风景区牌坊　　　　⑤ 天仙湖（杨山坳水库）　⑧ 千亩茶田（白叶一号＋丁山水库）　⑪ 丁将军庙　⑭ 东入口（石漱方向）
③ 向阳水库风景点　　　　⑥ 观山平台　　　　　　　⑨ 仙女湖（迟村水库）　　　　　　　⑫ 博望秘境　⑮ 李龙美丽乡村

图 4.3.1-15　横山画廊区分区及节点布置图

资料来源：作者自绘。

图 4.3.1-16　横山画廊区改造意向图

资料来源：作者自绘。

（5）绿色基础设施提升专项

1）基础设施现状分析

项目基础设施现状总体景观形象欠佳，基础设施配套不完善：建筑立面风格不统一且破旧，建议部分保留或改造；公共设施中，休闲驿站缺乏，风景路相关设施缺乏配套，且风格不统一，需要修缮和提升；栏杆、围墙、指示牌等小品用材风格色彩杂乱，需要整治并改造。

2）标识系统设计专项

风景路标识系统以位置醒目、明确景区位置及其方向指示；设计人性化、符合人体工程学尺度；符合相关规范为设计原则，结合风景路山水格局，将天路、横望山、石臼湖等绿水青山元素抽象提取应用于道路 LOGO 上（图 4.3.1-17），线条富有动势，预示景区活力。爱情天路字样利用颜色的变化隐喻天仙配爱情传说和环线对应片区。结合高度与视距的关系确定标识系统的高度，依据功能设计识别性标识、导向性标识、空间性标识、信息性标识及管理性标识（图 4.3.1-18）。

图 4.3.1-17　风景路 LOGO 示意图

资料来源：作者自绘。

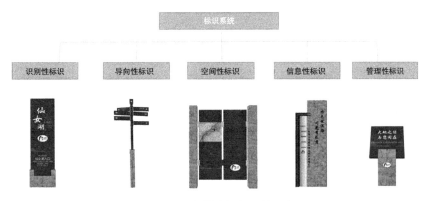

图 4.3.1-18　风景路标识系统示意图

资料来源：作者自绘。

3）驿站系统设计专项

依据相关规范、风景线路及景点分布合理规划驿站的空间布局和等级。本次风景路结合美丽乡村建设现状、特色资源及大型人流聚集点，设置7处一级驿站，5处二级驿站，休息点9处（图4.2.3-8）。通过旅游驿站的设计，为风景路的使用者提供途中休憩、交通换乘等公共设施服务，同时带动当地相关特色产业的发展，为当地居民提供一定的工作机会。

4）建筑环境改造设计专项

对现状建筑环境进行改造（图4.3.1-19）：通过整理环境中要素，塑造使用性强、景观特质融于自然的村庄形象来彰显特色；采用地方乡土元素整治建筑，塑造具有地域文化的整体风貌；完善道路、梳理杆线、优化路灯照明、增加环卫设施、增加公共活动空间；对沿街建筑立面以粉刷为主；对外墙以及门窗进行整治，墙角可用砖石进行铺装，亦可在墙面上采用墙绘等形式进行美化提升；对路旁房脚绿化和沿街围墙进行景观综合提升。

图 4.3.1-19　现状建筑环境改造意向示意图

资料来源：作者自绘。

5）农用地废弃地景观改造设计专项

项目以尊重场地历史，发掘文化内涵；对农用废料、建筑垃圾进行合理收集与处理；创造活动与观赏空间等为改造原则，结合生态环保、空间再生、保留乡愁等改造理念，利用植物废料类、钢铁废料类、石头废料类等多种废弃物品，变废为宝，对农用地、废弃地进行景观改造设计（图4.3.1-20）。

2. 博望520·横山画廊段风景路规划设计

（1）前期调研

该项目规划段位于横山南麓，博望区北部，西起游客集散中心，东至土塘头村，全线约29.6km。博望山体水库景观集聚横山景区，目前形成了以横山地景为品牌特色、水库群水域为烘托的自然文化基底。历史文化、民俗文化、工业文化、红色文化、宗

图 4.3.1-20　农用地废弃地景观改造设计意向图

资料来源：作者根据网络上的意向图整理绘制。

教文化等文化基因交相辉映，为博望区域旅游提供了丰富的人文要素。

项目现有主要景点约 16 处（图 4.3.1-21），山、水、林、田资源丰富，最佳视点多分布在水库与矿坑周边。道路沿线分布有李龙村等民用建筑，澄心寺、龙王殿、西林禅院等宗教建筑，以及水库管理用房、卫生所、污水净化用房等公共建筑。现状植物以香樟、枫杨、松树、茶田等为主（图 4.3.1-22）。项目拥有自然风貌保存完整、现有景点类型丰富、人文资源开发潜力大等优势，但也存在建筑风貌失调亟待更新、基础设施凌乱未成体系、植物群落杂乱急需整理等劣势。

（2）总体设计

横山画廊段作为博望 520 美丽公路 5 大主题之一，旨在整合山水林田打造山水之路、彰显文化底蕴打造诗画之路、弘扬红色精神打造红色之路、传承东方浪漫打造爱情之路、践行乡村振兴打造富民之路，最终形成博望盘旋在山水之间的"横山画廊"和拥有"采菊东篱下，悠然见南山"的山水田园。

项目在现有道路的基础上进行选线（图 4.3.1-23），规划新建连接路、茶园段、起伏路段、爱情秘境至石湫地铁站段，拓宽迟村水库大坝道路。在此选线方案的基础上重新规划主要景点（图 4.3.1-24），划分养生澄心片区、山水田园片区、人文胜景片区、爱情秘境片区、田园乡村片区五大功能分区（图 4.3.1-25），形成观山观水、山水融合的博望特色山水格局。

横山画廊段（约 29.6km）

① 游客集散中心（临时）　⑤ 杨山坳水库　⑨ 迟村水库　⑬ 华富水库
② 横山风景区牌坊　⑥ 横山农家乐　⑩ 西林禅院　⑭ 东入口（石溅方向）
③ 向阳水库风景点　⑦ 龙王殿＋登山步道入口　⑪ 丁烙军庙　⑮ 李龙村
④ 澄心寺　⑧ 千亩茶田　⑫ 游步小道　⑯ 马场

　　　　　　　　　　现状景点
　　　　　　　　　　现状公路

图 4.3.1-21　现有主要景点分布图

资料来源：作者自绘。

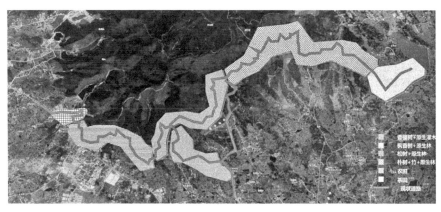

图 4.3.1-22　现状主要植物群落分布图

资料来源：作者自绘。

图 4.3.1-23　选线方案示意图

资料来源：作者自绘。

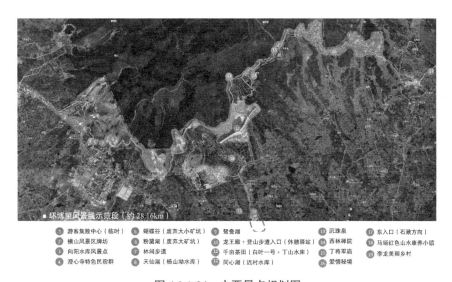

图 4.3.1-24　主要景点规划图

资料来源：作者自绘。

图 4.3.1-25　功能分区示意图

资料来源：作者自绘。

（3）分区设计

1）养心澄心片区

养心澄心片区寓意诗意禅居、养生澄心，起于游客集散中心（临时），止于粉黛湖，全长 4.48km，主要包括游客集散中心（临时），澄心寺片区、蝴蝶谷、粉黛湖四个节点（图 4.3.1-26、图 4.3.1-27）。该区的设计要点主要是对澄心寺（林场职工宿舍）改造，废弃矿坑生态修复并打造网红景点，建设连接蝴蝶谷、粉黛湖两处矿坑的林间道路。

图 4.3.1-26　养生澄心片区标准段效果图

资料来源：作者自绘。

图 4.3.1-27　澄心寺林场职工住房改造后效果图

资料来源：作者自绘。

养生澄心片区道路沿线绿化景观采用香樟（观形）＋金鸡菊（观花）＋雏菊（观花）的配置形式，以周边原有树林为背景，充分利用乡土树种香樟营造冬绿晴阳的景观氛围，运用金鸡菊黄色花蕊强调景观色彩。

2）山水田园片区

山水田园片区以大山大水，展现田园风光，起于天仙湖，止于同心湖，全长5.84km，主要包括天仙湖、龙王殿、同心湖驿站与鸳鸯湖四个节点（图 4.3.1-28 ～图 4.3.1-30）。该区的设计要点主要是对湖体景观改造提升和龙王殿驿站及道路整合。

图 4.3.1-28　山水田园片区标准段效果图

资料来源：作者自绘。

图 4.3.1-29　天仙湖效果图

资料来源：作者自绘。

图 4.3.1-30　同心湖效果图

资料来源：作者自绘。

山水田园片区道路沿线绿化景观采用枫香（观叶）＋高杆姬小菊（观花）＋雏菊（观花）的配置形式，利用场地原有的枫香树种，补植枫香，形成亮丽独特的秋季风景路景观。

3）人文胜景片区

人文胜景片区以人文胜景，彰显文化底蕴，起于沉珠泉，止于丁将军庙，全长1.85km，主要包括沉珠泉、西林禅院、丁将军庙三个节点（图 4.3.1-31）。该区的设计要点主要是对沉珠泉进行景观改造，便于亲水、取水；对西林禅院进行景观改造，增加萦回步道和基础设施；对丁将军庙进行景观改造，设置集散广场。

图 4.3.1-31　丁将军庙效果图

资料来源：作者自绘。

4）爱情秘境片区

爱情秘境片区节点全长约 5.52km，以现有 7 处湖泊为主体，周边原始林带结构为纽带，将其作为整体进行考虑，打造徒步休闲胜地。该区域以原生态为特色，以原生松树林搭配金鸡菊、二月兰等观花地被植物，打造一库一景色的景观风貌。7 个池塘多种植黄菖蒲、鸢尾、矮蒲苇等营造自然湿地景观，并呼应七仙女文化主题，体现博望特色（图 4.3.1-32、图 4.3.1-33）。

图 4.3.1-32　爱情秘境效果图（1）

资料来源：作者自绘。

图 4.3.1-33　爱情秘境效果图（2）

资料来源：作者自绘。

5）田园乡村片区

田园乡村片区主要分为乡村段与茶园段。乡村段穿过村庄，富有农田野趣；茶园段周围是千亩茶园，拥有茶田风光。该片区以田园风光为主题，重点打造千亩茶园景观，营造阔野千里、茶香暗浮的田园乡村（图 4.3.1-34）。

图 4.3.1-34　千亩茶园效果图

资料来源：作者自绘。

田园乡村片区乡村段道路沿线绿化采用四季桂＋金桂（观花、香味）＋农田的配置形式，四季桂、金桂不遮蔽视野，展示开敞的农田视野，桂花暗香浮动，富有农家氛围。茶园段采用栾树（观形、观花）＋蔷薇（观花）＋茶树（观花）的配置形式，道路一边的高大栾树不遮挡视线，为茶树提供所需的遮阴；另一边蔷薇既起到护坡作用，又以繁花点缀茶园。

（4）专项设计

项目在以人为本、适地适树、四季有景、月月有花、持续发展、经济合理原则的基础上，以春夏秋冬四季变换作为植物配置的主题（图 4.3.1-35），春季繁花似锦、夏季茂林修竹、秋季枫林尽染、冬季冬绿晴阳。片植树形较小、分支较多的观赏性树种如合欢、无患子、水杉等；点缀种植紫薇、木槿、乌桕等乔木；合理种植夹竹桃、红叶石楠、迎春等灌木；片植雏菊、二月兰、月见草、结缕草、麦冬等观花地被和草坪地被。

图 4.3.1-35　植物配置主题示意图

资料来源：作者自绘。

遵循上位规划设置导视系统布置，结合现状规划综合服务中心、一级驿站和二级驿站，并在风景路沿线布置自行车停放点、自行车租赁站、自行车修理点、公交车换乘点、生态厕所、停车场、问询处、休闲茶室等一系列服务设施，保证旅游安全和服务品质。

为推进文旅融合深度发展，在道路沿线策划一系列的打卡景点和活动，如在蝴蝶谷以诗词花灯为主题活动，结合七夕美陈、告白装置、诗词展览板、游廊灯会等活动复兴传统文化；在蝴蝶谷以婚纱摄影为主题活动，打造拍摄浪漫婚纱照的绝佳取景地；

在同心湖以情歌之夜为主题活动，通过与本土卫视合作及采用其他主流宣传方式，以情歌 PK 赛的形式带动周边经济的发展；在爱情秘境以蝴蝶恋人为活动主题，借助爱情秘境的悠长步道，沿路进行蝴蝶艺术展，设立打卡点，周边文创产品主打"蝴蝶恋人""至死不渝""成双成对"等概念设计。

4.3.2　博望乡村景观设计项目实践

马场村位于安徽省马鞍山市博望区博望镇东侧，处于博望 520 美丽公路横山画廊段之上，是博望区域旅游格局的核心节点。以横山山水胜景、农耕道法传统、浪漫乡土传说为纽带，将马场村打造成为博望区乡村文化主题旅游示范村，形成集自然风景、文化体验、情侣度假为一体的田园精品村庄综合体。

4.3.2.1　马场村村庄景观设计项目实践

1. 场地解读

（1）区位分析

马场村北临迟村水库，西接丁山水库（图 4.3.2-1），处于博望 520 美丽公路横山画廊段之上，是博望区域旅游格局的核心节点。

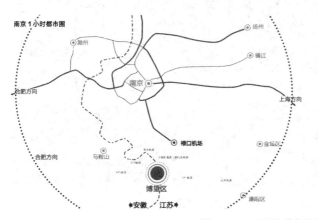

图 4.3.2-1　区位分析图

资料来源：作者自绘。

（2）土地利用

马场村场地四周以及内部以基本农田划定线为主，村庄整体被基本农田控制线划分为三个主要部分，村庄建设用地范围较为破碎（图 4.3.2-2）。

马场村场地内土地属性以农村宅基地、林地、旱地为主（图 4.3.2-3）。其中建筑所占用的土地以宅基地、少量工业用地和特殊用地构成。项目场地中心则是宅基地和旱地为主的空间。

图 4.3.2-2　基本农田范围

资料来源：作者自绘。

图 4.3.2-3　用地属性分析图

资料来源：作者自绘。

（3）现存资源

1）区域内自然资源

博望镇内山水资源存量丰富、类型多样，生态基底保存完整，分布较为集中，南部以圩区湖区为主、北部以山体水库为主（图 4.3.2-4）。横山景区即为山体水库景观集聚之所，目前形成了以横山地文景观为品牌特色，水库群营造的水域为烘托的自然文化基底。

图 4.3.2-4　自然资源分析图

资料来源：作者自绘。

2）区域内人文资源

民俗文化、红色文化、工业文化、宗教文化等文化基因交相辉映，为博望区域旅游提供了丰富的人文要素（图 4.3.2-5）。

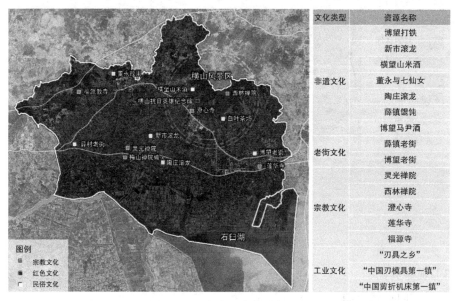

图 4.3.2-5　人文资源分析图

资料来源：作者自绘。

3）场地内农田资源

村庄四周农田环绕，田园景观风貌较好，植物种植类型较为丰富。村庄范围内地势高度由西北向东南递减，村庄西侧广袤的非基本农田片区后期可打造成梯田景观（图 4.3.2-6）。

4）场地内苗圃资源

村庄内外现存大量苗圃，但分布零散且种植植物种类单一，以桂花林为主，另有少量的竹林，茶树间夹杂少量其他苗木，苗木质量较差，人工养护工作未做到位。但基地自然环境良好，发展苗圃经济的潜力较大（图 4.3.2-7）。

5）场地内水系资源

场地内水系中以两个大水面为主，位于场地西侧，毗邻山林，视野开阔景观良好，并通过一条人工水渠连通，其他小水塘零散分布在村庄内外。场地外有一大水库，通过场地西侧水渠与大湖泊连通（图 4.3.2-8）。

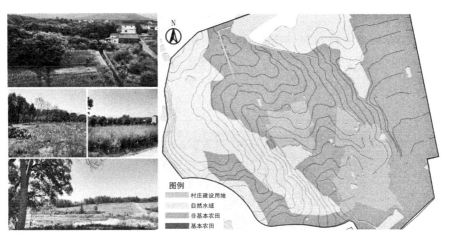

图 4.3.2-6 农田资源分析图

资料来源：作者自绘。

图 4.3.2-7 苗圃资源分析图

资料来源：作者自绘。

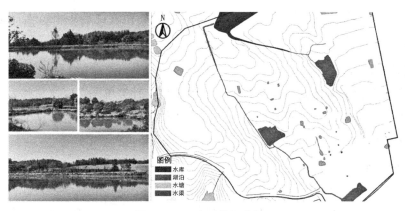

图 4.3.2-8　水系资源分析图

资料来源：作者自绘。

（4）道路交通

村庄内现存一条主路与对外道路衔接。主路宽 3.5m 且设有人行道，次路宽 2m，均可通车。宅间路以人行功能为主，宽度 1～2m。村庄内部无集中停车场，车辆多停在支路或家庭院内（图 4.3.2-9）。

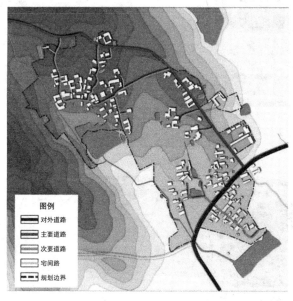

图 4.3.2-9　道路交通分析图

资料来源：作者自绘。

（5）房屋建筑

1）建筑质量

通过对建筑外观、质量、结构的调查，将马场村民居建筑分为五类（图 4.3.2-10）。

一类建筑数量较少，分布在马场九组北侧；二类建筑占多数，分布在马场九组西北侧；三类建筑较少，分布在马场十组南侧；四类建筑占多数；五类建筑占多数，主要分布在马场十组东北侧（图 4.3.2-11）。

2）建筑利用

对其现状居住情况及社会属性进行统计调查，将居住情况分为无人居住、仅春节居住和常年居住三类；常年居住建筑约占 3/4，仅春节居住建筑约占 10%，无人居住的建筑约占 16%。房屋空置率较高，且房屋利用存在候鸟化现象。其中，将常年居住建筑分为数世同堂、老人独居和中青年居住三类，老人独居的最多，超过半数，数世同堂的情况次之，中青年居住的仅有 2 户（图 4.3.2-12）。

图 4.3.2-10　民居建筑分类图

资料来源：作者自绘。

图 4.3.2-11　民居建筑类型分布图

资料来源：作者自绘。

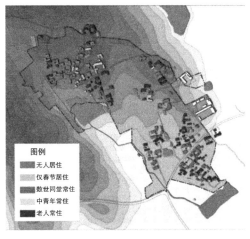

图 4.3.2-12　民居建筑社会属性分类图

资料来源：作者自绘。

3）建筑分布

从建筑总体分布情况来看，布局疏密有致且闲置用地存量较多。从建筑个体来看，宗教建筑保存完好，民居建筑风格形式多样（图 4.3.2-13）。

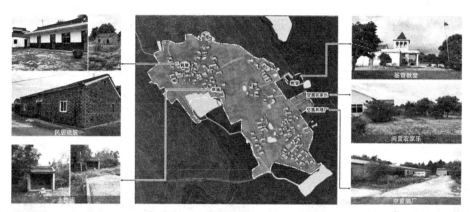

图 4.3.2-13　各类型建筑现状分布图

资料来源：作者自绘。

（6）景观风貌

1）整体格局

场地内形成水、林、田、居景观格局，但各项景观资源较为散落，没有串联成体系。

2）公共空间景观

从整体空间来看，公共空间干净整洁，空间开敞。内部环境多以水泥铺地为主，但局部软质空间土壤裸露，景观状态不佳。公共空间之间缺少景观节点串联，没有突出生态、文化基底，总体缺乏村庄特色的营建（图 4.3.2-14）。

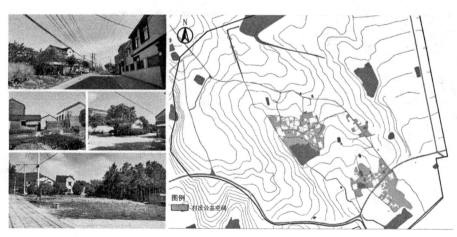

图 4.3.2-14　公共空间景观现状分析图

资料来源：作者自绘。

3）庭院景观

庭院整体质量较好，但风格不统一，新老建筑共同围合建筑庭院，在色彩、形制上缺乏协调统一。庭院空间闲置存量用地较多，功能单一，缺乏复合空间的利用（图4.3.2-15）。

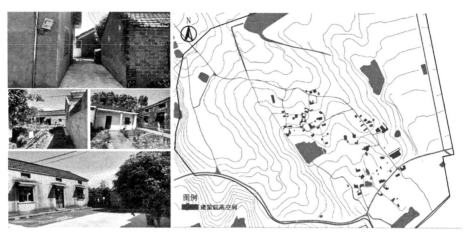

图 4.3.2-15　庭院景观现状分析图

资料来源：作者自绘。

（7）现状分析总结

场地优势在于：

1）属于传统优势的农业区，地貌类型丰富，自然禀赋优势，农业发达，特色显现。

2）生态较好，背靠横山，水库环绕；依托山水资源的旅游优势潜力较大。

3）基地资源类型丰富，既有山、水、林、田、湖等自然景观，也有寺庙、传统民居等人文景观。

但场地的劣势在于：

1）村庄景观环境系统较弱，村庄内部环境多以混凝土铺地为主，绿化不足；核心景观缺乏串联。

2）现状交通通达性较差，外部交通联系较少，内部道路通达性不足，缺乏必要的停车设施。

3）建筑整体风貌协调性差，公共空间联系性差，缺少景观节点串联。

2. 概念构思

（1）规划定位

依托青山秀水、松涛梯田等资源基底，以横山山水胜景、农耕道法传统、浪漫乡土传说为纽带，设计团队旨在将马场村打造成为博望区乡村文化主题旅游示范村，形成集自然风景、文化体验、情侣度假为一体的田园精品村庄综合体。

（2）发展策略

为落实上述规划定位，打造"大美马场·浪漫之乡"的品牌形象，将从以下三个角度进行具体的策略规划：

1）千年民俗凝博望印象。博望区文化资源丰富，并拥有一批具有鲜明地方特色和较高历史、文化价值的非遗项目，为博望提供了优秀的旅游要素。因此，从文化打造的角度出发，深入挖掘博望地区的历史资源和文化景点内涵，通过对历史文化特色的传承与再创新，梳理与彰显民俗文化特色要素，打造"博望印象"的展示之窗。并将民俗文化要素融于村庄多尺度的空间营造，通过展示、体验、休闲等功能空间的植入，丰富、强化观赏者的文化体验感，以多元化、渗透式方法营造的"博望印象"的探索之路。

2）爱情天路营浪漫之乡。场地本底景观环境较好，且属于"横山520美丽公路规划爱情天路段"，流传着董永和七仙女的浪漫传说。因此，从主题打造的角度出发，以浪漫为村庄旅游主题，提取并表达美丽浪漫传说和浪漫产业内涵，提升村庄旅游的吸引力。推动浪漫主题度假发展，引入休闲娱乐设施和民宿设施，策划求婚纪念等爱情活动，打造区域性浪漫之乡。

3）十里横山绘诗意画廊。借力横山风景区自然景观优势，结合周边的迟村水库、丁山水库、林地田地等生态资源，构建诗意画廊主题意象。通过博望520爱情天路串联博望区域旅游资源，打造旅游生态旅游带上的特色乡村驿站，突出村庄与山水相融的生态格局。

（3）设计愿景

挖掘博望历史文化特色，打造"博望印象"的展示之窗，融民俗于村庄多尺度空间营造，以渗透式方法营造"博望印象"。

提取美丽浪漫传说和浪漫产业内涵，推动浪漫主题度假，策划求婚纪念等爱情活动，打造区域性浪漫之乡。

依托横山风景区自然景观，构建诗意画廊主题意向，通过博望520爱情天路，打造生态旅游带上的特色乡村驿站。

（4）概念主题

衔接发展策略，紧扣设计愿景，场地以"民俗、浪漫、田园"为关键词进行主题营造，农耕文化创"民俗之乡"，爱情天路营"浪漫之乡"，松涛桂香造"生态之乡"。

（5）小结

基于以上构思，期望能够实现文旅发展及环境整治的综合提升，根据三大主题完善游、观、品体验，成为一处以景为胜、以浪漫游为特色的田园精品村庄综合体。

3.总体设计

（1）功能分区

本项目，针对马场村的自然现状以及上位规划要求，将整个村庄区域分为五大功能区：万亩松涛、浪漫之乡、博望印象、生态农业和田园归心。其中以浪漫之乡、博望印象、生态农业、田园归心为重要景观打造区（图 4.3.2-16）。

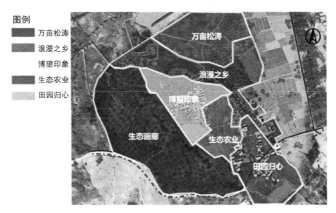

图 4.3.2-16　功能分区分析图

资料来源：作者自绘。

（2）总平面设计

场地重点设计四大片区，考虑游客和村民两者的需求，内向型空间重点布置邻里广场、村民活动中心、村民活动舞台等。外向型服务空间重点布置博望印象体验馆、乡居民宿、马场游客服务中心等。结合当地文化、景观风貌特色，另布置了鹊桥观景、闻啼观稻浪、十里桂花等景观节点（图 4.3.2-17、图 4.3.2-18）。景观设计总面积共 29.25hm^2，农田占地面积约 11.80hm^2，苗圃占地面积为 3.13hm^2，水域占地面积约为 1.20hm^2。

图 4.3.2-17　总平面图

资料来源：作者自绘。

图 4.3.2-18 总体鸟瞰图

资料来源：作者自绘。

（3）景观轴线分析图

本项目景观设计以浪漫传说体验带为中心景观轴，带动核心景观片区文创街市，同时辐射所途径的功能片区。并且以田园风景体验带带动周边，例如千亩茶叶、万亩松涛等农业景观片区（图4.3.2-19）。

图 4.3.2-19 景观轴线分析图

资料来源：作者自绘。

（4）动线分析图

本项目的动线划分同时考虑日常村民日常行为习惯以及未来游客消费习惯，因此以步行 25min 忍耐度为时间界限，进行停车场布局，并通过布置休憩设施的方式将项目场地分散的景观节点整合于步行舒适圈内（图 4.3.2-20）。

图 4.3.2-20　动线分析图

资料来源：作者自绘。

（5）集散场地分析图

本项目以田园精品村庄为目的进行景观规划设计，功能植入复杂多样。因此需依据应急救灾、消费安全等规范的要求，进行疏散场地的规划布局设置。同时综合考虑场地的平灾结合使用功能，最大化利用乡村内部场所（图 4.3.2-21）。

4. 分区节点设计

本设计针对"田园归心""浪漫之乡""博望印象""生态农业"四大片区进行重点景观节点打造。

（1）田园归心

该片区以"乡土气息，宜居生活"为主题，重点在于改善基础设施和公共空间品质，塑造乡村文化氛围。场地依托村民活动中心及乡村舞台，创新农村公共文化服务，广泛开展农村群众性精神文明创建活动，提倡新风尚，发展新文化。注重对现状村居立面材质、门窗、院落等进行统一布置，打造一批精品范例（图 4.3.2-22）。

图 4.3.2-21　集散场地分析图

资料来源：作者自绘。

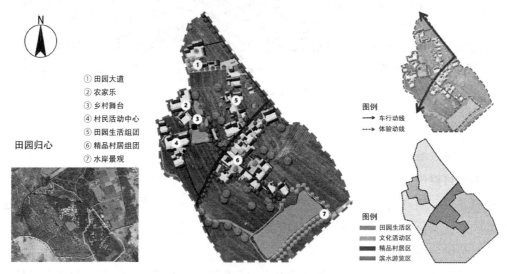

田园归心

① 田园大道
② 农家乐
③ 乡村舞台
④ 村民活动中心
⑤ 田园生活组团
⑥ 精品村居组团
⑦ 水岸景观

图例
→ 车行动线
--→ 体验动线

图例
田园生活区
文化活动区
精品村居区
滨水游览区

图 4.3.2-22　田园归心片区平面设计图

资料来源：作者自绘。

1）入口展示

根据现场地特点，做好导视服务工作，在马场村的三岔路入口处设计入口展示片区，通过村标、特色植物组团、景墙等营造具有记忆点的标志性入口节点（图 4.3.2-23、图 4.3.2-24）。

分区平面索引

① 笼石景墙
② 特色植物组团
③ 入口精神堡垒（一期）
④ 滨水步道
⑤ 特色导视系统

图 4.3.2-23　入口展示平面图

资料来源：作者自绘。

图 4.3.2-24　入口展示效果图

资料来源：作者自绘。

2）村民活动中心

村民活动中心属于内向型服务空间，应选择可达性较强的场所，因此在场地西部主要道路的北侧选取了一处建筑改造成为村民活动中心，为村民提供活动娱乐场所（图 4.3.2-25、图 4.3.2-26）。

分区平面索引

① 村民活动中心
② 屋前集散场地
③ 田野小径
④ 生态湖泊
⑤ 村民大舞台

图 4.3.2-25　村民活动中心平面图

资料来源: 作者自绘。

图 4.3.2-26　村民活动中心效果图

资料来源: 作者自绘。

3）田园生活组团

此处景观节点现状建筑密度较大，同时缺少一定的公共活动空间，因此考虑将场地内部利用率低的灰空间改为公共活动空间，提高空间开敞程度（图 4.3.2-27、图 4.3.2-28）。

分区平面索引

① 休闲廊架
② 邻里广场
③ 宅间自留地
④ 特色导视系统
⑤ 环湖步道

图 4.3.2-27　田园生活组团平面图

资料来源：作者自绘。

图 4.3.2-28　田园生活组团效果图

资料来源：作者自绘。

（2）浪漫之乡

该片区以"循迹浪漫传说，体验浪漫氛围"为主题，创建"浪漫＋"多元游览体验，并通过对道路、小品、建筑、植被的样式和风格进行统一引导，烘托浪漫氛围。具体措施包括提取原有村庄空间肌理和建筑风貌，新增浪漫文化主题相关的商业设施，建立游、食、购等多元体验的浪漫文化之旅（图 4.3.2-29）。

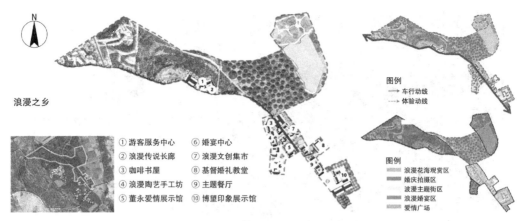

图 4.3.2-29　浪漫之乡片区平面设计图

资料来源：作者自绘。

1）浪漫主题街区

该区域现状两侧为民居用房和自留地，地形较为平坦，但存在房屋搭建混乱、杂物堆放的现象，期望通过空间梳理和景观提升提高其美观度和利用率。紧扣浪漫主题，布局了咖啡书屋、浪漫陶艺手工坊、董永爱情展示馆、婚宴中心等体验项目（图 4.3.2-30、图 4.3.2-31）。

分区平面索引

① 咖啡书屋
② 浪漫陶艺手工坊
③ 董永爱情展示馆
④ 婚宴中心
⑤ 浪漫文创集市
⑥ 基督婚礼教堂
⑦ 主题餐厅
⑧ 博望印象展示馆

图 4.3.2-30　浪漫主题街区平面图

资料来源：作者自绘。

图 4.3.2-31　浪漫主题街区效果图

资料来源：作者自绘。

2）游客服务中心

游客服务中心现状为两栋紧挨着的民房。为满足游客使用需求，考虑整个场地的流线完整性和连贯性，在路侧打造游客服务中心，设置生态树荫停车场、集散广场、游客服务建筑等，完善节点功能（图 4.3.2-32、图 4.3.2-33）。

分区平面索引

① 生态树荫停车场
② 集散广场
③ 游客服务建筑
④ 檫树中庭
⑤ 静水平台
⑥ 特色导视牌

图 4.3.2-32　游客服务中心平面图

资料来源：作者自绘。

图 4.3.2-33　游客服务中心效果图

资料来源：作者自绘。

3）闻啼观稻浪

闻啼观稻浪现状两侧为村民自行开荒的农地，此处生态环境优越，近可听虫鸣鸟啼，中可看稻浪滚滚，远可观横山起伏。因此以打造大地景观为主，适当配以休憩场地（图 4.3.2-34、图 4.3.2-35）。

分区平面索引

① 特色青砖景墙
② 农田大地景观
③ 观稻长廊
④ 栾树中庭
⑤ 闻鸟广场
⑥ 特色树池

图 4.3.2-34　闻啼观稻浪平面图

资料来源：作者自绘。

图 4.3.2-35　闻啼观稻浪效果图

资料来源：作者自绘。

（3）博望印象

博望印象片区以"品鉴民俗，感受乡情"为主题，将博望民俗元素融入建筑空间、公共空间、活动主题营造中，以民俗风情和农耕文化作为空间内涵进行特色表达与展示。主要措施包括改造升级现有民居，营造高品质田园主题居住设施；通过植入博望民间食坊等业态，为住宿人群提供地方特色美食产品，体现民俗文化中的乡味情（图 4.3.2-36）。

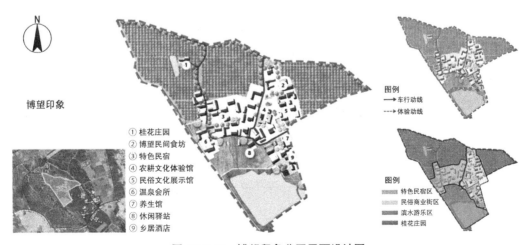

博望印象

① 桂花庄园
② 博望民间食坊
③ 特色民宿
④ 农耕文化体验馆
⑤ 民俗文化展示馆
⑥ 温泉会所
⑦ 养生馆
⑧ 休闲驿站
⑨ 乡居酒店

图例
→ 车行动线
--→ 体验动线

图例
特色民宿区
民俗商业街区
滨水游乐区
桂花庄园

图 4.3.2-36　博望印象分区平面设计图

资料来源：作者自绘。

1）室外活动健身中心

室外活动健身中心现状为村庄杂物丢放处，较为混乱且对村容村貌有着较大的破坏，因此将此处场地进行整理，打造为村民室外活动场所（图 4.3.2-37、图 4.3.2-38）。

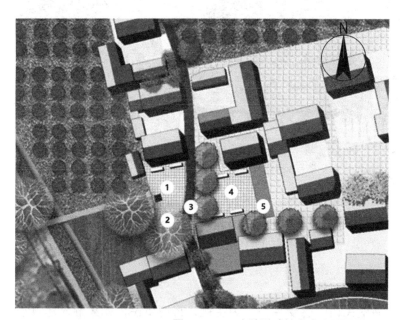

分区平面索引

① 休憩座椅
② 休闲广场
③ 村间小道
④ 特色导视牌
⑤ 健身活动场地

图 4.3.2-37　室外活动健身中心平面图

资料来源：作者自绘。

图 4.3.2-38　室外活动健身中心效果图

资料来源：作者自绘。

2）古树平台

古树平台现状拥有三棵冠幅巨大的树木，可推测其生长年限应较为久远，需重点保护。因此围绕此处的香樟、榔榆，打造供村民游客坐观农田大地景观的休憩场所（图 4.3.2-39、图 4.3.2-40）。

分区平面索引

① 多野小径
② 古树组团
③ 休憩座椅
④ 亲水静心亭
⑤ 特色文创商店

图 4.3.2-39　古树平台平面图

资料来源：作者自绘。

图 4.3.2-40　古树平台效果图

资料来源：作者自绘。

3）渠水平台

渠水平台位于泄洪水渠左侧，与千亩茶园相接，现作为乡野小径的休憩场所而布置于田野当中，体现农家野趣（图4.3.2-41、图4.3.2-42）。

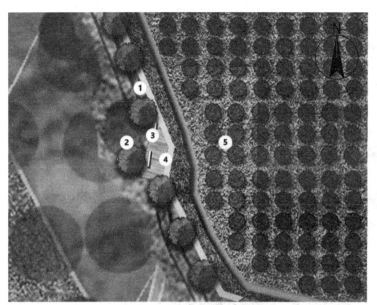

分区平面索引

① 乡野小径
② 林阴平台
③ 休憩座椅
④ 乡野小径
⑤ 村庄苗圃

图4.3.2-41　渠水平台平面图

资料来源：作者自绘。

图4.3.2-42　渠水平台效果图

资料来源：作者自绘。

（4）生态农业

该片区以"农耕文脉，多元生态"为主题，以创建高标准农业生产体系，构建多元价值的田园景观为目标，对基本农田进行综合整治，形成规模化的农业生产片区和多元化的农业景观，利用生态步道的植入提升农业风光的可观赏性，引入田园写生、婚纱摄影、农业知识科普等多项旅游服务功能（图 4.3.2-43）。

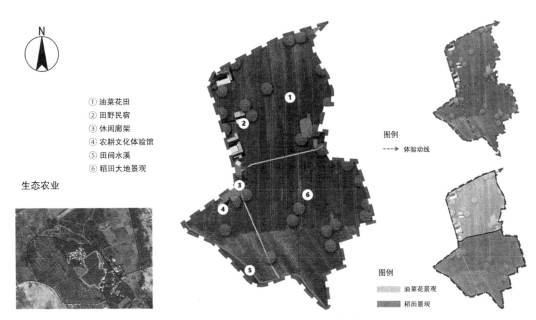

图 4.3.2-43　生态农业分区平面设计图

资料来源：作者自绘。

农活体验区为本项目村庄主体与农田池塘的交汇处，西侧为本项目的核心池塘、南侧则为打造的稻田大地景观。因此作为观景重要节点与两侧景观的连接点，适当布置休闲服务设施、休憩廊架等以满足使用需求（图 4.3.2-44、图 4.3.2-45）。

5. 景观专项设计

（1）植物专项

结合设计主题，确定"乡土、浪漫、诗意"的植物氛围，提出以下四点种植策略：第一，选用当地乡土植物，利用自然种植手法进行设计，充分体现乡土气息的同时提升景观效果；第二，选择种植的植物蕴含丰富的文化意境，与整个空间的浪漫主题相互契合；第三，以现状种植植物为主，与村民种植的乔灌木进行交易购得，减少额外支出；第四，常绿植物与落叶植物搭配，夏天有树乘凉，冬天树叶掉落又为阳光照射留出了空间，同时考虑植物叶片的色相组合，营造色彩丰富的景观视觉。

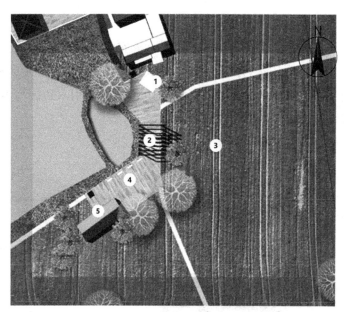

图 4.3.2-44　农活体验区平面图

资料来源：作者自绘。

分区平面索引

① 休憩廊架
② 耐候钢景架
③ 农田大地景观
④ 亲水平台
⑤ 休闲服务设施

图 4.3.2-45　农活体验区效果图

资料来源：作者自绘。

　　本项目植物系统布局以场地现状植物为主要选择对象，并通过成片区的植物基调确定整体景观氛围（图 4.3.2-46、图 4.3.2-47）。再通过对场地细节的精细化配置，突出马场村的浪漫田野主题基调。

　　建议场地中配种的植物种类包括油菜花、桂花、石楠树、红枫、松树、茶田、香樟、白玉兰、垂丝海棠、樱花、南天竹、杜鹃、格桑花等（图 4.3.2-48）。

图 4.3.2-46　植物系统配置策略图

资料来源：作者自绘。

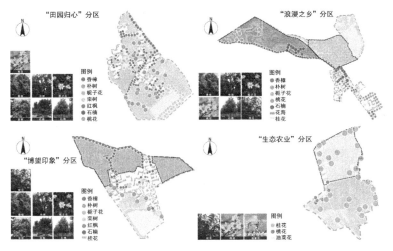

图 4.3.2-47　分区植物配置图

资料来源：作者自绘。

图 4.3.2-48　植物种类选择

资料来源：作者自绘。

（2）建筑专项

本设计在尊重现状建筑质量、风貌和适用
情况的基础上，从适应新植功能、重塑整体风
貌、拆除破败危房、提升外部环境的角度出发，
坚持微介入的方式，使用如竹竿、毛石等地方
乡土材料进行建造，尊重原有的环境和肌理，
融入现有的乡村环境与生活中（图4.3.2-49 ~
图4.3.2-51）。

图 4.3.2-49　建筑改造效果图（1）
资料来源：作者自绘。

图 4.3.2-50　建筑改造效果图（2）
资料来源：作者自绘。

图 4.3.2-51　建筑改造效果图（3）
资料来源：作者自绘。

1）建筑改造类型及数量

本规划共改造建筑230间。包括外观改造、结构改造、拆除建筑、新建建筑四类。
其中，外观改造（外观立面装饰）约98间，结构改造（建筑尺度、形式局部调整）约
72间，拆除（原建筑拆除）约60间，新建建筑约85间（图4.3.2-52）。其中，公共服
务性建筑5处，包括新建和改造两种类型。

2）建筑外观改造建议

本次外观改造对墙体色彩、屋顶色彩、建筑材料给出了建议。墙体以白色或者浅
灰色系为主调，局部使用暖色系作为点缀，建筑檐口采用深灰色系形成搭配；屋顶以
深灰色或者深蓝色色系为主调，局部使用玻璃材质作为天井，突出徽派建筑特色；建
筑材料主要采用就地可取的砖、瓦、木材、石材等，保留建筑的乡土性和适地性，但
需在色彩、表面处理等与主要建筑协调，并考虑立面材质对游客等使用者的感知体验。
禁止大面积使用高彩度玻璃以及高光感材料作为墙体或屋顶。

3）建筑拆除改造建议

为确保结构的安全稳定，从两个层面对建筑进行拆除改造策略研究。首先，针对
具有马场乡村特色的青砖、土墙建筑进行保护以及改造，使用现有技术保障其结构的
稳定和功能的合理。其次，针对违法乱建的建筑以拆除为主要手段进行改造。为保证

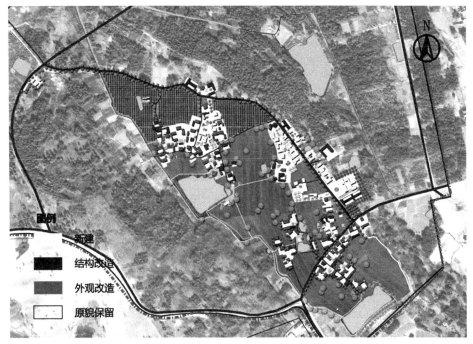

图 4.3.2-52　建筑改造策略图

资料来源：作者自绘。

马场田园精品村的景观完整性、自然性，以及村庄整体天际线与横山的呼应效果，要求村庄内部不得出现高于 16.5m（三层）的民居建筑。建筑可以在适当合理的情况下增加特色构建，但需符合新徽派建筑风格。

4）新建建筑材料建议

场地中新建建筑应充分利用场地现有材料，构建低成本乡村建筑。建筑风格以粉墙灰瓦的新徽派建筑风格为基本要求，删减过于繁文缛节的建筑细节。墙体色彩、屋顶色彩应与外观改造建筑的要求保持一致。

（3）铺装专项

营造静谧质朴、闲庭悠步、闲情野趣的乡野景观，确定"乡土、质朴、野趣"的铺装氛围，并提出以下三点铺装设计策略：第一，铺装的风格设计决定乡村景观的整体效果。乡间的大田景观设计坚实的土路，田园小景观设计鹅卵石铺装或是拼接碎石给人亲近感。第二，重点地段铺装应增加创意性和趣味感。既充满乡土气息，又渗透现代设计元素。第三，在道路、广场等通行、活动空间采用铺装进行分割，营造不同的功能区，增强人们的空间使用感。

本项目铺装系统通过精细化设计进行布局，针对不同场所的不同使用功能而确定其铺装的种类、颜色和风格（图 4.3.2-53）。

图 4.3.2-53　铺装设计策略图

资料来源：作者自绘。

（4）设施系统专项

突出设施特色化、人性化、耐久化、生态化的特点，本项目的设施系统布局以综合考虑马场村庄的复合使用功能为主，通过游憩设施和服务设施相配合，并结合音乐设施的模式构建村庄整体的设施系统（图 4.3.2-54）。在保障服务水准的同时，突出马场村的乡村特色。其中，休憩设施主要包括：连廊、亭架、公共建筑等；服务设施主要包括：垃圾桶、公共厕所、导视牌等；音乐设施主要包括：广播喇叭、语言解说二维码布置点等（图 4.3.2-55）。另外，针对本项目房屋密集且活动集聚范围整合的情况，根据美丽乡村规划要求和马场田园精品乡村规划要求，以 70m 为界限布局服务设施覆盖网络，为村民以及旅客提供覆盖式服务。

图 4.3.2-54　设施系统布局图

资料来源：作者自绘。

图 4.3.2-55　设施小品效果图

资料来源：作者自绘。

（5）灯光系统专项

秉持"节能、趣味、安全"三大原则，本项目灯光系统布局以太阳能灯具为主，同时充分保留现状照明灯具，点亮夜晚空间，保证游人安全，在草坪和水体等开阔的空间布置低矮照射灯，烘托氛围，建筑立面照明选择从上到下的射灯突出立面。

在灯具的选择上考虑乡土元素，考虑以美观、轻巧为主，同时展现浪漫的氛围。整体色调为浅黄、浅灰、浅白，突出乡土景观的特点（图 4.3.2-56）。

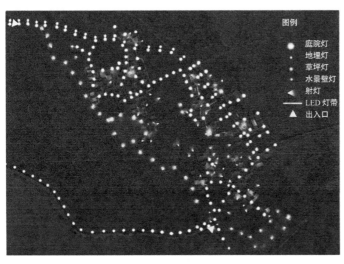

图例

● 庭院灯
● 地埋灯
● 草坪灯
● 水景壁灯
◢ 射灯
— LED 灯带
▲ 出入口

庭院灯、景观灯效果图

草坪灯效果图

图 4.3.2-56　灯光系统布置图

资料来源：作者自绘。

（6）导视系统专项

秉持"乡土、醒目、简洁"的设计原则，本设计的导视系统布局与风景路导视系统布局保持高度的协调与统一，在道路转角等交通系统重要处进行布局，突出指向导视系统布局（图4.3.2-57）。同时提出将马场村乡土文化元素运用于导视系统，展示乡土文化特色。

图 4.3.2-57　导视系统布局图

资料来源：作者自绘。

入口处的标识需要与风景路全线风格保持统一的同时，展现乡村景点的独特性，采用青砖、白墙、木材料和皖南特色建筑的形式，配色轻快、明亮，目的是宣扬博望乡村地方特色文化（图4.3.2-58）。

4.3.2.2　澄心寺寺观园林景观设计项目实践

澄心寺片区位于风景路横山画廊段的西侧入口处，基地位于横山山凹处，依托东北高西南低的地势，流线组织为从西向东。澄心寺项目规划总体为五大功能区：修行茶田区、禅意山田区、陶然水景区、养心民宿区和澄心寺核心寺观区。

1. 项目概况

本项目来源于安徽省马鞍山市横山风景区内澄心寺片区遗留历史建筑改造，横山风景区历史、民俗、宗教等文化兴盛，景区内有西林禅院、灵光禅院、莲华寺等多个古寺，澄心寺也是其中之一。

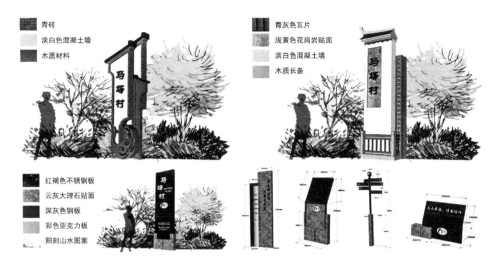

图 4.3.2-58　导视系统设计效果图

资料来源：作者自绘。

澄心寺始建于南北朝，是道教学者陶弘景的读书堂的旧址，内有相传为陶弘景炼丹遗址的"丹灶寒烟"，名列姑苏八景之一。到了宋代时佛教文化逐渐兴盛，场地上建立起寺庙并容纳关于陶弘景的历史遗址如"丹灶""白月池"等，并将这些景点重新诠释为佛家文化中的"澄心净意"，故得名澄心寺。

澄心寺项目按照选址分类为乡村近郊型寺观园林，项目设计重点在于对场地历史文脉的把握，做到本地乡村文化与宗教思想相结合，突破传统规范化佛教景观的束缚，展现当代寺观园林的魅力。

2. 场地现状

（1）区位分析

澄心寺地处安徽省马鞍山市博望区横山风景区内。博望区具有内外通达的交通优势：地处南京 1 小时都市圈范围内，与苏、皖两省交界，是安徽省通往苏、浙、沪等"长三角"经济发达地区的重要门户；博望区东连宁杭高速、西近长江黄金水道，高、快速路畅通，北直达南京主城区、南抵高淳、东接溧水、西至当涂，314 省道贯穿全区，且距离南京禄口国际机场仅 26km。

此外，项目周边自然资源与人文资源丰富，横山风景区、龙蟠湖森林公园、濮塘风景区、南山湖度假区、李白文化园等已经形成较为成熟的旅游目的地。因此在本次规划设计中，以资源互补、特征凸显为核心设计理念，差异化设计与区域内景点形成互补。项目场地澄心寺片区位于风景路横山画廊段的西侧入口处（图 4.3.2-59），是风景路整体中不可缺少的部分。由于风景路横山画廊段是博望生态旅游的核心引擎，可承载生态康养、山地运动、特色农业、文娱民俗等旅游产品。因此，项目地承载风景路门户与多功能核心示范区的双重作用。

图 4.3.2-59　澄心寺项目区位图

资料来源：作者自绘。

（2）基地概况

1）场地高差

项目场地位于横山山凹处，总体地势呈东北高西南低趋势（图 4.3.2-60）。通过基地现状高差，山泉雨水从最东部天池涌出，顺水道流经场地内，并通过民宿片区，汇聚于场地内中心湖泊。从澄心寺山门处可向西俯视中心湖面、凸出山包等构成的景观中轴线；向东可仰观连绵不绝的横山自然风光，可作为景观观赏。

图 4.3.2-60　澄心寺项目竖向现状图

资料来源：作者自绘。

2）建筑

项目场地内建筑大多处于无人使用的状况，原始功能单一（图 4.3.2-61）。水塘、植物等环境元素未构成统一的秩序，与建筑等没有形成协调的场所氛围。其中寺庙建筑未开放给游客参观且年久失修，外墙面斑驳，内部陈列简单，而林场职工宿舍建筑较为完整，红砖墙面为当地特色，细部破损较多，考虑将其改造为民宿建筑群。

（a） （b）

图 4.3.2-61　澄心寺建筑现状图

资料来源：作者自摄。

（a）澄心寺宗教区核心建筑；（b）澄心寺林场职工宿舍建筑

3）植物

场地内整体植物资源良好，场地边界以原生水杉和香樟林为主，树木葱茏，种类繁盛，具有较好的长势（图 4.3.2-62）。内部主要地形为农田与河湖，树木种植分布不均，长势参差不齐，景观效果较差，而低矮灌木花草数量众多，多沿田埂、水域生长，但生长杂乱，不经人工控制梳理难以形成良好的植物景观。

（a） （b）

图 4.3.2-62　澄心寺植物现状图

资料来源：作者自摄。

（a）场地边界植物现状；（b）核心寺观区植物现状

4）铺装

场地内硬质地面较少，主要位于生活区工厂宿舍和澄心寺核心寺观宗教区。场地铺装、道路多为混凝土路，由于年久失修，混凝土铺装大多损坏（图4.3.2-63），与寺观建筑未形成统一风格，而在宿舍区内硬质地面仅依靠碎石铺就，景观效果较差，同时难以提供引导、集散、休闲等必要功能。

（a）　　　　　　　　　　　　　　　　（b）

图4.3.2-63　澄心寺道路铺装现状图

资料来源：作者自摄。

（a）生活区碎石路面；（b）宗教区水泥路面

（3）现状分析小结

由此分析，就场地现状而言，便捷的区位条件与优越的自然和人文资源是项目建设的优势所在，如何解决景观风貌陈旧和产业发展落后问题是项目设计的重中之重（表4.3.2-1）。

澄心寺项目现状分析表　　　　　　　　　表4.3.2-1

	优势		劣势
区位便捷	连接横山景区主路，与向阳水库、太阳宫、龙王殿遗址等景点具有良好连接性	产业发展差	以第一产业为主，农田和林地占地过半；第二产业为机械电子工厂，产品质量不好；第三产业发育不良
资源充沛	基地具有山水林田池等自然景观，其间错落着寺庙、红砖瓦房等人文景观	区域竞争大	周边以自然风光、文化养生等为主题的景点较多，与溧水、江宁等争夺客源
要素多样	寺庙建筑与前面池塘保留完整，形成背山面水、在中轴线末端俯瞰基地的空间格局	景观风貌杂	农田、林地、民居、工厂都存在荒废；水系断裂；寺庙年久失修，被办公楼遮挡
层次丰富	澄心寺位于横山山凹，总体自然地势呈现东北高西南低趋势，有利于形成景观序列	建筑风貌乱	具有包括古建寺庙、红砖瓦房等特色建筑，也有铁皮工厂、瓷砖民居等，风貌各异

资料来源：作者自绘。

3. 概念构思

（1）目标定位

在乡村振兴的背景下，澄心寺观园林景观改造遵循"诗意禅居，养生澄心"的理念，以博望文化传统、横山山水胜景、澄心历史积淀为纽带，为游客创造闲适田园生活与隐逸居住体验相结合的当代寺观园林胜景。此项目，主要通过房屋改造、道路重修、河道疏通、景观绿化、公共服务设施建设等方式，对澄心寺片区废弃寺观建筑及周边环境进行重构，建立文旅产业、特色民宿、山水田园为一体的乡村寺观综合体。

（2）概念主题

随着乡村振兴战略的进一步发展，未来的横山片区各景观要素之间会形成相互联系，共同发展、资源整合、山水对话的格局。对于澄心寺片区的寺观园林景观来讲，设计上将田园风光与佛寺参拜、餐饮民宿、健身康养等功能相结合，推进文旅、民宿、环境的综合提升，在理念上以"文化、山水、田园"为特色主题，打造生产、生活、生态共融的田园综合体，建设横望田园特色的寺观园林。

（3）设计元素

针对所提出的"文化、山水、田园"项目建设主题，提取相应的设计元素，从而达到文旅、民宿、环境的综合提升（表4.3.2-2）。在文旅方面建设室外餐厅、茶室、养生食坊满足消费功能，建设讲堂、书屋、宿营地满足文娱、文创功能，开展田园观光，采摘体验活动满足田园功能；在民宿方面强调服务、会议、餐饮、养生元素；环境方面突出营田、理水、植景。

澄心寺项目设计元素分析表

表 4.3.2-2

主题	元素	内容
文旅	消费	室外餐厅、茶室、养生食坊
	文娱	亲子项目、写生采风、宿营地
	文创	书屋、讲堂
环境	营田	田园观光、采摘体验、制作工坊
	理水	水系连通，水循环系统
	植景	宗教植物选取、禅居意境营造
民宿	服务	卫生打扫、文化讲解、游览陪同
	会议	会议室
	餐饮	斋饭堂、素食餐厅
	养生	疗养中心

资料来源：作者自绘。

4. 设计方案

（1）总体设计

1）高程分析

场地总体呈现东北高西南低的态势。最高处位于天池东岸，水流自此向西流入中心湖及各级水渠；最低处位于西南角；两者高差达到45m。因此，通过梳理场地，将排水方向集中在中心湖以及西南水体部，避免建筑区和核心景观区受潮、水淹。同时澄心寺位于次高地，是景观轴线末端主要的观景点（图 4.3.2-64）。

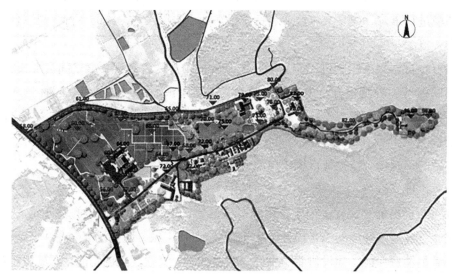

图 4.3.2-64　澄心寺项目高程分析图

资料来源：作者自绘。

2）用地属性分析

场地内土地属性以宅基地、公共设施用地、林地、灌木林地和旱地为主。其中现有建筑所占用的土地以宅基地和公共设施用地为主，以及较少的宗教用地。项目基地的中心则是以林地和灌木林地为主的空间（图 4.3.2-65）。

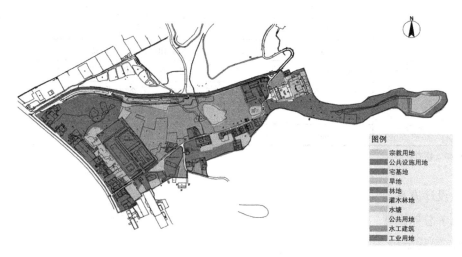

图 4.3.2-65　澄心寺项目用地属性分析图

资料来源：作者自绘。

3）功能分区

当代社会的多元性，要求寺观的功能在不失宗教主体性的前提下，走向多元化。一方面，要从过去以服务于寺观内部、以僧众使用和宗教活动为主转变为服务于社会，兼顾僧众、信众的宗教活动和普通游客的宗教、文化、观光乃至商业需求；另一方面，作为宗教丛林，要维护宗教文化的主体性和纯洁性，和世俗的旅游商业保持一定距离。据这一客观需要，我们的规划以突出主题、和谐圆融为功能布局的指导原则。规划布局符合佛教理念和传统习惯，同时兼顾现代寺观教化大众、养性修心、旅游观光等多种使用需求。

澄心寺项目规划总体为五大功能区（图 4.3.2-66）。西北部为修行茶田区，西南部为禅意山田区，中区以陶然水景区和养心民宿区形成中轴线，东侧为核心寺观区。各功能分区以步行游线环路连接划分，彼此既相对独立又联系便捷。在功能区规划的概念构思上，核心寺观区位于中轴线尽头，表现对宗教文化的尊重，其他各种功能区翼护中轴线左右，以满足现代寺庙的多种社会功能。

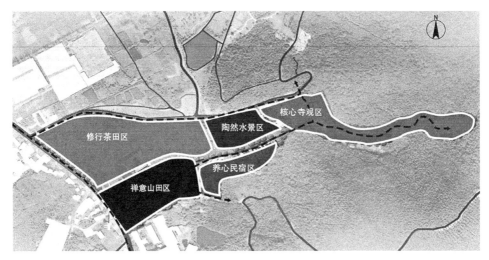

图 4.3.2-66　澄心寺项目功能分区图

资料来源：作者自绘。

4）景观总平面

澄心寺具体规划一方面通过文献资料研究澄心寺历史原状的痕迹，保留并沿用遗留建筑规格风貌，同时在新址规划中体现陶弘景炼丹典故、药田、苗圃、禅心等宗教历史景观要素，另一方面对于重新修建的景观，结合当代新材料、审美与内涵进行建造。在充分尊重宗教历史文化的基础上与新时代相结合（图 4.3.2-67）。在主要景点的设置上，在名称和形式上彰显历史文化，如陶公阁、清修动禅、禅意长廊、清谷贤庄等，真正做到文化旅游和宗教修行各得其所（图 4.3.2-68）。

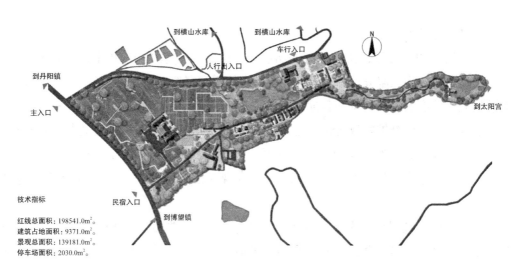

技术指标

红线总面积：198541.0m²。
建筑占地面积：9371.0m²。
景观总面积：139181.0m²。
停车场面积：2030.0m²。

图 4.3.2-67　澄心寺项目总平面图

资料来源：作者自绘。

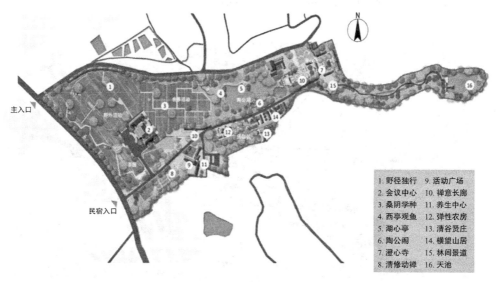

1. 野径独行　9. 活动广场
2. 会议中心　10. 禅意长廊
3. 桑阴学种　11. 养生中心
4. 西亭观鱼　12. 弹性农房
5. 湖心亭　　13. 清谷贤庄
6. 陶公阁　　14. 横望山居
7. 澄心寺　　15. 林间景道
8. 清修动禅　16. 天池

图 4.3.2-68　澄心寺项目景观节点图

资料来源：作者自绘。

5）道路分析

场地内部项目主园路起于主要出入口，止于天池观景亭，支路呈树杈状延伸，主要节点均分布于道路两侧，并由开放到私密逐渐过渡，受到游人步行抵抗时间为25min 的影响，将全部步行时间控制在 25min 以内，既有利于养生运动、亲近自然，又不至于过于使人疲惫。次园路及游步道连接各次要出入口和五大片区内部的小景点。片区内部步行游览时间控制在 20min 以内，路线选择多样，既包含时间较长的山间路、茶田路、农业体验路；又包含时间适中的环湖路、民宿散步路等（图 4.3.2-69）。

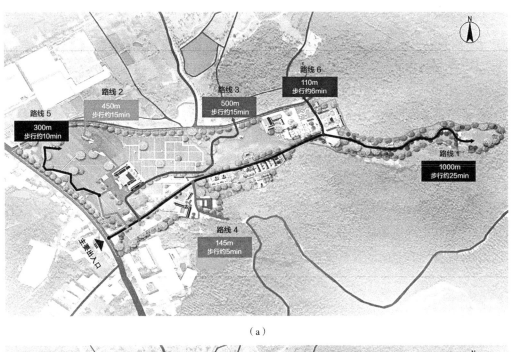

（a）

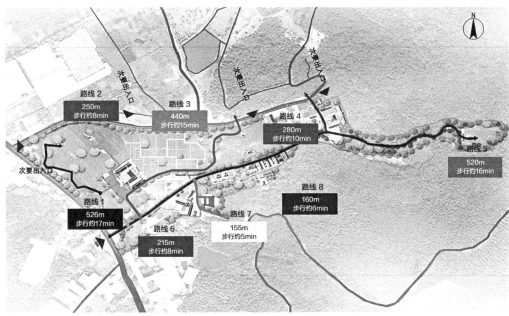

（b）

图 4.3.2-69　澄心寺项目道路动线分析图

资料来源：作者自绘。

（a）主入口动线分析；（b）次入口动线分析

　　场地外围市政道路分布在西面和北面，故设置有主、次要出入口，开设两处消防车道出入口。消防车车道净宽和净空高度均不小于 4.0m，联通区域内所有建筑。近道路一侧设置消防登高面，满足山区防火的登高要求。

（2）分区设计

1）禅意山田区

①分区设计主题

禅意山田片区位于入口南侧，以"毗邻山田，长廊回溯"为主题，还原徽派建筑风格，营造禅意文化氛围，引入自然山田风光，打造特色门户空间。功能上以冥想、修行、养生为主，在设计手法上以现代手法演绎传统徽式风格将视线引向自然，将身心引向佛禅动静结合，打造全方位的禅修体验（图 4.3.2-70）。

禅意山田区节点紧扣"禅意"主题，沿道路深入分别为：入口广场、花道禅意、步步问禅、清修动禅、修心养生、禅悦素心、无闲会馆、禅艺长廊、冥思广场。这样的景观序列暗合禅道的修行过程，从初入禅门到问禅，从问禅到修禅，从修禅到悦禅，最后到体味禅门真意时的长久冥思（图 4.3.2-71）。

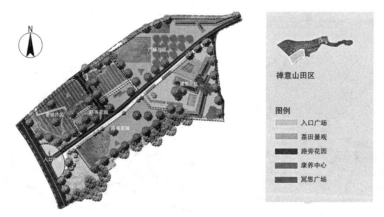

图 4.3.2-70 禅意山田区功能分布图

资料来源：作者自绘。

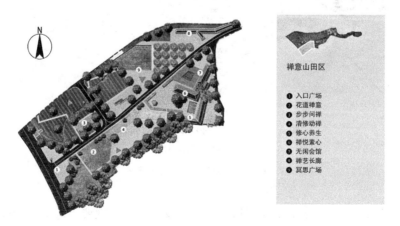

图 4.3.2-71 禅意山田区设计平面图

资料来源：作者自绘。

　　禅意山田区的主要特色是通过植物景观营造"禅道"意境。在入口广场右侧增添特色花卉种植池，错落有致的植物组团，乔灌草的合理搭配，以及底层的花境，成为引导游客进入禅境的核心场所，同时场地西侧使用树阵呼应镜面水池，营造安静肃穆的氛围，与入口组团景观形成动静的对比。

　　②分区主要节点

　　景观节点一：入口广场

　　入口广场作为游客了场地特色的初始空间，其规划设计尤为重要。调研发现，场地现状为两栋民房，中间为 2m 宽左右的道路。此处若作为入口则过于狭窄且不具备识别性，因此建议将民房拆除，释放空间，对此处重新规划设计并着重展示场地特色（图 4.3.2-72）。

（a）　　　　　　　　　　　　　　　　　　（b）

（c）

图 4.3.2-72　入口广场

资料来源：作者自绘。

（a）节点分区平面索引；（b）入口广场现状；（c）入口广场效果图

景观节点二：路旁花海

此景观节点位于禅意山田区中部，是此片区景观的主要连接点与过渡点，承接入口处大量自然空间，逐渐过渡到片区深处的特色性硬质空间。场地现状为开阔的荒地，且未经过人工抚育，较为杂乱，在人为平整土地的情况下易于建设为以灌木、草本为主要特色的花海景观，这样的景观节点既承接了以乔、灌木为主的入口空间，又引领了以硬质空间为主的建筑和广场，完美地发挥了过渡空间承上启下的功能（图 4.3.2-73）。

（a）　　　　　　　　　　　　　　（b）

（c）

图 4.3.2-73　路旁花海

资料来源：作者自绘。

（a）节点分区平面索引；（b）路旁花海现状；（c）路旁花海效果图

景观节点三：冥思广场

冥思广场与禅艺长廊遥相呼应，作为整个场地的冥想空间，满足游客休憩、感知、学习需求。在具体设计上充分利用现状场地平坦开阔、易于建设的条件，设计静水平台，暗喻"静修禅意"，升华景观内涵，增加场地的艺术性与灵活性。同时将停车场等必要硬质空间设在冥思广场内，完善整个区域的功能需求（图 4.3.2-74）。

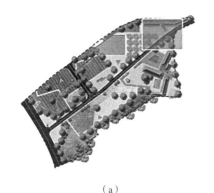

（a）　　　　　　　　　　　　　　　（b）

（c）

图 4.3.2-74　冥思广场

资料来源：作者自绘。

（a）节点分区平面索引；（b）冥思广场现状；（c）冥思广场效果图

2）养心民宿区

①分区设计主题

养心民宿区位于场地中部南侧，以"浮生半日，养生知隐"为主题，旨在厚植地方文化特质，打造禅意修身氛围，享受清雅生活美学，远离尘世喧嚣，寻找诗和远方。功能上以康养疗愈，修身养性，民宿旅游为主（图 4.3.2-75），在设计上由连续的天井和庭院组成，形成多个居住核心。民宿建筑在原有的传统的红砖房的基础上改造更新，在细部处理上仿造澄心寺观建筑的设计，更加朴实与贴近实际（图 4.3.2-76）。

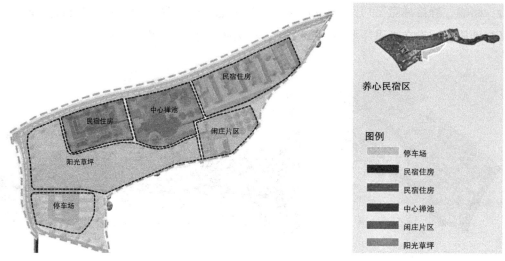

图 4.3.2-75　养心民宿区功能分布图

资料来源：作者自绘。

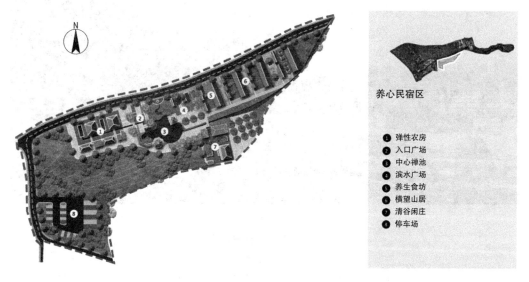

图 4.3.2-76　养心民宿区设计平面图

资料来源：作者自绘。

②分区主要节点

景观节点一：中心禅池

中心禅池位于场地中部，是养心民宿区的核心景观。此景观节点原场地是荒地，杂草丛生，雨季易形成积水池，因此结合现状地形考虑设计水池景观，通过疏通场地水系以便减少场地内部积水。同时在具体设计上使用自然样式的水池，岸线曲折有致，突出乡村民宿清新自然的风格，暗合禅意主题（图 4.3.2-77）。

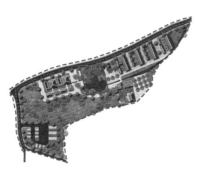
（a）

（b）

（c）

图 4.3.2-77　中心禅池

资料来源：作者自绘。

（a）节点分区平面索引；（b）中心禅池现状；（c）中心禅池效果图

景观节点二：横望山居

横望山居是体现民宿主题的重要节点。场地保存有传统乡村特色的红砖房建筑，内部原有绿化条件良好，宜于景观的建设与改造。在设计时本着节约资源和体现当地特色的原则，保留特色的红砖房属性，仅对建筑进行更新修复，将其打造为民宿，配合建筑周边的植物景观营造乡村寺观的禅意氛围（图 4.3.2-78）。

3）修行茶田区

①分区设计主题

修行茶田区位于禅意山田区北部（图 4.3.2-79），以"茶林广袤，环山绕谷"为主题，整体风貌宁静自然、风韵清新，在功能上主要承担寺观园林中的休闲娱乐部分，意在为儿童提供娱乐场所，成年人也能感悟禅意之余获得精神上的放松，设计时将山、水、茶融为一体，串联最美的茶田景色，使游客能够邂逅满目苍翠的绿色，体验原生态的田园生活。

（a）

（b）

（c）

图 4.3.2-78　横望山居

资料来源：作者自绘。

（a）节点分区平面索引；（b）横望山居现状；（c）横望山居效果图

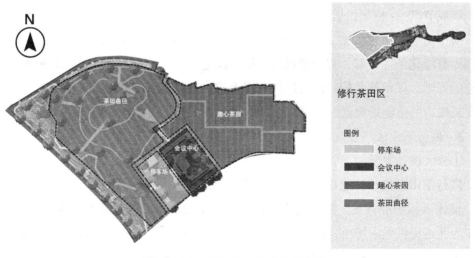

图 4.3.2-79　修行茶田区功能分布图

资料来源：作者自绘。

修行茶田区主要景点是"茶田曲径"和"趣心茶园"（图 4.3.2-80），原场地为一座小型山包，具有一定高程，但植被数量少，景观较差。将开阔的场地改造为茶田和农田，创造开阔的农业风光，为村民增加经济收入。此区域最大的特色是将茶文化与宗教文化结合，在此基础上开展各项参与体验性活动，让游客能够在休闲娱乐中感受宗教文化，体会禅意真谛。

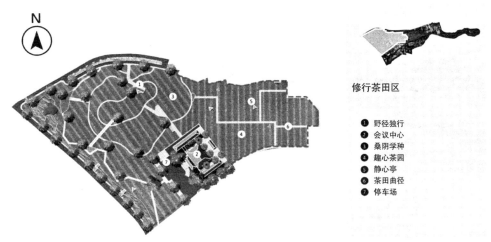

修行茶田区

❶ 野径独行
❷ 会议中心
❸ 桑阴学种
❹ 趣心茶园
❺ 静心亭
❻ 茶田曲径
❼ 停车场

图 4.3.2-80　修行茶田区设计平面图

资料来源：作者自绘。

②分区主要节点

景观节点一：桑阴学种

桑阴学种位于场地西部深处，以大块的农田为主要景观内容。桑阴学种现状为广阔的菜地，但菜地分布较为破碎且规划杂乱，现将对原有的菜地重新规整梳理并设置步道穿插其中，建设成大型农田体验景观，同时结合养心主题在农田中心设置静心亭，作为纳凉休憩所用（图 4.3.2-81）。

4）陶然水景区

①分区设计主题

陶然水景区位于场地中部，以"湖光潋滟，澄心定意"为主题，以中心湖面为景观核心，以自然式水道串联起小水面，俯瞰藻荇交横，仰观高山古寺，打造丰富的环湖步行空间（图 4.3.2-82）。在具体设计时，调研发现原场地自然条件良好，拥有大片湖面和丰富的原生植被，但湖面缺乏变化，水生植物景观较差，植被景观也较为杂乱，所以设计对水面进行分割，增加了水面的收放变化，同时增加了观赏水生植物，丰富了水面景观；沿湖各处设置观景场所，自身也作为湖面景观的点景中心，加强了与澄心寺建筑群的轴线关系（图 4.3.2-83）。

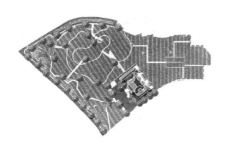

（a）   （b）

（c）

图 4.3.2-81　桑阴学种

资料来源：作者自绘。

（a）节点分区平面索引；（b）桑阴学种现状；（c）桑阴学种效果图

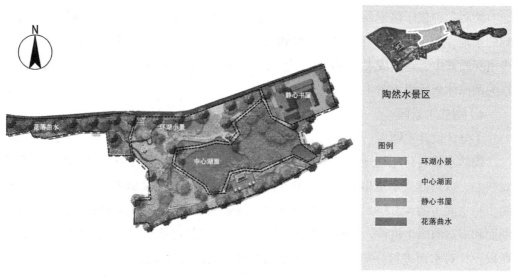

图 4.3.2-82　陶然水景区功能分布图

资料来源：作者自绘。

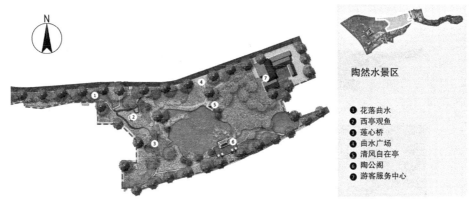

图 4.3.2-83　陶然水景区设计平面图

资料来源：作者自绘。

陶然水景区内的节点均以水为主要内容，首先从西部引水构成蜿蜒曲折的水域与跨水而建的栈道组合形成"花落曲水""西亭观鱼"，接着水域逐渐开阔到中心大水面，沿中心水域建设"莲心桥""曲水广场""清风自在亭"，最后以"陶公阁"作为众多水面景观序列的结束。

②分区主要节点

景观节点一：陶公阁

陶公阁是陶然水景区的核心节点，其名称中的"陶公"与"陶然"具有相同的文化内涵。此景观节点现状为湖边一组低矮的废弃建筑，它占据了优美湖岸的观赏视线，但建筑本身有碍观瞻，故在改造中更换为与场地风格统一的仿古建筑，与湖对面的清风自在亭形成对景。在设计上形式通透开放，整体效果朴素淡雅，突出陶然清闲之意（图 4.3.2-84）。

景观节点二：西亭观鱼

此景观节点现状为陶然水景区西部的一片荒地，整体植物资源良好，但生长繁杂，已将水面拥堵，游客的观景视线受到严重影响。此节点的设计重点在于对于植物资源的整理和空间的分隔改造，因此清理湖岸边大量灌木并种植高大乌桕便于点景、观景，同时围绕水景增加停留空间，按照乡村寺观的整体风格设置观景亭，满足水景区的功能需求，增加游客的观景体验（图 4.3.2-85）。

5）核心寺观区

①分区设计主题

此区域是整个寺观园林项目的核心所在，场地内部保留历史遗址最多，文化资源最丰富，宗教氛围最浓厚的区域，在主题上强调"高山仰止，澄心冥想"，意在营造幽静的多功能寺庙空间，打造隐于山林的养生体验，展示古往今来，文化交织的创意场所（图 4.3.2-86）。

（a） （b）

（c）

图 4.3.2-84 陶公阁

资料来源：作者自绘。

（a）节点分区平面索引；（b）陶公阁现状；（c）陶公阁效果图

（a） （b）

（c）

图 4.3.2-85 西亭观鱼

资料来源：作者自绘。

（a）节点分区平面索引；（b）西亭观鱼现状路；（c）西亭观鱼效果图

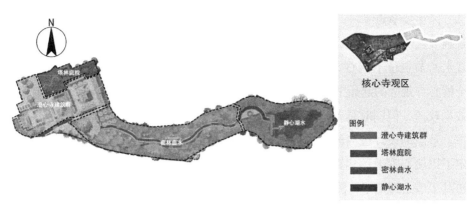

图 4.3.2-86　核心寺观区功能分布图

资料来源：作者自绘。

核心寺观区位于中轴线的末端，游客在经历了禅意山田区，修行茶田区，陶然水景区，养心民宿区后到达景区最后的核心寺观区，核心寺观区依次排列天王殿、大雄宝殿、观音堂、藏经楼，两侧为客堂、僧房和钟鼓楼等，是典型的"伽蓝七堂"制布局。最末端为佛塔，存放佛舍利。为表示敬重，佛塔建于地势最高处，俯瞰全园，景观设计上突出了序列性和导向性，营造佛教文化的肃穆感。

在设计时考虑原场地内澄心寺建筑年久失修，外墙面斑驳，内部设施简陋，功能单一，且建筑外部空间简单，地面为混凝土，植物葱茏高大但不成秩序，所以改造中新增偏房 3 间，重新粉刷外立面，装修内部，新增了茶室、步道、养生创意空间等，丰富了建筑功能。对于外空间，着重强调与建筑群落构成中轴关系，利用对称的排布、细腻的地面铺装、规则的花坛等营造出庄重、朴素的寺庙氛围。植物配置方面，选择了传统佛教植物，如银杏、青松、南天竹等，为修身养性等提供静谧、健康的自然环境（图 4.3.2-87）。

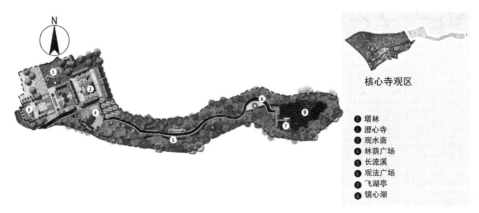

图 4.3.2-87　核心寺观区设计平面图

资料来源：作者自绘。

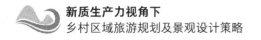
②分区主要节点

景观节点一：观水斋

观水斋节点位于核心寺观区最西侧，其水域与陶然水景区内中心水池相连接，作为整个核心寺观区的起始节点。场地现遗留部分农村住房，地面泥泞，植物生长杂乱，景观效果较差，但同时具备水景资源、植物资源与文化资源，景观潜力较大且易于设计发挥。节点的设计应当充分地利用水景并保持寺观园林的风貌。观水斋在设计之初就确定了以澄心寺遗留建筑为设计蓝本，并结合水景设置多处观景平台，完美符合设计之初对于节点的期望（图4.3.2-88）。

（a）　　　　　　　　　　　　　　　　　　（b）

（c）

图4.3.2-88　观水斋

资料来源：作者自绘。

（a）节点分区平面索引；（b）观水斋现状；（c）观水斋效果图

景观节点二：澄心冥想

澄心冥想位于观水斋后方，是游客进入寺庙前的最后一个重要节点，因此在设计之前就确定节点应具备舒缓游客心境、引领游客进入禅意寺观空间的功能。考虑禅意山田区的冥思广场可以与之对应，在核心寺观区设置同样的"冥想空间"最为合适。

在形式上多为建筑结合硬质铺装，通过建筑围合形成院落空间，为人们提供了冥想之地（图 4.3.2-89）。

（a）　　　　　　　　　　　　　　　　（b）

（c）

图 4.3.2-89　澄心冥想

资料来源：作者自绘。

（a）节点分区平面索引；（b）澄心冥想现状；（c）澄心冥想效果图

景观节点三：天池

天池位于核心寺观区景观序列的末端，蜿蜒的水面在此交汇形成水池，周边植物开合有致，尚存茂密丛林与开阔草地，水边有遗留的亲水石台，景观资源较好。在设计时确定了整体运用仿古样式以控制整个寺观区的景观风貌，营造出清净自然的氛围，与前院寺观人来人往的喧闹形成对比，以天池暗喻净土，凸显佛门的"清修"宗旨（图 4.3.2-90）。

（3）专项设计

1）植物造景

澄心寺依山而建，有野居之趣。寺观园林环境的氛围很大程度上依赖于植物的营造，因此提出正确的植物景观设计策略引导植物景观的营造尤为重要。

（a）　　　　　　　　　　　　　　　（b）

（c）

图 4.3.2-90　天池

资料来源：作者自绘。

（a）节点分区平面索引；（b）天池现状；（c）天池效果图

①品种选择

在植物种类的选择上应选用当地乡土植物，澄心寺地处安徽，按地域分类属于江南佛寺园林，江南地区典型植被为落叶阔叶混交林，所以澄心寺植物景观树种可选用银杏、柳杉、侧柏等树姿雄伟，苍劲延年的树种作为基调树种和建筑配景，另外选择种植的植物应当蕴含丰富的文化意境，与整个空间的禅意主题相互契合，为游人提供舒适环境的同时，陶冶人们的情操。

②种植方式

在种植方式上要常绿植物与落叶植物搭配，夏天有树荫乘凉，冬天树叶掉落又为阳光照射留出了空间，同时考虑植物叶片的色相组合，营造色彩丰富的景观视觉，此外可以在主要道路增加地被层次与乔木种植，增加作为宗教场所的幽深肃穆感。

具体设计时考虑自然地形位于场地的西侧，分为农田和湖泊，植物的配置顺应自然条件，选择水生植物和农作物。东侧人工营造的环境较为集中，植物的选择配合不同空间的设计意向，从入口通到最终的天池（图 4.3.2-91）。

图 4.3.1-91　澄心寺项目种植设计图

资料来源：作者自绘。

2）理水设计

项目场地内水体现状为湖池分散，岸线曲折，场地内部水体包含两种，湖水和池水，分散在东、西和中央三个部分，相互不连通；此外，每个独立的水体水岸线曲折粗糙、不美观，难以形成连续的自然景观。根据现状条件，在理水方面，澄心寺项目总体上保持"对土地微量改造"的开发模式，形成园中流水的整合型空间体系，做法上根据现有地形，对局部进行改造，使得水流总体流向为东北至西南，同时将水流引入规划片区，扩大湖面，形成中央水景，提供良好的景观面，并向外延伸，形成小水塘，丰富片区水景。

水域经过梳理后呈现"自东向西，中央核心"的格局，整个项目在理水方面的最大特色是利用场地原地势高差，自东部山间湖泊引水至规划片区，一部分汇入民宿片区，一部分流入陶然水景区，使其相互连通，并对岸线处理，没有经过大量土方变化便呈现出多层次多情态的水景（图 4.3.2-92）。

3）地形与叠山置石设计

在地形与叠山置石方面场地外部地形坡度较大，内部地形起伏平缓，在设计时需要将原有竖向高程加以改造利用。本设计在竖向设计时遵循地势东高西低的走势，对道路进行放坡处理，满足车辆通行需求。在陶然水景区和澄心寺主寺观区土方动量较大，在水域扩充和调整微地形两方面平衡了土方。

场地内的叠山置石景观主要位于禅意山田区（图 4.3.2-93），也是整个场地的入口广场处，运用大量的禅意片石组合而成整个入口处的典型标志，并在后面植入松树，既营造了禅意文化氛围，也是项目的特色门户空间。

（a）

（b）

图 4.3.2-92　整体水系统设计

资料来源：作者自绘。

（a）改造前水系分析图；（b）改造后水系分析图

（a）

（b）

图 4.3.2-93　特色置石设计

资料来源：作者自绘。

（a）特色置石立面图；（b）特色置石效果图

4）建筑设计

澄心寺项目建筑设计充分尊重场地现状，保护遗存的历史建筑，并以此为基础确定整个场地的景观风貌，同时结合当代新技术和新材料以满足当代佛寺多元的现代化使用要求。在建筑色彩上结合徽州建筑和寺观建筑的特点以白色或者浅米色系为主调，局部使用暖色系作为点缀，建筑檐口或屋顶采用深灰色系。材料方面采用就地可取的红砖、瓦、木材、石材等，保留寺庙的乡土性和适地性，在色彩、表面处理等与主要建筑协调，并考虑立面材质对游客等使用者的感知体验，避免大面积使用高彩度玻璃以及高光感材料作为墙体或屋顶。

场地内的建筑设计重点是对澄心寺主寺观区历史建筑的重修改造，为保持寺观原有风貌，在主寺观区的入口空间仅采用重新粉刷、更换匾额和更换少数损毁材料等措施。主要通过增补植物改善立面：使用红枫、南天竹、香樟等较为醒目的植物，对称布置，烘托庄重的门户空间（图 4.3.2-94）。对于寺庙建筑，保留当地建筑特色的红砖墙面；为保证安全，加固和更换了屋檐与门窗构件，使其风格保持古朴自然（图 4.3.2-95）。

（a）　　　　　　　　　　　　　　（b）

图 4.3.2-94　核心寺观区入口空间设计

资料来源：作者自绘。

（a）改造前寺观区入口；（b）改造后寺观区入口

（a）

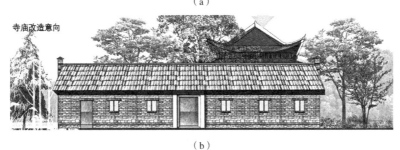

（b）

图 4.3.2-95　入口广场

资料来源：作者自绘。

（a）改造前寺庙主殿；（b）改造后寺庙主殿

此外，为了满足当代寺观园林多元化的功能需求，除了传统的"伽蓝七堂"的建筑形式外还新建了如会议中心、游客中心、康养中心等建筑。这些建筑的景观风貌需要与主寺观区的建筑相一致。

①会议中心

会议中心作为在寺观园林中的会议活动空间，打破很多既定的会议使用模式，通过不同的空间形式或使用方式来营造一种神秘、随性、舒适的会议空间氛围。以茶田为背景，建筑采用了当地木材、石料、瓦片等乡土材质，呈现古朴亲切的基调，同时建筑又适度使用了玻璃幕墙，使得建筑轻盈、开放、具有现代气息（图4.3.2-96）。

图 4.3.2-96 会议中心效果图

资料来源：作者自绘。

②康养中心

康养中心立面设计形式尽可能通透，在最适合观赏的一面采用玻璃窗，保证采光和最佳视线，建筑材料选择符合当地建筑特色的材料，保证拥有良好立面景观的同时节约资源。由于传统的康养中心建筑立面表面冰冷，因此在设计立面时尝试使用具有亲和力的立面造型。各功能区结合，错落有致，削弱了大体量建筑的压迫感，创造尺度适宜的立面效果。此外，外墙材料选择暖色饰面，结合通透的开放空间营造出温馨的治愈氛围（图4.3.2-97）。

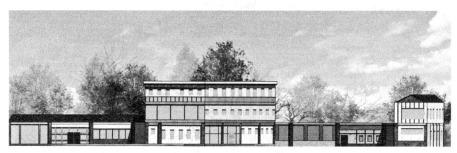

图 4.3.2-97 康养中心效果图

资料来源：作者自绘。

③游客中心

游客中心作为游客与目的地联系的"第一印象区"，首先需要从外在形象建立起独特的文化识别特征。因此本项目的游客中心主张采用乡土材料，利用当地的石块、瓦片、木材，营造具有乡土特色和佛寺氛围的建筑形象。建筑多采用落地窗，打造通透的视觉效果，形成流畅无阻的观景和体验空间，不仅让游客与建筑之间产生自然而积极的互动，同时也提供了观景的多重视角。从建筑正立面看去，建筑二层半开敞的空间打通了建筑室内外空间，通过地方建筑的形式和本地材料的叠加将建筑融于自然之中（图 4.3.2-98 ）。

图 4.3.2-98　游客中心效果图

资料来源：作者自绘。

5）景观基础设施与小品设计

场地内各种设施的放置以规范要求为基准，同时兼顾场地人为使用频率等特殊条件进行，设施的大小、高度、朝向等符合人体工程学要求，确保游人舒适使用，设施外形设计和材料的选择则尽可能使用当地的材料，提升景观特色的同时也更加节约资源。

①垃圾桶

场地内垃圾桶以 70m 为服务半径覆盖全园，保证每个片区均匀分布。垃圾桶采用环保材质，提取乡村元素、宗教文化元素，突出乡村寺观特色，使垃圾桶不仅满足功能需求，还可以作为园区内的小品，丰富景观。具体设计时选用了两种垃圾桶的形式（图 4.3.2-99 ），左边样式材质主要为淡色的天然石材，突出乡村特色，右边样式材质主要为新中式暗红色涂料，呼应场地内寺观遗留建筑。

②座椅

场地内的座椅主要与场地中的景墙隔断相互搭配，形成场地的半私密空间，供游客休憩、观赏、交流（图 4.3.2-100 ）。其设计形式主要分为两种，一种是散布在路侧和场地边缘的休息座椅，另一种是木材座凳与天然乡土石材组合而成的树池座椅。

（a）　　　　　　　　　　　　　　　　　（b）

图 4.3.2-99　澄心寺垃圾桶设计

资料来源：作者自绘。

（a）垃圾桶顶视图；（b）垃圾桶效果图

（a）　　　　　　　　　　　　　　　　　（b）

图 4.3.2-100　休息座椅设计

资料来源：作者自绘。

（a）路侧休息座椅；（b）树池座椅

③休憩亭、连廊

场地中休憩亭选择时采用还原徽派建筑风格的做法。尤其是在湖边设置与场地风格统一的仿古新中式休憩亭，营造禅意文化和轻松自在的氛围。样式大致分为两种，一种坡面屋顶，木条相间形成视线隔断，景观若隐若现；另一种四角坡面，周围全开放，便于观湖、观景。

场地中连廊主要作用是进行展览、休憩，在整体设计时运用格栅的形式形成半开放空间，展示的空间运用灵活。材质上依然选用深棕色防腐木，遵循新中式的风格并与澄心寺主寺观区相互呼应（图 4.3.2-101）。

④特色构筑物

在禅意山田区设置了特色构架——禅茶会馆（图 4.3.2-102），以大体量的木质构架与玻璃材质构成了一个完全开放的品茶与炒茶的室外空间，与自然环境完美融合。此外在修行茶田区的水稻田中设置特色休息亭悟禅庭（图 4.3.2-103），以木质构架与玻璃材质构成了一个用于休憩、聊天、感悟的公共空间，与水稻田、茶田自然环境完美融合，犹如一个个水稻田中的修行者。

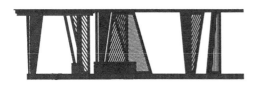
（a）

（b）

图 4.3.2-101　特色连廊设计

资料来源：作者自绘。

（a）特色连廊立面图；（b）特色连廊效果图

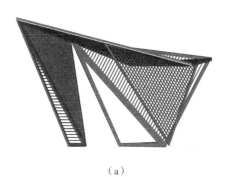
（a）

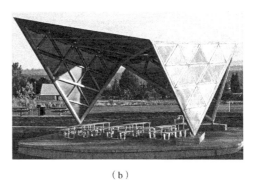
（b）

图 4.3.2-102　禅茶会馆设计

资料来源：作者自绘。

（a）禅茶会馆立面图；（b）禅茶会馆效果图

（a）

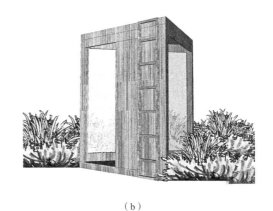
（b）

图 4.3.2-103　悟禅庭设计

资料来源：作者自绘。

（a）悟禅庭顶视图；（b）悟禅庭效果图

⑤围界

围界是场地内用于分隔空间的植物带或人工围栏,是澄心寺项目的特色设施(图 4.3.2-104)。对于绿化设施来说,不同的空间运用不同的种植形式:绿化空间狭窄区域采用线性流畅的灌木带形成规则式种植,丰富层次;整个场地边界保留原生香樟和水杉林作为围合边界;绿化空间较开敞的区域采用自然式种植形式;而在硬质空间运用植物的围合形成相对半封闭的交流空间。对于人工围界,采用仿古的格栅形式,纹理暗合场地连绵起伏的地貌线形,在保证隐秘性的同时,也能作为景观展示(图 4.3.2-105)。

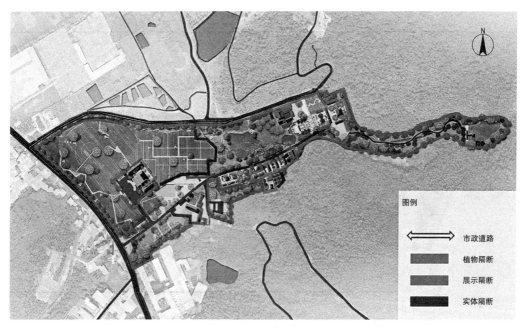

图 4.3.2-104　澄心寺图围界设施布置图

资料来源:作者自绘。

(a)　　　　　　　　　　　　　　　　　　(b)

图 4.3.2-105　场地人工围界设计

资料来源:作者自绘。

(a)场地内部隔断立面图;(b)场地边界围界立面图

4.3.2.3　野风港湿地公园景观设计项目实践

野风港湿地公园位于风景路石臼湖段,紧邻石臼湖休闲度假区规划中的生态观光区和湿地生态涵养区,规划场地位于博望 520 美丽公路交汇节点,周边多重生态景观资源叠加。针对野风港湿地公园独特的区位条件，进一步促进野风港湿地景观资源与博望520美丽公路、石臼湖、千亩荷塘、石臼湖风情小镇（杭村）的联动发展，形成区域旅游的整体格局。

1. 场地现状

（1）规划范围

野风港湿地公园位于安徽省马鞍山市博望区博望镇与新市镇交界处，石臼湖北片区。本项目规划范围西至丹阳湖农场东侧边界，东至圩田边界，南至石臼湖大堤岸线向南50m处，北至乡村道路。规划范围总面积约为1032hm²，其中野风港湿地公园面积约305hm²，千亩荷塘面积约727hm²（图4.3.2-106）。

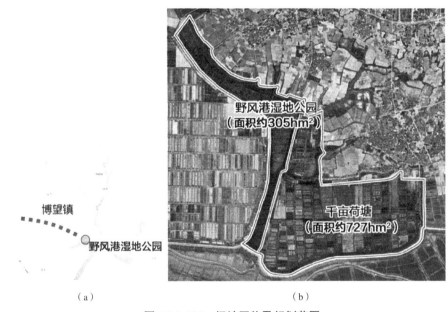

（a）　　　　　　　　　　　　　　　　（b）

图 4.3.2-106　场地区位及规划范围

资料来源：作者自绘。

（a）地理区位；（b）规划范围及面积

（2）周边要素认知

规划场地位于博望520美丽公路交汇节点，周边多重生态景观资源叠加。场地南侧为石臼湖及龙猫草原，西侧为丹阳湖农场，东侧分布大量用于养殖水产的圩田，北侧则主要为农田及自然村落（图4.3.2-107）。

（3）土地利用现状

场地内土地性质主要包括养殖坑塘、水田和河流水面，野风港河道东北侧分布有大量基本农田，野风港湿地公园规划用地位于石臼湖生态红线外侧，符合建设规划要求，但需避让基本农田用地（图4.3.2-108）。

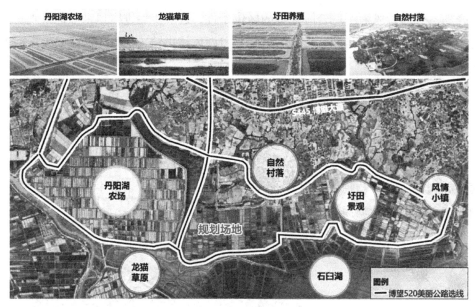

图 4.3.2-107　场地周边要素分析

资料来源：作者自摄、自绘。

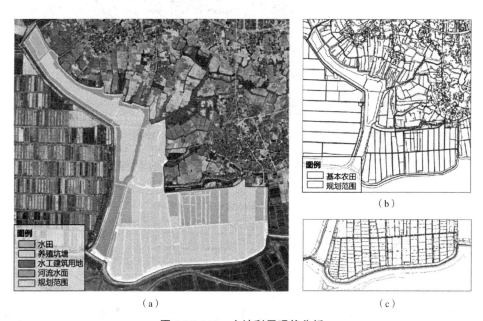

图 4.3.2-108　土地利用现状分析

资料来源：作者自绘。

（a）现状土地性质；（b）基本农田范围；（c）石臼湖生态红线

（4）道路交通与水系

场地内道路纵横交错，交通区位潜力较大；水系勾连成网，作为生态基底
（图 4.3.2-109）。

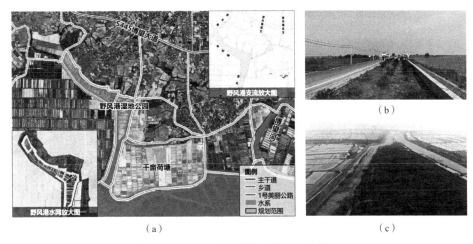

（a）

（b）

（c）

图 4.3.2-109　场地周边交通与水系分析

资料来源：作者自绘、自摄。

（a）场地周边水系与交通；（b）野风港石臼湖大堤道路现状；（c）野风港湿地内部水网现状

道路交通特征：交通区位潜力较大。野风港湿地公园通过博望 1 号风景路直连 S445 博望大道，内部有多条乡道穿过，为将来的生态基础设施建设和旅游发展提供了便利条件。

水系特征：水网勾连作为生态基底。野风港湿地公园位于博望区南部，西邻丹阳新河，东接博望河，北抵丹阳新河支流——新博新河，南至石臼湖。

（5）景观形态分析

场地及周边现状景观形态整体分为湖面、水塘、沟渠、农田、村庄五大类型（图 4.3.2-110）。

1）塘——水塘密布

水塘主要集中分布在湖汊周边，现状水塘密布、形状各异，结合周边纵横交错的农田、沟渠等，形成特有的大地景观肌理。

2）渠——沟渠纵横

场地内沟渠纵横交错，起到防洪、农业灌溉和联系周边水系的作用。渠内芦苇丛生、水清草绿、蛙鸣鱼跃，野趣十足。

3）田——阡陌交通

现状农田整体沿湖岸线带状分布，以圩田为主，是湿地景观的重要组成部分。

4）村——散居林盘

村落散置于湖汊港湾内，结合周边林地、农田、湖面等，形成石臼湖片区特有的人居特色。

5）湖——烟波浩渺

石臼湖湖面宽广，周边地势平坦，视野开阔，形成优良的原生态景观基底。

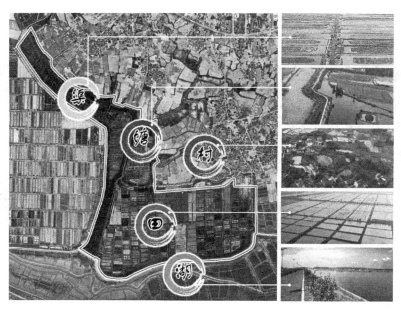

图 4.3.2-110　场地及周边现状景观形态分析

资料来源：作者自绘、自摄。

（6）现状分析小结

1）场地的优势

①旅游资源联动，潜力巨大。随着风景线及沿线旅游点的陆续开发，场地将与其联动发展，构成区域旅游格局。

②交通设施完善，区位便捷。场地位于博望 520 风景线交汇处，外有多条乡道连接 S445 主干道，交通联系便捷。

③资源要素丰富，景观多样。场地内部及周边具有村、湖、田、塘等自然或人工景观，共同构成区域性景观地图。

④开发强度较低，生态优越。野风港湿地公园是石臼湖沿线开发强度最低的区域，具有重要的生态价值。

2）场地的发展劣势

①服务配套缺乏，设施不足。场地目前以道路、设备用房等基础设施为主，缺乏服务型设施，使游客难以停留。

②景观秩序杂乱，缺少规划。农田、村落、水系、植被等景观资源相互交错，缺乏景观秩序，观感体验较差。

③利用方式单一，价值有限。场地目前以湿地维育为主要功能，缺乏多元人群的引入和空间活力的提升引导。

④生态格局破损，保护不力。场地现有的水系、地质、生物等自然肌理与生态系统受损，生态保护力度不足。

2. 规划总则

（1）规划依据

总体规划参考相关法律规范及上位规划进行设计编制（表 4.3.2-3）。

规划参考文件   表 4.3.2-3

文件类型	序号	名称
法律规范	1	《中华人民共和国湿地保护法》（2021 年）
	2	《中华人民共和国土地管理法》（2019 年修正）
	3	《湿地保护管理规定》（2017 年 12 月 5 日国家林业局令 48 号修改）
	4	《自然保护区总体规划技术规程》GB/T 20399—2006
	5	《自然保护区功能区划技术规程》LY/T 1764—2008
	6	《安徽省湿地保护条例》（2018 年修正）
	7	《安徽省林业局关于印发〈安徽省级湿地自然公园管理办法〉的通知》（林法〔2021〕24 号）
上位规划	1	《马鞍山市"十四五"生态环境保护规划》
	2	《马鞍山市"十四五"生态环境监测规划》
	3	《马鞍山市湿地保护总体规划》
	4	《博望区全域旅游专项规划（2019—2035）》
	5	《马鞍山市博望镇总体规划（2013—2030）》
	6	《博望 520 美丽公路博望一号风景路概念性总体规划》
	7	《博望镇"石臼湖沿线"美丽乡村建设统筹策划》（在编）

资料来源：作者根据所查阅的文件整理而成。

（2）规划原则

野风港湿地公园的建设和管理遵循"全面保护、合理利用、产业融合、联动发展"的原则。

1）全面保护原则：对湿地不同片区划分相应的保护或开发等级，体现湿地建设的刚性底线。

2）合理利用原则：在保护优先的前提下利用栈道、观景平台等低影响开发手段合理利用湿地的生态景观资源。

3）产业融合原则：促进湿地保护与当地农业生产、渔业养殖的良性互动，构建地方多元化的产业体系。

4）联动发展原则：增强湿地景观与博望 520 美丽公路、千亩荷塘、石臼湖等景观资源的联系，打造区域旅游格局。

（3）总体定位

1）功能定位——系统保护、科普宣教、合理利用

以保护野风港湿地生态系统为基础，打造集湿地保护与恢复、科普宣教展示、科

研监测、湿地文化展示、生态旅游等功能为一体的省级湿地公园。

2）形象定位——生态湿地、原野之境

立足于湿地保护与恢复，依托原生的自然基础，结合特色农业资源及地域文化等，打造南京都市圈内湿地保护与利用的新典范，探索生态价值实现的新路径。

（4）规划目标与策略

1）生态保护目标与策略

目标是保护与恢复自然多样的湿地生境，维育省级湿地公园的生态本底。策略是基于对场地生态本底的全面分析，建立从整体分区管控到局部要素治理的生态保护与修复路径。

①分区控制与引导

一是进行圈层式空间管制，按照省级湿地公园建设要求构建圈层式空间管制布局，合理布置人类活动区域，减少人为干扰；二是明确分区空间管制要求，由核心生态敏感区到外围逐次构建严格保护、空间准入、合理利用等不同开发利用层次，重点保护核心生态区，保证区域内生态系统的安全稳定。外围则可适当设置休闲活动设施。

②湿地水网的梳理与利用

一是自然净化，利用现有洼地、农田等，构筑梯级滞留池体系，滞留雨水以及周边居民点的自然排水，防止周边面源污染水体直接进入湿地；二是水网联通，通过各自然与人工水系的联通，在流域层面对水质问题进行系统性治理；三是驳岸治理，对驳岸进行分段化处理，最大化提升自然泊岸的生态效益和景观功能。

③植物群落的完善与景观提升

一是植物群落构建，采用乔、灌、草相结合的植物种植模式，营造出稳定的自然生态植物群落；二是打造植物缓冲带，结合地形地貌与生态保护要求，建设植物缓冲带，稳固水岸线、去除面源污染水体中的营养物质等；三是植被景观提升，通过绿植景观设计为人类提供休闲、娱乐场所，以及良好的视觉景观体验。

2）科普教育目标与策略

科普教育目标是营造满足大众人群的生态学习场所，提升场地的功能、体验多样性。科普教育策略是基于湿地国际"CEPA"递进式湿地宣教内涵，将生态教育与自然湿地生境、湿地体验项目密切融合，植入相应的宣教设施，让大众游客在这里可以从获取知识与兴趣，让专业游客在这里可以领悟新的生态智慧。

根据湿地国际（CI）对于湿地宣教概念的阐释，湿地宣教工作包含宣传、教育、参与、意识四个层面递进式的内涵，根据其英文缩写简称CEPA，具体包括：

"C"——Communication（宣传）：传播、介绍和推广湿地保护、恢复、管理、科研等方面的相关知识、面临的问题或所取得的成效。

"E"——Education（教育）：以湿地保护、管理的研究和实践为基础，通过专业设计的环境教育活动，系统传授相关知识、技术和方法。

"P"——Participation（参与）：通过设计和创造体验和实践的机会，激发进一步关注和参与湿地保护的意愿和行动。

"A"——Awareness（意识）：通过宣教活动，使参与者深入理解湿地保护的重要性，产生传播理念或参与保护等意愿。

湿地公园科普宣教设施植入策略详见表 4.3.2-4。

宣教设施植入策略 表 4.3.2-4

宣教媒介	一级分类	二级分类
标识标牌	管理性标识标牌	标示性标识
		公告性标识
		指示性标识
	解说性标识标牌	单体资源型解说标识
		主体型解说标识
		综合型解说标识
宣教场所	综合性宣教展示场馆	游客中心附带湿地宣教展区
		独立性湿地科普宣教场馆
		咨询服务点
	主体性宣教场所	观鸟屋
		自然教室
	辅助性宣教场所	观景点
		步道沿线休憩点
		交通接驳站点
		交通工具

资料来源：作者自绘。

3）区域旅游目标与策略

区域旅游目标是促进各类景观资源的联动发展，推动区域旅游格局的初步形成。区域旅游策略是针对野风港湿地公园独特的区位条件，进一步促进野风港湿地景观资源与博望 520 美丽公路、石臼湖、千亩荷塘、石臼湖风情小镇（杭村）的联动发展，形成区域旅游的整体格局。

一是对局部面域进行整体营造，建立野风港湿地公园与千亩荷塘之间的有机联系，提升旅游市场的集聚效益（图 4.3.2-111）。

二是对线性公路进行景观提升，以博望 520 爱情天路的线性景观打造来提升野风港湿地公园对外的交通可达性（图 4.3.2-112）。

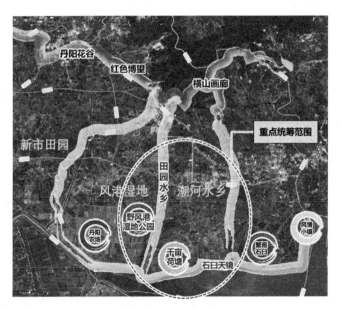

图 4.3.2-111　区域统筹规划图

资料来源：作者自绘。

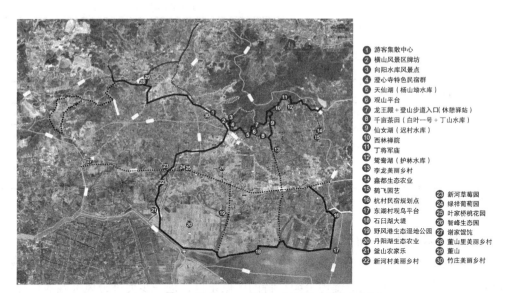

① 游客集散中心
② 横山风景区牌坊
③ 向阳水库风景点
④ 澄心寺特色民宿群
⑤ 天仙湖（杨山坳水库）
⑥ 观山平台
⑦ 龙王殿+登山步道入口（休憩驿站）
⑧ 千亩茶田（白叶一号+丁山水库）
⑨ 仙女湖（迟村水库）
⑩ 西林禅院
⑪ 丁将军庙
⑫ 鸳鸯美湖（护林水库）
⑬ 李龙都丽乡村
⑭ 鑫都生态农业
⑮ 鹤飞园艺
⑯ 杭村民宿规划点
⑰ 东湖村观鸟平台
⑱ 石臼湖大堤
⑲ 野风港生态湿地公园
⑳ 丹阳湖生态农业
㉑ 釜山农家乐
㉒ 新河村美丽乡村
㉓ 新河草莓园
㉔ 绿祥葡萄园
㉕ 叶家桥桃花园
㉖ 智峰生态园
㉗ 谢家馄饨
㉘ 董山里美丽乡村
㉙ 董山
㉚ 竹庄美丽乡村

图 4.3.2-112　博望 520 爱情天路及周边景点规划图

资料来源：作者自绘。

3. 设计方案

（1）总体设计

1）生态保护分区

本项目根据生态保护要求，将全园划分为湿地保育区、恢复重建区、合理利用区、协调发展区四个空间管制区（图 4.3.2-113）。

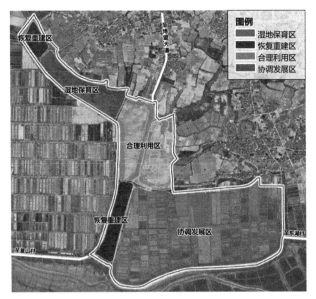

图 4.3.2-113　生态保护分区图

资料来源：作者自绘。

①湿地保育区：面积约 106hm²，开展湿地保护与恢复，改善和丰富湿地生境类型，维持生态系统结构与功能的完整性。

②恢复重建区：面积约 194hm²，恢复受损湿地，丰富湿地动植物多样性，为湿地保育区提供缓冲和扩展的空间。

③合理利用区：面积约 91hm²，寓湿地文化于娱乐中，让游客体验湿地休闲生态文化。一方面，强化游客对湿地环境的保护意识；另一方面，满足大众休憩游玩的需求。

④协调发展区：面积约 647hm²，构成核心湿地景观的环境基底，对场地内建设和风貌进行控制，为湿地公园提供服务配套，与湿地公园共同构成重要的区域性生态旅游资源。

2）总体分区策划

基于场地现状和基本农田保护范围，将场地内部功能区划分为以下七个片区（图 4.3.2-114）：野风港湿地公园、石臼垛田、龙虾养殖基地、基本农田、稻蟹共生体验园、千亩荷塘、十里荷花带（湿地段）。

3）总平面设计

设计说明：方案充分尊重场地现状，利用场地现有资源进行景观开发和打造（图 4.3.2-115）。基于场地现有的圩田肌理及特色植物，打造芦苇迷津、乌桕天境等原生态景观，并通过步道串联各类型节点、通过水上游线完善整体游览路径。场地内观景平台承担休憩停留、科普宣教、登高望远等多样化功能，适当设置亭廊等构筑物，尽量减少人工对原有场地的干预。

图 4.3.2-114　总体分区策划图

资料来源：作者自绘。

湿地重生体验区

❶ 游客中心及科普馆
❷ 主入口标识及停车场
❸ 观景高台 A
❹ 游船码头 A
❺ 活动广场及主题雕塑
❻ 接天莲叶
❼ 芦苇迷津
❽ 无边草色
❾ 科普宣教平台

自然探秘体验区

❿ 观鸟屋
⓫ 观景高台 B
⓬ 游船码头 B
⓭ 景观桥
⓮ 原野鸟乡
⓯ 游船码头 C
⓰ 观景高台 C
⓱ 乌桕天境

水乡生活体验区

⓲ 石臼垛田（油菜）
⓳ 次入口停车场
⓴ 花香长堤
㉑ 十里荷花带（湿地段）
㉒ 农事体验园
㉓ 大地景观

图 4.3.2-115　总平面图及标注

资料来源：作者自绘。

分期规划：规划分两期建设，分步实施。二期建设在一期栈道的基础上，分别向湿地重生体验区和自然探秘体验区延伸栈道，串联二期新增的亲水平台、休憩观景平台和水榭凉亭（图 4.3.2-116）。

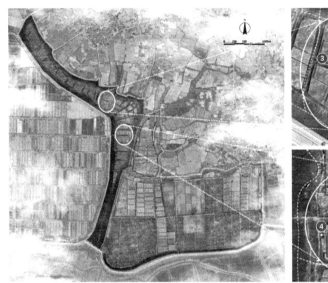

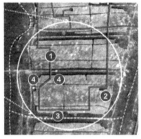

图 4.3.2-116　　规划二期平面图及标注

资料来源：作者自绘。

　　4）鸟瞰效果

　　基于现状河流、农田、灌丛、林地等生态本底，在公园中进行低影响的生态修复和景观建设，将水、林、田、草各要素融于 $10km^2$ 的公园中，并借石臼湖之景，在鸟瞰角度形成"河湾绵延、水网纵横、荷塘漫布、灌丛紧簇、林带贯通、林田交织"的景观风貌格局，突出"蓝绿交融、自然野趣、简洁明朗、生机盎然"的景观风格（图 4.3.2-117）。

　　5）交通系统

　　水陆统筹，步道为主。为减少人工材料运用对湿地生境的破坏，野风港湿地公园内主要以游步道串联各节点；河道内设置水上环线，用以提高游线完整度与通达性；依托场地现状圩田肌理，南部适当布置园路，形成两级路网（图 4.3.2-118）。

　　分期规划，远近结合。为实现湿地可持续发展，野风港湿地公园实行分期规划，规划二期游步道向西北和南侧拓展，串联新增节点，并新增多条横向穿越湿地的二期水上游线，以完善交通可达性，丰富游人的自然体验（图 4.3.2-119）。

（a）

（b）

图 4.3.2-117　鸟瞰图

资料来源：作者自绘。

（a）整体鸟瞰图；（b）局部鸟瞰图

图 4.3.2-118　规划一期交通系统图

资料来源：作者自绘。

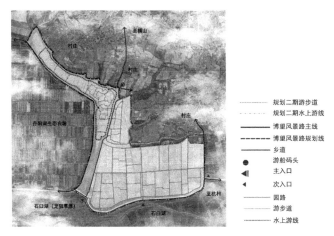

图 4.3.2-119　规划二期交通系统图

资料来源：作者自绘。

6）景观节点

景观节点设计注重自然湿地景观与人工湿地景观并重。场地西北部节点以湿地游憩科普为主题，东南部则以垛田景观、荷花带、大地景观为主，主打农事体验和农业景观（图 4.3.2-120）。

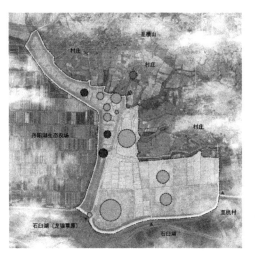

图 4.3.2-120　景观节点分析图

资料来源：作者自绘。

7）观景空间

观景空间设计注重游憩结合、内外借景。场地一期规划共设观景平台 10 处，休憩平台 8 处，观景高台 3 处。其中，观景平台多临水、跨水布置，为游人提供亲水、赏荷、休憩的空间；休憩平台配以亭廊等景观建筑，供游人休息；观景高台可登高望远，丰富场地竖向设计（图 4.3.2-121）。

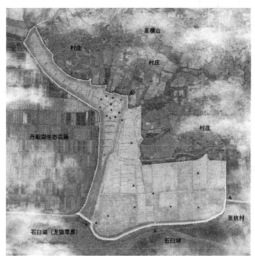

图 4.3.2-121 观景空间分析图

资料来源：作者自绘。

8）观景视线

观景视线设计注重近观蒹葭、远观垛田。借助场地内观景高台，可将园内自然湿地景观尽收眼底，亦可远眺圩田，感受生产性景观之壮美。520 美丽公路从场地南部穿过，沿途可欣赏荷花带的新荷漫沼（图 4.3.2-122）。

（a）   （b）

图 4.3.2-122 观景视线分析

资料来源：作者自绘（a 观景视线分析图）、网络（b 景观意向图）。

（a）观景视线分析图；（b）景观意向

（2）分区设计

1）游览分区策划

设计依托场地生态基础和要素特征，规划三大游览主题——"湿地重生""自然探秘"和"水乡生活"，共同构成各类生态旅游活动串联的故事线（图4.3.2-123）。

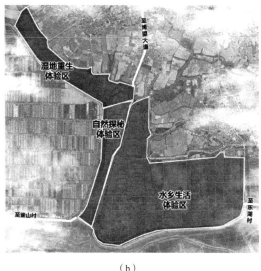

（a） （b）

图 4.3.2-123　**游览分区策划**

资料来源：作者自绘。

（a）总平面图；（b）游览分区图

①湿地重生体验区——以生态治理提升湿地印象

该区域建设目标是"开展生态维育，推动知识科普"，以"活动管控，宣教展示"的方式，通过合理的游线组织向游客展示生态湿地景观、生物活动、生态修复技术等内容。

②自然探秘体验区——以功能植入营造活力空间

该区域建设目标是"体现绿色开放，打造乐活公园"，以"人景互动，多元参与"的方式，鼓励游客与自然的互动，促进各类生态资源的可达性和观赏性。

③水乡生活体验区——以圩田文化讲述水乡故事

该区域建设目标是"展示湿地文化，体验水乡风情"，以"圩田打造，农事体验"的方式，将乡土文化、民俗文化等地方性元素与生态元素相结合，展示人与自然和谐相处的水乡生活。

2）游览分区及景观节点设计

①湿地重生体验区——以生态治理提升湿地印象

针对野风港湿地中的水土、动植物等要素现存的问题，通过科学的生态修复技术干预，促进自然环境的可持续发展；提升湿地景观的可达性和观赏效果，同时减少游客活动对于本地生物和生态系统的影响；通过湿地宣教资源清单、宣教资源的时空分布、宣教资源的解说方案等系统设计，宣传湿地生态景观和技术的相关知识；保留场地内特色植物品种，增设适应力强的水生草本、草本花卉等，形成自然区的同时有助于当地生境恢复（图 4.3.2-124）。

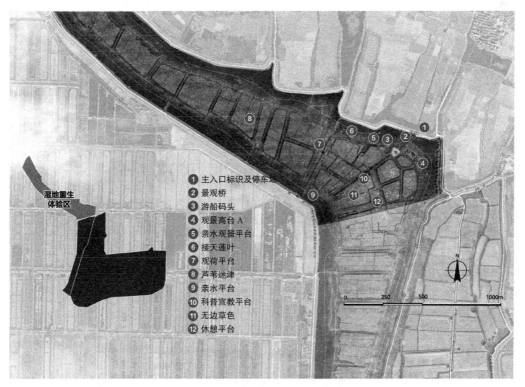

图 4.3.2-124　湿地重生体验区平面图

资料来源：作者自绘。

景观节点一：芦苇迷津

芦苇迷津位于湿地保育区内，保育区是湿地生态功能的主要载体，一般不进行与生态系统保护和管理无关的活动，因此，在此节点不设置游步道，仅有两三条游船满足实地展示和科普游赏的功能（图 4.3.2-125 ~ 图 4.3.2-127）。

景观节点二：泛舟池上

泛舟池上保留场地原生芦苇荡，设置水上游线，以营造"芦苇晚风起，秋江鳞甲生"的意境（图 4.3.2-128 ~ 图 4.3.2-130）。

图 4.3.2-125　芦苇迷津区位

资料来源：作者自绘。

图 4.3.2-126　芦苇迷津现状

资料来源：作者自摄。

图 4.3.2-127　芦苇迷津效果图

资料来源：作者自绘。

图 4.3.2-128　区位

资料来源：作者自绘。

图 4.3.2-129　泛舟池上现状

资料来源：作者自摄。

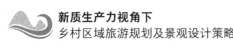

图 4.3.2-130　泛舟池上效果图

资料来源：作者自绘。

景观节点三：接天莲叶

接天莲叶基于现状河道内长势良好的荷花，通过栈道将人引入"接天莲叶无穷碧，映日荷花别样红"的境界（图 4.3.2-131 ~ 图 4.3.2-133）。

图 4.3.2-131　接天莲叶区位

资料来源：作者自绘。

图 4.3.2-132　接天莲叶现状

资料来源：作者自摄。

图 4.3.2-133　接天莲叶效果图

资料来源：作者自绘。

景观节点四：观荷平台

观荷平台同样保留原场地的荷花，在栈道外侧增设亲水观荷平台，以满足游赏需求，并增设水生草本植物，增添自然野趣（图 4.3.2-134 ~ 图 4.3.2-136）。

景观节点五：游船码头 A

游船码头 A 位于主入口处，是场地内最重要的一处游船码头，游船码头基本材料以木为主，造型轻盈透亮且不乏生态的质感（图 4.3.2-137 ~ 图 4.3.2-139）。

图 4.3.2-134　观荷平台区位

资料来源：作者自绘。

图 4.3.2-135　观荷平台现状

资料来源：作者自摄。

图 4.3.2-136　观荷平台效果图

资料来源：作者自绘。

图 4.3.2-137　游船码头区位　　图 4.3.2-138　游船码头 A 现状

资料来源：作者自绘。　　　　　　资料来源：作者自摄。

图 4.3.2-139　游船码头 A 效果图

资料来源：作者自绘。

景观节点六：主入口标识及停车场

主入口处放置野风港湿地公园标志牌，并设置生态停车位。沿道路两侧种植观赏性草本植物，视线开敞，可远观游船码头及观景高台（图 4.3.2-140 ~ 图 4.3.2-142）。

图 4.3.2-140　主入口区位

资料来源：作者自绘。

图 4.3.2-141　主入口标识及停车场现状

资料来源：作者自摄。

图 4.3.2-142　主入口标识及停车场效果图

资料来源：作者自绘。

景观节点七：观景高台 A

观景高台 A 是全园一处重要的制高点，以红色为主色调，用圆形镂空的椭圆为主要造型，进行架高处理，秋季能够与苍茫蒹葭形成鲜明的色彩对比（图 4.3.2-143 ~ 图 4.3.2-145）。

图 4.3.2-143　观景高台 A 区位

资料来源：作者自绘。

图 4.3.2-144　观景高台 A 现状

资料来源：作者自摄。

图 4.3.2-145　观景高台 A 效果图

资料来源：作者自绘。

②自然探秘体验区——以功能植入营造活力空间

针对不同年龄段人群对于生态空间功能的相应需求，构建多功能、多主题融合的开放活力空间；以博望 520 美丽公路为依托，进一步放大爱情主题优势，打造伫立于河流中央的浪漫小岛；延伸"生态绿色"中的健康内涵，围绕自然景观优势和生态品质高地等基地特征，构建健康绿洲的场所形象；参考区域鸟类调查数据，选择鸟类优势种及重要种，作为项目区鸟类观察和保护的重要基地（图 4.3.2-146）。

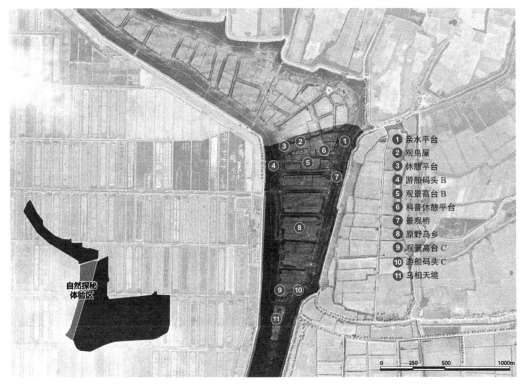

图 4.3.2-146　自然探秘体验区平面图
资料来源：作者自绘。

景观节点一：观鸟屋

为鼓励人们亲自体验并探索保护区内的生态变化而建造了几处观鸟屋，采用最小干预的设计手法，整体以芦苇河塘的自然生境为主，局部设置木栈道，同时满足游憩科普需求（图 4.3.2-147 ~ 图 4.3.2-149）。

图 4.3.2-147　观鸟屋区位（1）
资料来源：作者自绘。

图 4.3.2-148　观鸟屋现状（1）
资料来源：作者自摄。

图 4.3.2-149　观鸟屋效果图（1）

资料来源：作者自绘。

观鸟屋造型各异，均以木质为主，能与周围环境较好地融合，避免对鸟类造成较大程度的干扰（图 4.3.2-150～图 4.3.2-153）。

图 4.3.2-150　观鸟屋区位（2）

资料来源：作者自绘。

图 4.3.2-151　观鸟屋现状（2）

资料来源：作者自摄。

图 4.3.2-152　观鸟屋效果图（2）

资料来源：作者自绘。

图 4.3.2-153　观鸟屋效果图（3）

资料来源：作者自绘。

景观节点二：观景高台 B

从南北向的美丽公路向西部眺望，可以看到一处红色瞭望塔，该处瞭望塔是场地中体量较大的景观建筑之一，也是场地中的标志物之一，通过登高望远，可俯瞰全园，远眺石臼湖，增添游人的游览乐趣（图 4.3.2-154 ~ 图 4.3.2-156）。

图 4.3.2-154　观景高台 B 区位

资料来源：作者自绘。

图 4.3.2-155　观景高台 B 现状

资料来源：作者自摄。

图 4.3.2-156　观景高台 B 效果图

资料来源：作者自绘。

景观节点三：原野鸟乡

该处保留场地原有芦苇荡，以水上游线代替游步道，为鸟类营造自然生态家园。游船轻抚水面，营造出"芦苇晚风起，秋江鳞甲生"的优美意境（图 4.3.2-157 ~ 图 4.3.2-159）。

图 4.3.2-157　原野鸟乡区位
资料来源：作者自绘。

图 4.3.2-158　原野鸟乡现状
资料来源：作者自摄。

图 4.3.2-159　原野鸟乡效果图
资料来源：作者自绘。

景观节点四：观景高台 C

　　该处观景高台是场地中第三处挑高平台，同样以红色为主色，造型从陆地向水面延伸，将人的视线由绿色引向蓝色，欣赏芦苇丛生，沙禽水鸟翔泳于山光水色之间的景象（图 4.3.2-160 ~ 图 4.3.2-162）。

图 4.3.2-160　观景高台 C 区位
资料来源：作者自绘。

图 4.3.2-161　观景高台 C 现状
资料来源：作者自摄。

图 4.3.2-162　观景高台 C 效果图
资料来源：作者自绘。

景观节点五：乌桕天境

该处在开阔的水域孤植一棵姿态优美的乌桕，营造水天一色、沙鸥翔集、岸芷汀兰的惬意氛围，为生态湿地开辟一处春夏有碧颜，深秋呈五彩的绝美境域（图4.3.2-163 ~ 图 4.3.2-165 ）。

图 4.3.2-163　乌相天境区位
资料来源：作者自绘。

图 4.3.2-164　乌相天境现状
资料来源：作者自摄。

图 4.3.2-165　乌相天境效果图
资料来源：作者自绘。

③水乡生活体验区——以圩田文化讲述水乡故事

以圩田景观和当地农业生产模式为基础，叙说本土化、人地互动共生的水乡生活图景；通过绿道、观景平台等空间设施的布局与设计，减少游客与本地自然肌理的距离，使游客真实体验圩田文化；构建规模化、特色化的荷塘、荷花带景观，提升农业生产与旅游观光多产融合带来的综合效益；组织螃蟹节、丰收季等农事活动和民俗节庆，发挥网络营销的价值，提升地区的知名度和产品价值（图 4.3.2-166）。

现状场地功能主要为水产（龙虾）养殖。考虑场地不同时节的水 - 田肌理变化特征，可在局部设置垛田景观（图 4.3.2-167）。

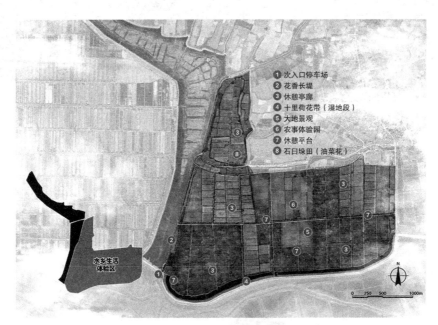

① 次入口停车场
② 花香长堤
③ 休憩亭廊
④ 十里荷花带（湿地段）
⑤ 大地景观
⑥ 农事体验园
⑦ 休憩平台
⑧ 石臼垛田（油菜花）

图 4.3.2-166　水乡生活体验区平面图

资料来源：作者自绘。

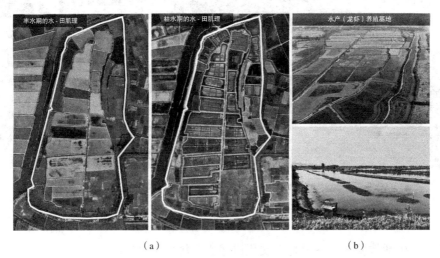

（a）　　　　　　　　　　　　　（b）

图 4.3.2-167　水田卫星图及现状照片

资料来源：作者根据卫星图及自摄照片整理绘制。

（a）水田丰水期与枯水期卫星图；（b）现状水田照片

一期首先对 520 美丽公路（野风港大堤）西侧的水面进行处理，栽植油菜、水稻等农业作物，营造线性的垛田景观。保留东侧现有的成片龙虾养殖功能。考虑现有龙虾养殖产业的良好收益，可以引入龙虾垂钓、科普等附加活动（图 4.3.2-168）。

（a）　　　　　　　　　　　　　　　　　　　（b）

图 4.3.2-168　石臼垛田一期平面图及意向效果

资料来源：（a）作者自绘，（b）来自网络。

（a）石臼垛田一期平面图；（b）石臼垛田意向效果

景观节点一：花香长堤

野风港大堤延续博望 520 美丽公路特色，采用蓝白相间的栏杆和三色车道分界线，于两侧堤坝上种植金鸡菊，道路西侧可远眺野风港自然湿地景观，东侧可观赏沿线乌桕林与油菜垛田景观（图 4.3.2-169 ～ 图 4.3.2-174）。

图 4.3.2-169　花香长堤区位（1）

资料来源：作者自绘。

图 4.3.2-170　花香长堤现状（1）

资料来源：作者自摄。

图 4.3.2-171　花香长堤效果图（1）

资料来源：作者自绘。

图 4.3.2-172　花香长堤区位（2）

资料来源：作者自绘。

图 4.3.2-173　花香长堤现状（2）

资料来源：作者自摄。

图 4.3.2-174　花香长堤效果图（2）

资料来源：作者自绘。

景观节点二：石臼垯田

石臼垯田利用其原生肌理打造大地景观，艺术化地体现了生态水乡的壮美景色，种植可观赏的经济作物，营造壮阔的生产性景观。局部结合一些步道、休憩平台进行简单的功能布局（图 4.3.2-175 ~ 图 4.3.2-180）。

景观节点三：农事体验园

在农事体验园，利用现状圩田，引入稻蟹共生等生态农业模式，为人们提供播种及收割水稻、捕捉鱼虾蟹等体验性活动，以此丰富湿地公园的产业服务链。如图 4.3.2-181 ~ 图 4.3.2-183 所示是一处捕蟹体验园。

图 4.3.2-175　石臼垯田区位（1）

资料来源：作者自绘。

图 4.3.2-176　石臼垯田现状（1）

资料来源：作者自摄。

图 4.3.2-177　石臼垯田效果图（1）

资料来源：作者自绘。

图 4.3.2-178　石臼垛田区位（2）

资料来源：作者自绘。

图 4.3.2-179　石臼垛田现状（2）

资料来源：作者自摄。

图 4.3.2-180　石臼垛田效果图（2）

资料来源：作者自绘。

图 4.3.2-181　农事体验园区位

资料来源：作者自绘。

图 4.3.2-182　农事体验园现状

资料来源：作者自摄。

图 4.3.2-183　农事体验园效果图

资料来源：作者自绘。

（3）专项设计

1）种植设计

①植物总体设计

秉持适地适树、因地制宜的原则，植物配置保留场地内现有的大面积芦苇荡，增设适应能力较强的水生草本植物，提高丰富度；遵循基本农田范围保护的要求，保留农田、圩田肌理，适当结合经济作物、营造生产性景观（图 4.3.2-184、图 4.3.2-185）。

图 4.3.2-184　植物种植设计图

资料来源：作者自绘。

图 4.3.2-185　场地内部基本农田情况

资料来源：作者根据上位规划自绘。

②季相特色塑造

以四季有景、特色鲜明为目的，设计充分考虑植物的季相变化和色彩搭配，为春、夏、秋、冬四个季节选定代表性植物。

春季——油菜花。成片种植，金黄的油菜垛田与碧绿的草海景观（石臼湖龙猫草原）相映成趣；

夏季——荷花。沿石臼湖和野风港大堤形成"十里红妆"的带状景观；

秋季——芦苇和稻田。秋季芦花洁白，稻穗金灿，展现自然湿地与人工湿地的双重风貌；

冬季——结香和乌桕。结香正值花期，暖黄花朵开满枝头，乌桕红叶似火，叶落后树形优美，尤为可观（图4.3.2-186）。

图4.3.2-186　植物季相设计

资料来源：作者根据网络图片整理绘制。

③湿地宣教展示

湿地生态系统的维育需要构建种类多样、层次丰富的水生植物群落，以稳固土壤、净化水质，并为水生动物提供良好的栖息环境。设计选用当地的本土植物，并将挺水植物、浮水植物、沉水植物的种植与水环境宣教科普相结合，布置在"无边草色"节点处（图4.3.2-187）。

④荷花景观营造

一方面保留现状场地内的荷花，另一方面在十里荷花带（湿地段）增种红、粉、白三种色系的荷花（图4.3.2-188）。满园荷花亭亭玉立，高低错落，姿态各异，群体花期从六月持续到九月，形成一碧万顷、花叶相映的荷塘景观（图4.3.2-189）。

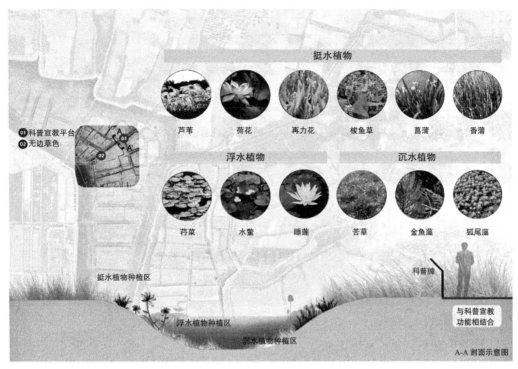

图 4.3.2-187　水生植物群落设计

资料来源：作者自绘。

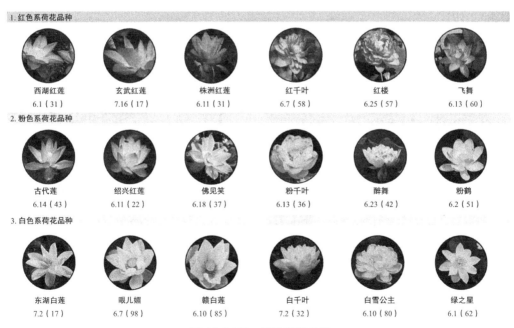

图 4.3.2-188　增种荷花品种

注：荷花名称下方数字表示开花日期和花期，例如："西湖红莲 6.1（31）"表示西湖红莲

在 6 月 1 日左右开花，群体花期约 31 天

资料来源：作者自绘。

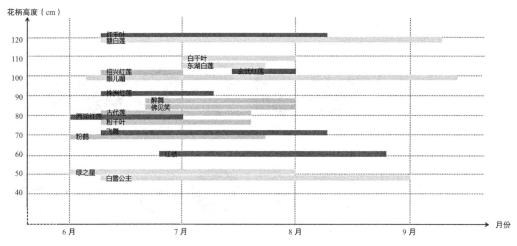

图4.3.2-189　荷花花柄高度及季相一览表

资料来源：作者自绘。

2）建筑及构筑物设计

①建筑设计

根据安徽省地方标准《省级湿地公园建设规范》DB 34/T 3035-2017，湿地公园内需设置相应的服务性建筑及湿地宣教中心。但由于场地现状条件的限制，不适宜布置大型建筑，为了不破坏场地生态，考虑将建筑设置于场地北部的村落中（图4.3.2-190、图4.3.2-191）。

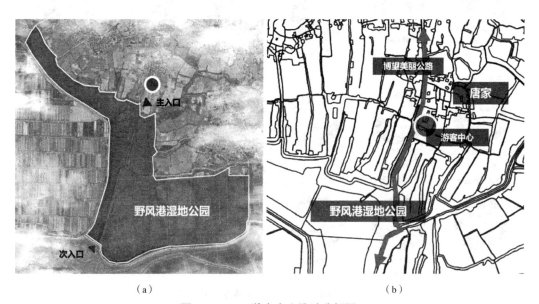

（a）　　　　　　　　　　　　　　　　　　　　（b）

图4.3.2-190　游客中心选址分析图

资料来源：作者自绘。

（a）游客中心与湿地公园的位置；（b）游客中心周边用地和交通情况

图 4.3.2-191　游客中心意向图

资料来源：网络（崇明东滩湿地科研宣教中心）。

②构筑物设计

为保障湿地内正常的生态过程，减少游人活动的影响，场地内构筑物的形式和材料都尽可能贴合自然，形式包括草亭、休憩廊架、景观廊架、科普景墙及观鸟屋，材料主要采用防腐木、茅草、耐候钢板等，使景观构筑物与周围自然环境融为一体（图 4.3.2-192）。

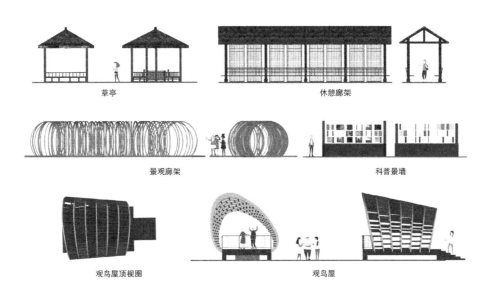

图 4.3.2-192　景观构筑物设计图

资料来源：作者自绘。

3）公园 LOGO 与标识系统设计

①公园 LOGO 设计

选用"荷叶""芦苇"和"船"作为意象，以白描和剪影的形式表达，整体风格简约明朗。同时，以荷叶与芦苇的造型抽象野风港"野"的首字母"Y"，另一株芦苇在风中摇曳，抽象野风港"风"的首字母"F"，中间芦苇、船、桅杆以及船桨共同演绎野风港"港"的首字母"G"（图 4.3.2-193）。

（a）　　　　　　　　　　　　　　　　　　　　　（b）

图 4.3.2-193　野风港湿地公园 LOGO 设计演绎

资料来源：作者自绘。右上意象参照图来源于网络。

（a）野风港湿地公园 LOGO；（b）意象提取和抽象化表达

②标识系统设计

标识系统包括交通标识、景点标识、警示标识及科普标识。标识系统外观设计选取了水鸟、芦苇、水杉等体现湿地特色的意象，材质选用铁艺、防腐木及锈钢板，与建筑、构筑物等的整体风格保持一致（图 4.3.2-194）。

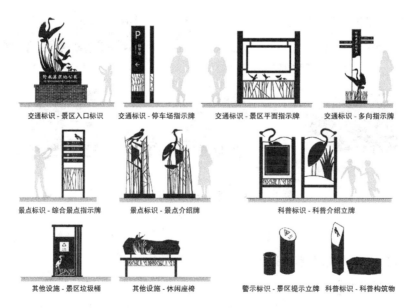

交通标识 - 景区入口标识　交通标识 - 停车场指示牌　交通标识 - 景区平面指示牌　交通标识 - 多向指示牌

景点标识 - 综合景点指示牌　景点标识 - 景点介绍牌　科普标识 - 科普介绍立牌

其他设施 - 景区垃圾桶　其他设施 - 休闲座椅　警示标识 - 景区提示立牌　科普标识 - 科普构筑物

图 4.3.2-194　标识系统设计

资料来源：作者自绘。

4）活动统筹策划

①湿地科普活动

位于场地西北部的野风港河湾内，主要包括静态展示和动态活动两类。静态展示指的是场地中设置的动植物科普宣传牌、观鸟屋等；动态活动可以结合周边学校组织的学生写生、科普讲解、科普小实验等湿地科普活动。

②农事体验活动

位于场地东部的水田内，主要包括亲子互动和户外拓展两大主题。亲子互动可以结合儿童友好型活动空间的布置，进行一些亲子农耕体验、亲子团建的活动；户外拓展主要是指场地中会安排一些体验捉虾摸鱼捕蟹的活动场地，供游客进行农作体验。

4.3.2.4　博望矿坑公园景观设计项目实践

博望矿坑公园（蝴蝶谷矿坑公园、粉黛湖矿坑公园）位于风景路横山画廊段西部，两处矿坑间距离较短，本设计对废弃矿坑生态修复并打造网红景点，通过林间道路连接蝴蝶谷、粉黛湖两处矿坑公园，达到工业文明与自然环境和谐共生的愿景。

马鞍山是一座资源型城市，随着矿产资源的枯竭，也带来诸多问题，如矿工失业、矿山废弃地污染等。因此，博望矿坑转型升级是十分必要的。本项目设计从新的视角切入，对博望矿坑废弃地景观设计进行尝试，探索生态修复理念下矿山废弃地景观设计的新思路。基于整个场地区域背景和概况，从实际出发，实事求是，合理规划设计，使规划区内自然景观和人文景观得到合理利用和持续发展。延续城市精神，为游客展示出一种全新的矿山废弃地景观环境。

1. 基本概况

（1）区位分析

1）马鞍山市地理位置

安徽省地处长江中下游，马鞍山市作为安徽省的核心城市之一，因其钢铁产业发达荣获"钢城"的称号。同时，马鞍山市作为十大港口城市之一，钢铁出口贸易频繁，也带动了钢铁产业的迅猛发展，马钢（集团）控股有限公司的崛起不仅带动了马鞍山经济的发展，也解决了部分当地人就业的问题。

2）马鞍山市自然环境

从地形地貌来看，马鞍山地处长江中下游平原区域，地势西高东低，高差不大，较为平坦；从自然气候来看，马鞍山受亚热带季风影响，降水比较集中，7～8月为梅雨季节，雨水较充沛；从矿产资源来看，马鞍山蕴藏丰富的铁矿资源。

3）区位文化

马鞍山曾是六朝都城的重要地方，历史文化丰富多彩，其中，钢铁文化是马鞍山文化的核心特征。作为中国七大矿区之一，马鞍山地区矿产品种类型较多，主要包括铁矿石、黄铁矿、金矿石、石膏、石灰土、钾长石等品种，其中，铁矿石是马鞍山的主要矿产资源。马鞍山的矿产资源主要分布在南山、孤山、黄梅山等地区，铁矿石的总储量不仅大，而且品相相对来说较高。

此外，马钢（集团）控股有限公司以钢铁产业为主导，如钢铁资源勘探、开发、矿石冶炼、产品制造等相关生产，是我国特大型钢铁企业。企业中蕴含着与钢铁相关的文化元素，具有物质文化属性和精神文化属性，并具有百炼成钢的文化特色，这是马鞍山的主流文化。

（2）场地分析

由于长期大规模采石作业，山体地貌遭到破坏，岩石表面裸露，地表破坏严重，主要由砂砾石和采矿废渣组成，导致生态环境逐渐恶化。此外，长期采矿作业造成地表水土污染和扬尘风沙，影响周边居民的健康生活。场地格局以天然山地为界，自然形成山谷、洼地、林地和丘陵等地形地貌。地形中部矿坑现今已形成天然的湖泊，两边都有不规则的斜坡和洼地，植被分布不均，生态环境相对脆弱、易受破坏、易发生灾害。在新的经济常态下，这是一个亟需保护和恢复的地区。

粉黛湖和蝴蝶谷两处矿坑废弃地地处博望520美丽公路沿线上，连通处现状为密集原生林所覆盖，但两处矿坑间距离较短，高差约20m，一处矿坑岩壁并不突出、陡峭，以开采废弃矿坑为主体，面积约为3hm^2，适合作为进行集体和大型活动的场地；另一处矿坑废弃地同样以开采废弃矿坑为主体，面积约为5.7hm^2。粉黛湖场地为一处废弃大矿坑，已完成基础的生态修复，处于关闭状态。为保证游人安全，矿坑边坡等仍旧需要固土防坠石措施。矿坑裸露岩石壮观，高处可以俯瞰蝴蝶谷景观，南部入口处有座小山坡，利于观景，且覆盖有枫香、松树等（图4.3.2-195、图4.3.2-196）。

（3）地形地貌

矿区位于江南丘陵地带，地势平缓。最高标高位于矿区东北部，矿区地貌主要有冲积平原、丘陵和人工地貌。其中，人工地貌主要为露天采矿坑。

图4.3.2-195　蝴蝶谷现状

资料来源：作者根据自摄照片绘制。

图 4.3.2-196　蝴蝶谷—粉黛湖连接道现状

资料来源：作者根据自摄照片绘制。

（4）植被状况

现阶段，废弃矿坑坑底主要为茂密的灌木植被及草地，矿坑周围围绕大片原生林，葱郁茂盛。

（5）水文条件

粉黛湖矿坑场地中有一小片湖，名为粉黛湖，湖水经初步水体修复后已在一定程度上改善了水质。

2.方案设计

（1）蝴蝶谷矿坑公园规划设计

1）构思立意

蝴蝶谷矿坑公园场地为一处地形较为平坦的废弃矿坑，道路将其分割成大小两部分，形状类似蝴蝶，故将"蝴蝶"作为设计的原型，也寓意矿坑废弃地经景观改造及生态修复后迎来"破茧重生"。

2）目标定位

项目目标是：对该区域进行生态恢复，并保留一些矿坑特征和挖掘痕迹，通过生态恢复以及历史文化元素的植入，整合区域文化和村落景观。

项目定位为：以自然和生态为核心，开展观光、日常健身休憩及周末休闲活动等，塑造"生态·自然、健康·文化、科普·教育、休闲·娱乐"为一体的极具生命力的乡村公园。

3）总体布局设计

沿道路将蝴蝶谷矿坑划分为东西两区，东区设置房车营地与驿站，为游客提供活动场所。西区营造花海景观，在矿坑内满铺格桑花，并在场地边缘列植三排垂丝海棠，作为花海的背景（图 4.3.2-197）。

① 落英花海（格桑花）　② 粉墙飘带（垂丝海棠林）　③ 房车营地　④ 暖烟驿站

图 4.3.2-197　蝴蝶谷矿坑公园平面图

资料来源：作者自绘。

4）分区与景点设计

①落英花海

在矿坑遗迹地综合治理和土地复垦之后，大面积播种和栽植适应性强的多年生草本花卉格桑花，模拟大面积自然野生花卉植被景观，小路蜿蜒其中，每逢春暖花开，游客仿佛置身浪漫花海，具有强烈的视觉冲击和观赏效果，形成蝴蝶谷矿坑公园中的一处网红打卡地（图 4.3.2-198）。

图 4.3.2-198　落英花海效果图

资料来源：作者自绘。

②粉墙飘带

在矿坑边缘列植三排垂丝海棠，与外围的乔木背景形成色彩对比，高低错落，为整个矿坑公园提供天然的屏障，与格桑花花海一同形成丰富的植物景观层次，在视觉上具有一定冲击感，与粉黛湖矿坑公园中的粉黛花海遥相呼应（图 4.3.2-199）。

图 4.3.2-199　粉墙飘带效果图

资料来源：作者自绘。

③蝴蝶谷入口转角处

此处景观位于蝴蝶谷矿坑公园内大小矿坑的入口转角处，设计中营造了丰富的植物景观，以观花地被鼠尾草、金鸡菊、火星花为主，种植香樟等乔木，考虑道路转角处应优先保证行车安全，为避免视线遮挡，故不设置灌木，与景点开阔的氛围相协调（图 4.3.2-200、图 4.3.2-201）。

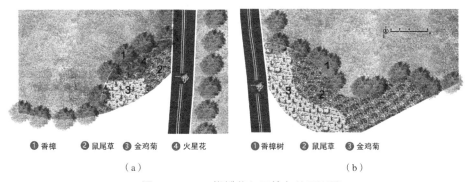

❶ 香樟　❷ 鼠尾草　❸ 金鸡菊　❹ 火星花　　　　❶ 香樟树　❷ 鼠尾草　❸ 金鸡菊

（a）　　　　　　　　　　　　　　　　　（b）

图 4.3.2-200　蝴蝶谷入口转角处平面图

资料来源：作者自绘。

（a）蝴蝶谷大矿坑（落英花海）入口；（b）蝴蝶谷小矿坑（房车营地）入口

图 4.3.2-201　蝴蝶谷入口转角处效果图
资料来源：作者自绘。

（2）粉黛湖矿坑公园规划设计

1）构思立意

粉黛湖矿坑场地为一处废弃大矿坑，重点工作在于对其进行生态环境修复以及景观提升，主要采用的植物为粉黛乱子草，形成粉色花海，并挖掘当地民间爱情故事——牛郎织女鹊桥相会，营造爱情浪漫主题，塑造特色景观，将粉黛湖矿坑公园塑造成以爱情为主题的网红打卡地。

2）目标定位

在矿山废弃地公园设计原则和设计方法的解读和各类基地调研的基础上，以矿坑为中心，在周边缓坡内形成配套的休闲景观，并合理利用矿山周围相对平缓的区域。参考人体工程学，设计具有相对合理尺度和舒适度的休闲文化景观，突出山地休闲体验，塑造具有山地特色的矿山废弃地公园。

3）总体布局设计

粉黛湖矿坑公园以大片粉黛乱子草花海为景观基底，巨大的峭壁壁画在立体上与花海形成呼应关系，壁画以直白平铺的形式为游人刻画出民间爱情故事的感人画面，画上人物仿佛融于场地，生于自然，栩栩如生。粉黛花海以大面积的植物景观营造出浪漫的氛围，游客可游走于其中打卡、拍照，是优质的网红圣地。粉黛湖进行了水体修复，设计中以保护为前提进行景观提升，形成矿坑公园的入口景观（图 4.3.2-202～图 4.3.2-205）。

1	生态停车场	2	花前广场	3	粉黛湖	4	入口花池
5	花海服务中心	6	观景平台	7	黛绿亭	8	漫花小道
9	细草卧风台	10	览尽花海台				

图 4.3.2-202　粉黛湖矿坑改造后平面图

资料来源：作者自绘。

图 4.3.2-203　粉黛湖矿坑改造后效果图

资料来源：作者自绘。

图 4.3.2-204　粉黛湖矿坑公园剖面图（1）

资料来源：作者自绘。

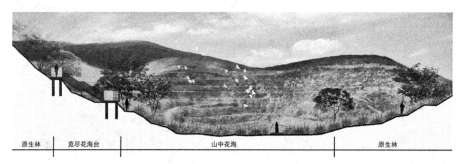

图 4.3.2-205　粉黛湖矿坑公园剖面图（2）

资料来源：作者自绘。

4）分区与景点设计

①峭壁壁画

博望区、丹阳镇董山里自然村，位于苏皖交界处，依山傍水、风光秀丽、交通便利、民风淳朴。董山里自然村距今已有 1550 年的历史，被誉为"董永故里"——黄梅戏名剧《天仙配》剧中男主角董永的家乡。1953 年，著名戏剧作家陆洪非来该村采风，随后，神话故事片《天仙配》在全国上映，使之家喻户晓，妇孺皆知。

景观设计将董永与七仙女鹊桥相会的场景刻画在近乎垂直的峭壁之上，巨大的画幅给人以大自然的震撼之感，站在观景平台上，可细细品鉴两人的爱情传说。这里不仅是情侣间的约会圣地，也是游客学习和品味中国民间文化的好去处（图 4.3.2-206）。

②入口花池

入口花池植物层次较为丰富，和开阔简洁的矿坑内部景观形成对比。花池细节丰富，如观叶的金叶女贞、芭蕉、花石榴、松果菊、桂花、香樟等，塑造可多角度观赏的植物小品（图 4.3.2-207）。

③览尽花海台

览尽花海台为游人提供了一览花海的最佳视点，不仅将花海的浪漫景观尽收眼底，还借远处层山之景，颜色多彩、层次丰富。观景台材料使用防腐木，生态古朴，与场地融为一体（图 4.3.2-208）。

图 4.3.2-206　峭壁壁画效果图

资料来源：作者自绘。

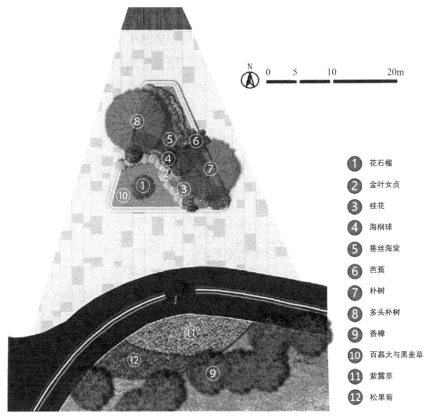

1	花石榴
2	金叶女贞
3	桂花
4	海桐球
5	垂丝海棠
6	芭蕉
7	朴树
8	多头朴树
9	香樟
10	百慕大与黑麦草
11	紫露草
12	松果菊

图 4.3.2-207　入口花池平面图

资料来源：作者自绘。

图 4.3.2-208　览尽花海台效果图

资料来源：作者自绘。

（3）蝴蝶谷—粉黛湖连接道规划设计

博望 520 美丽公路沿线有两处矿坑废弃地，分别是蝴蝶谷矿坑废弃地和粉黛湖矿坑废弃地。蝴蝶谷——粉黛湖连接道位于蝴蝶谷与粉黛湖两个矿坑之间，两处矿坑间距离较短，高差约 20m。

设计中充分保留场地的地形条件，顺地势布局连通两矿坑的道路，最大限度保护场地的自然现状，连接道使用木材与不锈钢材料，视觉上与周围环境融为一体，防腐木的结构也体现了生态优先的设计原则，使人工干预的设计更贴近自然甚至融于自然（图 4.3.2-209 ~ 图 4.3.2-211）。

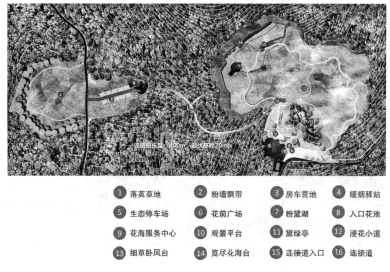

① 落英草地	② 粉墙飘带	③ 房车营地	④ 暖烟驿站
⑤ 生态停车场	⑥ 花前广场	⑦ 粉黛湖	⑧ 入口花池
⑨ 花海服务中心	⑩ 观景平台	⑪ 黛绿亭	⑫ 浸花小道
⑬ 细草卧风台	⑭ 览尽花海台	⑮ 连接道入口	⑯ 连接道

图 4.3.2-209　蝴蝶谷—粉黛湖连接道平面图

资料来源：作者自绘。

图 4.3.2-210　蝴蝶谷—粉黛湖连接道剖面图

资料来源: 作者自绘。

图 4.3.2-211　蝴蝶谷—粉黛湖连接道观景平台效果图

资料来源: 作者自绘。

3. 专项设计

（1）植物设计

博望矿坑废弃地植被种类较为丰富，但总体生长比较混乱，分布不均。因此，不仅要追求植被恢复的视觉效果，更要关注植被对生态环境的影响。设计在原有植被的基础上，通过对各层植被的修剪，整合和丰富，促进自然演替，有效地防止植被无序丛生对环境造成的破坏。并结合植被多样性原则，种植覆盖型混交林，以保证当地乃至整个矿业生态系统的稳定，保障矿山植被和自然生态环境的可持续发展和良性循环。

由于长期开采和废弃铁矿石的堆积，导致地表硬化，养分不足，不能直接种植植物。因此，第一阶段是改善土壤质量，合理地填埋和平整场地，并对现有植被进行修剪和保护；第二阶段是根据现有植被类型，选择适合的植物种植，有利于形成良好的矿业

243

丛林空间；第三阶段是补足土壤养分，使其拥有足够的更新能力，可以适当种植一些具有观赏性植物，继而减少人为干预。

1）蝴蝶谷

入口处植物以鼠尾草、金鸡菊、火星花为主，不设置灌木，与景点开阔的氛围相协调。矿坑内种植格桑花和垂丝海棠，形成有层次的粉色花海，与粉黛湖相互呼应（图 4.3.2-212）。

图 4.3.2-212　蝴蝶谷植物配置图

资料来源：作者自绘。

注：括号内表示花期，如"鼠尾草（6-9）"表示其花期为6月至9月

2）粉黛湖

入口广场处植物层次较为丰富，有桂花、金叶女贞、芭蕉、结缕草等。废弃大矿坑中种满粉黛乱子草，仅用几棵榉树和朴树孤植点缀，形成壮观的网红打卡点。入口花池植物层次较为丰富，和开阔简洁的矿坑内部景观形成对比。花池细节丰富，如观叶的金叶女贞、花叶美人蕉，观花的花石榴、松果菊、高杆姬小菊，闻香的桂花、香樟等，塑造可多角度观赏的景观小品（图 4.3.2-213）。

图 4.3.2-213　粉黛湖植物配置图

资料来源：作者自绘。

注：括号内表示花期，如"粉黛乱子草（9-11）"表示其花期为9月至11月

（2）生态景观设计

1）矿坑生态修复

①植被毯铺植措施

矿坑缓坡及部分路段边坡区域，土质较差、土壤较薄，适用于该措施。原理是通过植物纤维基质制作载体层，在其上加入草种、营养土和保水剂。常用的植物有黑麦草、紫花苜蓿等。该方法的优点：一是环保，固土保水、保温保湿；二是安全，增加地表粗糙度，减轻降水直接冲刷；三是成本低，后期无需过多养护管理，节约管护成本。

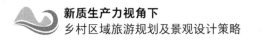

②植被恢复基质喷附措施

大矿坑坡外较陡的区域，几乎无土层附着，适用于该措施。原理是将砂质土、保水材料、有机肥料、植物种子、粘结材料混合形成干料，加水后采用喷混机械喷到岩面上。该方法的优点：基质材料干燥稳定后，会形成空隙的硬化体，内部的湿度与营养物质有助于植物种子生根发芽和成长。

2）峭壁落石防护

峭壁落石防护常用的防治工程有：石笼网、落石防护网、防落石棚、帘式网等。采石场山体较高处，坡面较陡，坡面堆积层较厚，表面风化严重，有落石隐患，但同时又有刻字的要求，适用于帘式网。帘式网是落石引导系统的简称，通过柔性网的限制作用，将落石控制在一定范围内运动，从而消除落石危害。其目的不是阻止崩塌的发生，而是控制崩塌发生的过程，使其不造成危害。该方法的优点：相较于传统主动防护网，帘式网具有防护能级大、施工维护便捷、性价比高、无次生灾害发生等优点。

3）生态停车场营造

生态停车场指具有高绿化、高承载的露天停车场，适用于原有及新建停车场、房车营地。生态停车场绿化面积大于混凝土面积，可达到高绿化的效果，同时具有超强的透水性能，可以保持地面的干爽。该方法的优点：一是环保、透水、净化、低碳；二是易于与现有场地结合，可以将停车空间与周边下凹绿地结合，结合高透水属性可实现海绵城市径流总量控制和污染物去除的控制指标；三是经济实用，生态停车场比传统停车场使用寿命更长。

生态停车场通常采取嵌草铺装和透水结构的做法，根据面层材料不同可以分为植草砖、植草格、浇筑植草地坪。植草砖最为常用，可预制；植草格可回收，耐腐蚀；浇筑植草地坪采用混凝土现浇并具有连续孔质，具良好的结构整体性、草皮连续性。

第 5 章

结论

党的二十大报告将全面推进乡村振兴纳入构建新发展格局的整体框架中，意味着实施乡村振兴战略进入了新阶段。过去近 20 年来，在"两山理论"的科学指引下，乡村旅游依托乡村丰富的自然资源、独特的生态环境、深厚的文化底蕴以及农业生产活动，吸引游客前来观光、体验、休闲，从而带动乡村经济的发展，成为乡村振兴的重要路径。为了发展乡村旅游产业，全国各地掀起了乡村建设的热潮，乡村生态环境保护、人居环境整治、公共服务与基础设施建设等均取得了极大成效，乡村面貌为之焕然一新。乡村生产方式、生活方式和社会关系也发生了深刻变化，乡村地域系统发生了深刻转型。乡村不再仅仅是传统农业生产的场所，而成为巨大的消费市场和关键的生产要素市场，对于推动国内经济大循环，开创新的经济增长点具有不可或缺的作用。因此，需要充分释放乡村旅游产业发展的潜力，进一步加快城乡要素流动，促进城乡融合，推动乡村高质量发展。

从乡村自身的资源禀赋出发，因地制宜进行乡村旅游规划与景观设计，是发展乡村旅游产业的前提。本书梳理了当前乡村旅游规划与景观设计发展的概况，从加快发展乡村新质生产力、推动乡村高质量发展的角度，提出了乡村区域旅游规划及景观设计策略，并以安徽省马鞍山市博望区为例，进行了乡村区域旅游规划和乡村景观设计的案例研究。研究主要结论如下。

（1）乡村旅游是"两山理论"在乡村地区的具体实践形式之一。乡村旅游的兴起和发展，使得乡村的绿水青山得以有效利用和增值。在"两山理论"和农村一二三产业融合发展的政策指导下，乡村旅游进一步丰富自身内涵，坚持绿色发展理念，注重生态效益与经济效益、社会效益的协调统一，带动乡村地区产业融合，推动乡村经济社会发展。因此，乡村旅游是实现乡村振兴战略的重要途径，具有重要的战略地位和作用。乡村旅游的蓬勃发展催生了对乡村景观的重新审视与重构。为了吸引游客、提升乡村的吸引力，各地纷纷响应市场需求积极对乡村景观进行创新设计与功能提升，引起了乡村物质空间、经济空间、社会空间的重构。目前乡村旅游产业发展中仍存在区域旅游资源有待整合、城乡要素融合有待加强、乡村物质空间有待优化、乡村生态

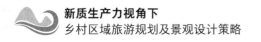

效益有待提升等问题。

（2）从新质生产力的视角重新认识乡村旅游产业，其代表的正是新质生产力中的生态生产力。绿色发展是高质量发展的底色，将"绿水青山"转化为"金山银山"的生产力，就是生态生产力。乡村旅游产业所提供的乡村景观和生态文化价值满足了人民对美丽的自然景观和丰富的文化遗产的需要，成为与工业价值同等重要的一种价值形态。对乡村旅游产业来说，能够促进其新质生产力发展的新型生产关系，就是能够对乡村旅游产业中新型劳动者、新型劳动资料、新型劳动对象等生产力要素进行优化组合，促进其转化为现实生产力的制度和体系。因此，应当在乡村旅游产业发展之初就进行顶层设计，从区域旅游的理念出发进行乡村区域旅游规划和景观设计，在区域内有效统筹自然资源利用和生产要素协同发展。乡村区域旅游规划和景观设计，成为引领乡村旅游发展的新型生产方式，进一步促进乡村旅游产业新质生产力的飞速发展。

（3）在区域旅游的框架下，乡村旅游规划不再仅仅局限于单一的村落或景点建设，而是从区域整体出发，综合考虑乡村的自然环境、社会发展等多方面要素，构建乡村区域旅游规划体系。乡村区域旅游规划更加注重乡村区域间的协调与可持续发展，并突出了旅游资源整合的重要性。通过对区域旅游文化资源、生态资源、产业资源、交通资源、服务资源、产品资源以及营销资源等的整合，可以促进资源要素在乡村及乡村与城镇空间网络之间的高效流动与合理配置，以更好地为乡村旅游产业发展提供科学支撑。同时，根据"区域—县域—片区—村域"的多尺度特征，运用"点 - 线 - 面"的系统布局手法，构建科学合理的区域旅游空间结构，推进乡村建设，加快乡村区域协调与发展。

（4）服务于乡村旅游产业发展的乡村景观设计，应紧密结合乡村旅游的发展，旨在创造一个既体现地域文化特色，又满足现代旅游需求、提供舒适休闲体验的环境。通过精细的景观设计手法和整体布局，将乡村的自然风光、人文历史、民俗风情等元素有机结合，形成独具特色的乡村旅游目的地，吸引更多的游客前来游览和体验，进而推动整个区域旅游的繁荣发展。应坚持以人为本的设计理念、地域文化传承理念，以及经济发展与生态保护平衡的理念，采取整体性、多元性、层次性、可达性、地方性以及生态性等多种策略，以确保设计的丰富性、实用性和可持续性。乡村景观设计应注重与乡村区域旅游规划的统筹和衔接，形成丰富而多元的乡村旅游资源，塑造既美观又实用的乡村景观。

参考文献

[1] 陈坤秋，龙花楼.土地整治与乡村发展转型：互馈机理与区域调控 [J].中国土地科学，2020，34（6）：1-9.

[2] 陈明文，严雷，夏珺珺，等.游客感知视角下的民族旅游地发展研究 [J].产业与科技论坛，2022，21（5）：62-66.

[3] 陈小卉，胡剑双.江苏省乡村空间治理实践：阶段、路径与模式 [J].城市规划学刊，2024（1）：38-45.

[4] 杜江，向萍.关于乡村旅游可持续发展的思考 [J].旅游学刊，1999（1）：15-18+73.

[5] 弗里德里希·李斯特.政治经济学的国民体系 [M].陈万煦译，蔡受百校注.北京：商务印书馆，2009.

[6] 郭语.新农村景观规划设计的理念与策略探索 [J].棉花学报，2023，35（4）：347-348.

[7] 何景明，李立华.关于"乡村旅游"概念的探讨 [J].西南师范大学学报（人文社会科学版），2002（5）：125-128.

[8] 黄鼎成，王毅，康晓光.人与自然关系导论 [M].武汉：湖北科学技术出版社，1997.

[9] 黄金川，林浩曦，漆潇潇.面向国土空间优化的三生空间研究进展 [J].地理科学进展，2017，36（3）：378-391.

[10] 黄群慧，盛方富.新质生产力系统：要素特质、结构承载与功能取向 [J].改革，2024（2）：15-24.

[11] 黄铮.乡村景观设计 [M].北京：化学工业出版社，2018.

[12] 姜辽.乡村旅游空间规划设计的基础理论及实证分析—以重庆市为例 [J].水土保持通报，2009（3）：211-215.

[13] 蒋烨琳，赵鹏风.泉州文化旅游发展研究 [C]//.中国艺术研究院，福建省文化厅.聚落文化保护研究——第三届两岸大学生闽南聚落文化与传统建筑调查夏令营暨学术研讨会论文集.2017，339-350.

[14] 柯平松.丽水市土地出让领域开展生态产品价值实现路径探索的实践与思考 [J].浙江国土资源，2020（10）：19-21.

[15] 黎元生.生态产业化经营与生态产品价值实现 [J].中国特色社会主义研究，2018（4）：84-90.

[16] 李飞.基于乡村文化景观二元属性的保护模式研究 [J].地域研究与开发，2011，30（4）：85-88+102.

[17] 大卫·李嘉图.政治经济学及赋税原理 [M].郭大力等译.北京：商务印书馆，1962.

[18] 李明，徐建刚.复杂适应条件下乡村景观空间分析的理论基础与指标体系 [J].江苏农业科学，2015，43（2）：186-189.

[19] 李伟.论乡村旅游的文化特性 [J].思想战线，2002（6）：36-39.

[20] 廖彩荣，陈美球.乡村振兴战略的理论逻辑、科学内涵与实现路径 [J].农林经济管理学报，2017，16（6）：795-802.

[21] 廖正丽.推进农文旅融合发展，打造美丽乡村旅游品牌 [N].恩施日报，2020-06-25（4）.

[22] 林晓桃，揭筱纹.我国跨省界区域旅游目的地合作运行机制研究 [J].经济问题探索，2016（4）：60-65.

[23] 林雅菁.乡村振兴背景下传统乡村三生空间优化策略研究 [D].南昌：南昌大学，2022.

[24] 刘滨谊.现代风景旅游规划设计三元论 .[J] 规划师，2001（6）：64-66.

[25] 刘德谦.关于乡村旅游、农业旅游与民俗旅游的几点辨析 [J].旅游学刊，2006（3）：12-19.

[26] 李好.康养旅游型乡村规划实践探究——以安化县黄花溪村为例 [J].广东蚕业，2021，55（2）：146-148.

[27] 刘宏芳，明庆忠，周晓琴.地方树：地方性的概念模型及其旅游学阐释 [J].旅游论坛，2021，14（2）：26-38.

[28] 刘丽君.区域旅游整合发展探析 [J].商业经济，2012（15）：53-57.

[29] 刘莉文，程道品，王力峰.中国乡村景观旅游开发与建设 [J].安徽农业科学，2008（5）：1819-1820.

[30] 刘萍.乡村振兴背景下乡村旅游景观规划设计策略研究 [D].济南：山东建筑大学，2020.

[31] 李思权，廖坚，熊子东.供给侧视野下的乡村旅游发展研究——以梅州为例 [J].辽宁经济，2018（8）：56-57.

[32] 刘腾，刘祖云.生态乡村建设："生态产业化"与"产业生态化"双向互构的逻辑——基于南京市竹镇的个案分析 [J].南京农业大学学报（社会科学版），2024，24（2）：51-62.

[33] 刘彦随，龙花楼，中国农业地理与乡村发展研究进展及展望—建所 70 周年农业与乡村地理研究回顾与前瞻 [J].地理科学进展，2011，30（4）：409-416.

[34] 龙花楼，屠爽爽.乡村重构的理论认知 [J].地理科学进展，2018，37（5）：581-590.

[35] 陆林，任以胜，朱道才等.乡村旅游引导乡村振兴的研究框架与展望 [J].地理研究，2019，38（1）：102-118.

[36] 罗铭杰.新质生产力的生态内涵论析 [J].河北经贸大学报，2024，45（2）：11-19.

[37] 罗先菊.以农文旅康深度融合推动民族地区乡村振兴：作用机理与推进策略 .价格理论与

实践，2022，（2）：188-191+203.

[38] 马克思.资本论（第1卷）[M].北京：人民出版社，2004.

[39] 毛长义，张述林.区域旅游发展战略研究[M].北京：科学出版社，2013.

[40] 孟秋莉，邓爱民.全域旅游视阈下乡村旅游产品体系构建[J].社会科学家，2016，（10）：85-89.

[41] 牟晓明.生产力与生产关系的本体澄明——评《马克思主义与历史学：一种批判性的研究》[J].当代财经，2023（12）：2+163.

[42] 欧阳莉，李东.农村农旅融合发展路径探究[J].江苏农业科学，2018，46（14）：324-329.

[43] 欧阳胜.贫困地区农村一二三产业融合发展模式研究——基于武陵山片区的案例分析[J].贵州社会科学，2017（10）：156-161.

[44] 萨伊.政治经济学概论——财富的生产、分配和消费[M].陈福生，陈振骅译.北京：商务印书馆，1963.

[45] 孙九霞，张凌媛，罗意林.共同富裕目标下中国乡村旅游资源开发：现状、问题与发展路径[J].自然资源学报，2023，38（2）：318-334.

[46] 孙美琪，孙从榕，肖志雄.安徽歙县"农文旅"产业融合发展模式研究[J.中国集体经济，2020，（35）：123-126.

[47] 孙晓，李永文，梁留科.乡村旅游市场营销的产品策略[J].乐山师范学院学报，2009，24（3）：91-94.

[48] 孙永朋，方豪，朱婧，等.浙江未来乡村建设路径与模式探索——以德清县莫干山镇为例[J].浙江农业科学，2023，64（7）：1590-1594.

[49] 唐代剑，池静.论乡村旅游项目与游览组织[J].桂林旅游高等专科学校学报，2005，16（3）：31-36.

[50] 田韫智.美丽乡村建设背景下乡村景观规划分析[J].中国农业资源与区划，2016，37（9）：229-232.

[51] 涂人猛.区域旅游理论研究[J].社会科学家，1994（5）：83-88.

[52] 王朝科.从生产力到新质生产力—基于经济思想史的考察[J].上海经济研究，2024（3）：14-30.

[53] 王云才，刘滨谊.论中国乡村景观及乡村景观规划[J].中国园林，2003（1）：56-59.

[54] 王云才.景观生态化设计与生态设计语言的初步探讨[J].中国园林，2011（9）：52-55.

[55] 王云才.现代乡村景观旅游规划设计[M].青岛：青岛出版社，2003.

[56] 威廉·罗雪尔.历史方法的国民经济学讲义大纲[M].朱绍文译.北京：商务印书馆，1981.

[57] 威廉·配第.赋税论献给英明人士货币略论[M].陈冬野等译.北京：商务印书馆，1978.

[58] 魏超，戈大专，龙花楼等.大城市边缘区旅游开发引导的乡村转型发展模式——以武汉市为例[J].经济地理，2018，38（10）：211-217.

[59] 温铁军，罗士轩，董筱丹，等.乡村振兴背景下生态资源价值实现形式的创新 [J].中国软科学，2018，（12）：1-7.

[60] 吴必虎.区域旅游规划原理 [M].北京：中国旅游出版社，2004.

[61] 吴晓秋.基于地域特色视角的文旅地产规划设计研究 [D].南京：东南大学，2019.

[62] 吴雨星，吴宏洛.马克思经济发展质量思想及其中国实践：暨经济高质量发展的理论渊源 [J].当代经济管理，2021（11）：13-18.

[63] 新华社.习近平主持召开新时代推动东北全面振兴座谈会强调：牢牢把握东北的重要使命 奋力谱写东北全面振兴新篇章 [N].人民日报，2023-09-10（1）.

[64] 熊亮.数字媒介时代的马克思生产力理论创新认知 [J].江苏社会科学，2022（4）：94-103.

[65] 徐光春.马克思主义大辞典 [M].武汉：崇文书局，2017.

[66] 徐慧，刘希，刘嗣明.推动绿色发展，促进人与自然和谐共生——习近平生态文明思想的形成发展及在二十大的创新 [J].宁夏社会科学，2022，（6）：5-19.

[67] 徐林强.杭州市风情小镇发展的意义，问题与对策 [J].杭州研究，2015，137（3）：161-166.

[68] 薛莹.旅游流在区域内聚：从自组织到组织——区域旅游研究的一个理论框架 [J].旅游学刊，2006（4）：47-54.

[69] 亚当·斯密著.国民财富的性质和原因的研究 上卷 [M].郭大力，王亚楠译.北京：商务印书馆，1972.

[70] 杨滨榕.旅游包装设计对旅游目的地品牌形象塑造的影响及意义研究 [J].上海包装，2023，（11）：119-121.

[71] 杨强，盛错村居意象系统与旅游景观资源的保护及利用 [J].城市问题，2011（5）：97-10.

[72] 杨星，岳福青，范瀑媚.风景道发展的思考与对策建议 [J].中国公路，2022（6）：40-42.

[73] 叶红，唐双，彭月洋，等.城乡等值：新时代背景下的乡村发展新路径 [J].城市规划学刊，2021（3）：44-49.

[74] 银利军.乡村振兴背景下农村生态景观规划设计研究 [J].农业经济，2022（5）：40-42.

[75] 游士兵，苏正华，王婧."点-轴系统"与城市空间扩展理论在经济增长中引擎作用实证研究 [J].中国软科学，2015，（4）：142-154.

[76] 虞虎，刘青青，陈田，等.都市圈旅游系统组织结构、演化动力及发展特征 [J].地理科学进展，2016，35（10）：1288-1302.

[77] 张继鹏.场景理论视角下的乡村旅游社区景观规划设计 [D].昆明：昆明理工大学，2023.

[78] 张建武.乡村旅游影响下的乡村聚落外部空间设计初探 [D].重庆：重庆大学，2008.

[79] 张丽佳，周妍.建立健全生态产品价值实现机制的路径探索 [J].生态学报，2021，41（19）：7893-7899.

[80] 张梅芬.基于文化资源整合的区域旅游文化创新发展 [J].中国商论，2017（19）：58-59.

[81] 张婷，文韶丰，周玉，等.自然资源领域生态产品价值实现机制思考—基于生态产业化实践 [J]. 中国国土资源经济，2022，35（11）：11-17.

[82] 张亚林.旅游地域系统及其构成初探 [J]. 地理学与国土研究，1989，5（2）：39-43.

[83] 赵琳琳，王雷亭.乡村旅游空间分析与空间设计研究—以泰山马蹄峪为例 [J]. 泰山学院学报，2007（5）：84-86.

[84] 中共中央马克思恩格斯列宁斯大林著作编译局.马克思恩格斯文集（第1卷）[M]. 北京：人民出版社，2009.

[85] 中共中央马克思恩格斯列宁斯大林著作编译局.马克思恩格斯选集（第4卷）[M]. 北京：人民出版社，2012.

[86] 中共中央马克思恩格斯列宁斯大林著作编译局.马克思恩格斯文集（第5卷）[M]. 北京：人民出版社，2009.

[87] 中共中央马克思恩格斯列宁斯大林著作编译局.马克思恩格斯文集（第7卷）[M]. 北京：人民出版社，2009.

[88] 中共中央宣传部，中华人民共和国生态环境部编.习近平生态文明思想学习纲要 [M]. 北京：学习出版社：人民出版社，2022.3.

[89] 周舰.现代城市园林景观设计现状及发展趋势思考 [J]. 安徽农业科学，2012，40（11）：6579-6581.

[90] 周明茗，王成.乡村生产空间系统要素构成及运行机制研究 [J]. 地理科学进展，2019，38（11）：1655-1664.

[91] 周文，李吉良.新质生产力与中国式现代化 [J]. 社会科学辑刊，2024（2）：114-124.

[92] 周文，李雪艳.民营经济高质量发展与新质生产力：关联机理与互动路径 [J]. 河北经贸大学学报，2024，45（2）：1-10.

[93] 周文，许凌云.论新质生产力：内涵特征与重要着力点 [J]. 改革，2023（10）：1-13.

[94] 周文，许凌云.再论新质生产力：认识误区、形成条件与实现路径 [J]. 改革，2024（3）：26-37.

[95] 朱孔山.旅游营销整合内容范畴探讨 [J]. 商业研究，2009（3）：214-216.

[96] 张叶琼.中产化驱动下乡村景观的视觉重构 [D]. 南京：南京大学，2018.

[97] 翟永真.乡村文化旅游景观设计中的地域文化研究 [D]. 西安：西安建筑科技大学，2015.

[98] 梁少华.旅游体验视角下南宁市"美丽南方"乡村旅游产品提升研究 [D]. 南宁：广西大学，2019.

[99] 刘洋，李浩源.新质生产力赋能高质量发展的逻辑理路、关键着力点与实践路径 [J]. 经济问题，2024（8）：11-18+129.

[100] 胡莹，方太坤.再论新质生产力的内涵特征与形成路径——以马克思生产力理论为视角 [J]. 浙江工商大学学报，2024（2）：39-51.